Die Päpste

Herrscher über Himmel und Erde

Herausgegeben
von Hans-Christian Huf

ullstein

ISBN 978-3-550-08693-9

© Ullstein Buchverlage GmbH, Berlin 2008
Alle Rechte vorbehalten
Lektorat: www.editiondia.de
Gesetzt aus der Garamond Premier Pro
Layout & Satz: tiff.any GmbH, Berlin
Druck und Bindung: Westermann Druck, Zwickau
Printed in Germany

INHALT

9   Von Canossa nach Avignon
Jens-Peter Behrend

10   **Gregor VII.**
Ein Papst greift nach der Weltmacht
11   Die Welt gerät aus den Fugen
14   Freiheit der Kirche
15   *Steckbrief: Gregor VII.*
18   Herrscher ohne Gnade
20   Der Krieg der Worte
24   Canossa und die Folgen
26   Sieger und Besiegte

28   **Apostel Petrus**
Ein Grab als das Heiligtum der größten Weltreligion
29   *Steckbrief: Petrus, der Fels*
33   Reliquien – die Nähe zum Jenseits
35   Zeit der Fälschungen

39   **Bonifaz VIII.**
Die Zukunft ist die Vergangenheit
41   Ein Papst kämpft gegen die Zeit
43   Im Zenit der Macht
45   *Steckbrief: Bonifaz VIII.*
49   Erste Querelen mit Frankreich
51   Der Krieg der Adelsgeschlechter
53   Narren auf zwei Seiten
56   Das Attentat von Anagni

DIE PÄPSTE

58 **Auf dem Weg nach Avignon**
61 Wo der Papst ist, da ist Rom
64 Die »Hure Babylon«
67 Moralischer Gegenwind
71 Der Schwarze Tod
76 Das Ende des Exils

80 **Das Große Abendländische Schisma**
81 Die Welt zerbricht
84 Ruf nach dem Konzil
86 Drei Päpste und Pisa
87 Die Neuordnung der Welt
89 Das Konzil erhebt sich
90 Wieder zusammen
94 Eine Sache der Nationen

97 Zeittafel: Von Canossa nach Avignon

101 Die Herrschaft der Papstkönige
Luise Wagner-Roos

102 **Sixtus IV.**
Ein Bettelmönch auf dem Papstthron
104 Mord in einer Kathedrale
105 Ein Schriftsteller und Theologe als Papst
106 *Steckbrief: Sixtus IV.*
109 Das goldene Zeitalter der Papstkönige beginnt
114 Die Beziehung zu den Medici
125 Patt zwischen Papst und Medici

INHALT

127 **Alexander Borgia – der Heilige Vater**
128 Der Papst als Familienoberhaupt
128 *Steckbrief: Alexander VI.*
133 Der Pontifex liebt die Frauen und den Luxus
137 Der Krieg mit Frankreich
138 Ein Papst weint um seinen Sohn
140 List, Intrige, Mord, Krieg

149 **Julius II.**
Cäsar auf dem Papstthron
149 Das Ende der Borgia
150 *Steckbrief: Julius II.*
155 Eigenwillige und zornige Künstler
160 Ein Papst als feuriger Truppenführer

166 Zeittafel: Die Herrschaft der Papstkönige

169 # Das Jahrhundert der Entscheidung
Michael Gregor

170 **Leo X.**
Dieser Papst kennt keine Selbstzweifel
174 *Steckbrief: Leo X.*
177 Die Medici sind Papst
180 Mönchsgezänk
182 Der Kirchenstaat
186 Kirche und Kunst
192 Ein Höllenwesen verschlingt
den prassenden Klerus

DIE PÄPSTE

198 **Clemens VII.**
Zauderer zwischen allen Stühlen
199 *Steckbrief: Clemens VII.*
201 Der Papst hat viele erbitterte Gegner
205 Misstrauen macht sich breit
207 Die stinkende Mördergrube
212 Der Papst flieht
216 Das Ende

220 **Paul III. und Nachfolger**
Wer sich selbst hilft, dem hilft auch Gott
221 *Steckbrief: Paul III.*
223 Die Gesellschaft Jesu
225 Die päpstliche Küche
230 Die Ausrottung der Häresie
233 Glauben ohne Gnade
235 Die Hosen des Volterra
236 Der Kampf um den wahren Glauben

239 Zeittafel: Das Jahrhundert der Entscheidung

241 Nachwort
Das Papsttum in der Geschichte
Prof. Dr. Volker Reinhardt
246 Glossar
269 Die Autoren
271 Literatur
273 Bildnachweis
274 Personenregister
280 Sachregister

1056

1417

Von Canossa nach Avignon

Jens-Peter Behrend

Gregor VII.
Ein Papst greift nach der Weltmacht

Die 2000 Jahre Geschichte des Papsttums sind bewegend wie die 264 Päpste faszinierend, die seit dem Apostel Petrus als Oberhaupt der römisch-katholischen Kirche auftraten. Oft genug sind sie Opfer von Intrige, Verrat und Mord. Aber ebenso oft greifen auch sie zu frevelhaften Methoden, um ihre Ziele durchzusetzen oder ihre Macht zu behaupten. Nicht immer führen sie ein Leben nach christlichem Gebot. Es gibt Jahrhunderte, in denen mehr Päpste vergiftet und umgebracht werden als eines natürlichen Todes sterben. Sie sind Menschen aus Fleisch und Blut und als solche Verführungen ausgesetzt wie andere Menschen auch. Einige von ihnen haben Großes in der Christenheit und der Welt bewirkt. Andere sind als herrschsüchtige Machtmenschen, lasterhafte Schwächlinge, korrupte Nutznießer ihres hohen Amtes, ja manche sogar als teuflische Antichristen in die Historie eingegangen.

In den Tagen der Christenverfolgung sind die Päpste Märtyrer, Opfer römischer Imperatoren. Aber seit Kaiser Konstantin sich auf dem Sterbebett hat taufen lassen, stehen sie selbst im Zentrum der Macht.

Als das römische Imperium im 5. Jahrhundert endgültig zusammenbricht, gibt das Christentum Rom so etwas wie einen neuen inneren Halt. Der Bischof von Rom, das Oberhaupt der Kirche, ist die zentrale Gestalt, die den römischen Kaiser beerbt.

Die Macht der Päpste hat länger Bestand als jede andere seit der Antike. Viele Reiche, die Ewigkeit beanspruchten und doch untergegangen sind, entstehen in der Zeit des Papsttums – das Reich der Mongolen, der Omajaden, das Byzantinische und Osmanische Reich, das spanische

GREGOR VII. – EIN PAPST GREIFT NACH DER WELTMACHT

und englische Weltreich. Sie alle erleben Blüte und Niedergang, während die Päpste mit unerschütterlichem Beharren weiter die Geschicke der Christenheit lenken.

Im Mittelalter ringen sie mit deutschen Kaisern um die Vorherrschaft über die Christenheit. Es ist ein Kampf, der einen ersten Höhepunkt erreicht in dem Ereignis, für das noch heute der Name eines kleinen Orts in Oberitalien steht: Canossa. Hinter diesem Namen verbirgt sich die Geschichte vom heldenmütigen König, der sich dem Papst unterwarf. Aber nur wenige wissen, dass das Ereignis nur der Anfang eines bitteren Krieges um Anerkennung zwischen einem König und einem Papst ist, den sie bis zum Ende ihres Lebens führen. Steht Canossa für den sprichwörtlich gewordenen erniedrigenden Bittgang Heinrichs IV., steht der Name einer anderen Stadt für den Niedergang des Papsttums: Avignon. Mit der Stadt Avignon verbindet sich die historische Phase, in der es zwei und zeitweise drei Päpste gibt, die sich bis aufs Messer bekriegen in einer Epoche, die einen moralischen Tiefpunkt in der Geschichte des Abendlandes darstellt.

Die Welt gerät aus den Fugen

Die Geschichte kommt einem bekannt vor: Zwei Mächtige kämpfen um die Herrschaft der Welt. Ein Kampf mit wechselnden Siegern und Verlierern. Schließlich unterwirft einer den anderen und kann endlich allein die Welt regieren – die Geschichte verläuft nach dem Muster zahlloser Überlieferungen, vom antiken Mythos über den Fantasyfilm bis zum japanischen Manga. Und doch ist dies auch die Geschichte einer realen Auseinandersetzung. Ihre »Helden« sind die Päpste des Mittelalters.

Der Winter des Jahres 1076 ist besonders streng, als König Heinrich IV. von der Bischofsstadt Speyer nach Italien aufbricht. In seinem

GREGOR VII. – EIN PAPST GREIFT NACH DER WELTMACHT

Gefolge seine Frau Bertha, sein kleiner Sohn Konrad, sein Hofstaat und einige Bischöfe. Die Alpen liegen vor ihm. Es ist eine beschwerliche Reise. Die ihm feindlich gesinnten Fürsten haben die meisten Pässe gesperrt. Die Berge – so schildert es der Chronist Lampert von Hersfeld – sind bedeckt mit ungeheuren Schneemassen und Eis, sodass beim Abstieg auf den glatten, steilen Hängen weder Reiter noch Fußgänger ohne Gefahr einen Schritt tun können. Auf dem 2000 Meter hohen Pass des Mont Cenis geht es nicht mehr weiter. Der Weg nach unten ist spiegelglatt. Die Männer kriechen, rutschen, fallen. Die Frauen werden auf Rinderhäuten nach unten gezogen. Die meisten Pferde sterben.

Heinrichs IV. Ziel ist ein Treffen mit dem Papst Gregor VII. Auch Gregor VII. hat sich auf die Reise gemacht. Er ist in der Gegenrichtung unterwegs nach Deutschland, um über Heinrich IV. Gericht zu halten, und versucht, die Alpen vor ihm zu überqueren. Aber aus Furcht, dem König zu begegnen, flüchtet der Papst sich schließlich nach Canossa, in die Burg seiner Beschützerin, Mathilde von Tuszien, der mächtigen Herrin der Toskana.

Am 25. Januar 1077 begibt sich Heinrich IV. vor die Tore Canossas und beginnt einen Bußakt. Drei Tage steht er, nur mit einem Wollhemd bekleidet, barfuß in eisiger Kälte, weint und fleht den Papst an, ihm zu vergeben.

Dieses Bild des büßenden Königs vor der Burg Canossa wird berühmt. Noch 800 Jahre später ist es den Deutschen so geläufig, dass Bismarck nichts weiter erklären muss, als er am 14. Mai 1872 den Mitgliedern des Reichstags zuruft: »Seien Sie außer Sorge, nach Canossa gehen wir nicht – weder körperlich noch geistig.« Canossa, das ist der deutsche König, der sich unter Tränen dem Papst unterwirft. Ein schmachvolles Debakel in den Augen der jungen deutschen Nation, die sich in der Nachfolge des ehemals römischen Kai-

Drei Tage und drei Nächte harrt Heinrich IV. vor dem Burgtor von Canossa aus, bis ihn Papst Gregor VII. einlässt. Stolz in der Erniedrigung – so verstand das 19. Jahrhundert den »Gang nach Canossa«.

serreiches sieht. Auch wenn die historische Gestalt Heinrichs IV. heute kein Vorbild für nationales Denken mehr darstellt, die Erinnerung an den weinenden König ist geblieben. Wer Canossa sagt, der bemüht ein Bild, das jeder versteht – ein Bild von mythischer Kraft, bei dem wir an Unterwerfung und Demütigung denken. Der »Gang nach Canossa« ist auch heute noch Synonym für einen erniedrigenden Bittgang.

Im Mittelpunkt der Geschichte stehen zwei sehr eigenwillige Persönlichkeiten: Papst Gregor VII. und König Heinrich IV. Beide sind schwierige Charaktere, autokratische und kompromisslose, von ihrer göttlichen Sendung überzeugte Herrscher. Sie führen einen Kampf auf Leben und Tod und bleiben für den Rest ihres Lebens ineinander verbissen.

Freiheit der Kirche

Als Gregor VII. den Papstthron besteigt, haben die Kirchenreformer längst das Konzept für eine erneuerte Kirche erarbeitet. Sie nennen es die »Freiheit der Kirche«. Die Kirche soll unabhängig von allen äußeren Einflüssen werden. Dafür braucht sie einen zentralen Herrschaftsapparat. Es genügt nicht, dass der Papst römischer Bischof ist. Der Papst muss höchste Instanz der gesamten Kirche werden. 1059 ändern die Kirchenreformer das Papstwahlrecht. Päpste werden von nun an nicht mehr – wie bislang – vom Klerus und dem Volk gewählt, sondern von einem Gremium, das mit Kardinälen besetzt ist. Laien werden ausgeschlossen. Die Kurie wird nach dem Vorbild des Königshofes umgebaut. Die Kirche bekommt ihr eigenes Personal und eine eigene Verwaltung und kann jetzt nach ihren Regeln arbeiten.

Gregor VII. tut alles, um die Ziele der Reformkirche umzusetzen. Er schreibt eine Unzahl von Briefen und Anordnungen und verschickt diese an die gesamte christliche Welt. Alle sollen es wissen: Rom ist ab jetzt der Mittelpunkt des Erdkreises, der römische Bischof Oberhaupt der gesam-

GREGOR VII. – EIN PAPST GREIFT NACH DER WELTMACHT

ten Kirche. Alle haben ihm, dem Papst, zu gehorchen. Seine Reformziele formuliert er im März 1075 in den berühmten 27 Leitsätzen des *Dictatus Papae*. Sie übertreffen alles, was Päpste je über die eigene Position formuliert haben. Darin heißt es, dass nur der römische Bischof universal genannt werden kann. Der Papst darf Kaiser und Bischöfe ihrer Ämter entheben. Der Papst ist »unzweifelhaft heilig«.

Alle Fürsten müssen ihm – ausschließlich ihm, dem Papst – die Füße küssen.

Steckbrief: Gregor VII.

An Papst Gregor VII. scheiden sich schon zu seinen Lebzeiten die Geister. Für die einen ist er der Inbegriff moralischer Makellosigkeit, einer, der konsequent die kirchlichen und göttlichen Gesetze verteidigt. Für die anderen ist er der Zerstörer der Welt. Ein teuflischer Fundamentalist, ein Diktator auf dem Stuhl Petri.

Der Sohn armer Eltern wird um das Jahr 1020 in der Toskana geboren und steigt langsam in der Kirchenhierarchie bis zum höchsten Amt auf. Seine Amtsübernahme wirft von Beginn an einen Schatten auf seinen Ruf, denn sie verläuft nicht nach den erst wenige Jahre zuvor erlassenen Gesetzen der Papstwahl. Noch während des Begräbnisses seines Vorgängers 1073 wird er in tumultartigem Überschwang von seinen Anhängern und dem Volk zum Papst ausgerufen.

Seine Gegner nennen ihn »Höllenbrand«, in Anspielung auf seinen ursprünglichen Namen »Hildebrand«. Hart und schroff soll er sein und unbarmherzig gegenüber seinen Gegnern. Selbst seine Freunde leiden unter seiner überaus kränkenden Art. Petrus Damiani, sein enger Mitarbeiter, nennt ihn gar einen »heiligen Satan und einen wütenden Tiger«. »Er fährt mich an mit verletzender Wucht wie wütender Nordwind«, klagt er.

VON CANOSSA NACH AVIGNON

Doch Gregor VII. kümmert nicht, was die Leute über ihn denken. Er fühlt sich als Arm Gottes und ist überzeugt von seiner Mission. Sein Ziel ist die unumschränkte Macht des Papstes über die Fürsten der Christenheit. Es geht ihm um nichts weniger als um die Weltherrschaft. Er glaubt an den göttlichen Auftrag, die Hoheit des Papstes auf weltlichem und geistlichem Gebiet durchsetzen und darüber hinaus den Klerus vom Einfluss weltlicher Machthaber befreien zu müssen. Bezeichnenderweise legt er seine Grundsätze, die auch Ziel seiner Politik sind, in einer Schrift nieder, *Dictatus Papae* genannt, das *Diktat des Papstes*. Und wie ein Diktator zeigt er sich, wo es die Machtverhältnisse zulassen. Er ist durchaus bereit, Blut zu vergießen. Viele seiner Zeitgenossen befremdet seine Neigung zur Gewalt. Unbarmherzig ist seine Entschlossenheit, wenn es darum geht, Ziele mit militärischen Mitteln zu erreichen. Gregor VII. gefällt sich in der Rolle des Feldherrn. Er kämpft gegen die Normannen in Süditalien, plant Konstantinopel gegen die Angriffe der Türken zu verteidigen und träumt davon, Jerusalem zu befreien. Er ist kein Papst nach heutiger Vorstellung, keiner, dessen Amtsverständnis sich auf die spirituelle Führung der Christenheit beschränkt. Er ist ein Machtmensch, der sich den politischen Fragen eines territorialen Herrschers stellt. Doch seine Ziele dienen keineswegs nur der Befriedigung eines persönlichen Strebens. Lange bevor Gregor VII. zum Papst gewählt wird, gilt er als Repräsentant und treibende Kraft der Kirchenreform, die bereits seit dem 10. Jahrhundert gegen die Missstände innerhalb der Kirche Front macht. Die Kirchenreformer fordern, den Klerus sittlich und moralisch zu erneuern. Geistliche sollen ihre Lebensweise nach den Regeln und Gesetzen der Kirche ausrichten, vor allem sollen sie nicht mehr heiraten dürfen – eine Forderung, die damals noch keineswegs selbstverständlich ist.

Als Papst hält Gregor VII. an der Durchsetzung der Zölibatvorschriften fest. Damit stößt er auf heftigen Widerstand. Verheiratete Priester sind eher die Norm als die Ausnahme. Deren Unterwerfung versucht er zu erzwingen, indem er widerspenstigen Klerikern den Ausschluss vom

GREGOR VII. – EIN PAPST GREIFT NACH DER WELTMACHT

Messgottesdienst androht. Laien verbietet er, von verheirateten Priestern Amtshandlungen anzunehmen. Damit werden die Priester ihrer Einnahmen beraubt. Und schließlich sieht er es als legitim an, Priester mit Gewalt zu nötigen, sich von ihren Frauen zu trennen.

Dem brachialen Kirchenreformer geht es auch um den Kampf gegen die Simonie, den Ämterkauf. Oberstes Ziel all seiner Anstrengungen aber ist es, den Papst zum Herrn über das Gewissen eines jeden Christen zu machen. Und wer das Bewusstsein der Menschen beherrscht – diese Erkenntnis wird Machiavelli knapp 500 Jahre später formulieren –, steuert die Menschen von innen und damit viel effizienter als mit roher Gewalt.

In die Geschichte eingegangen aber ist dieser unermüdlich kämpfende Papst durch die politischen Auseinandersetzungen, die mit dem »Investiturstreit« beginnen. Die Frage, wer Bischöfe und hohe kirchliche Würdenträger ernennen darf, berührt massiv die Interessen sowohl der Fürsten als auch des Papstes. Dieser Streit führt zu der großen Auseinandersetzung zwischen den weltlichen Fürsten einerseits und den geistlich-kirchlichen Mächten andererseits. Er gipfelt im berühmten »Gang nach Canossa«, an dessen Ende der exkommunizierte König Heinrich IV. im Jahr 1077 sich demonstrativ dem Papst unterwirft. Es ist wie eine Ironie der Geschichte, dass es nur wenig später wieder zur Exkommunikation Heinrichs IV. und zu erneuter bitterer Feindschaft zwischen den großen Kontrahenten kommt, in deren Folge Gregor VII. ins Exil gehen muss. Verlassen und enttäuscht, stirbt er im Jahr 1085.

»Ich liebte die Gerechtigkeit, ich hasste das Böse, so musste ich in der Verbannung sterben«, lautet die Grabinschrift.

Kaum Papst, gerät Gregor VII. in eine Auseinandersetzung mit dem König. Es geht um die Bischöfe und den Streit um die sogenannte Laieninvestitur. Bislang kann auch der König Bischöfe in ihr Amt einsetzen. Sogar Gregor VII. bekennt sich zu Beginn seiner Herrschaft zu der alten Praxis. Als er eine Pilgerreise zum Heiligen Grab plant, will er die römische Kirche sogar der Obhut des Königs anvertrauen, damit der diese in der Zeit seiner Abwesenheit behüten und verteidigen kann. Doch bald rückt der Papst von der Zustimmung zu der Tradition ab. Die Kirchenreformer sehen auch im König nur einen Laien, für den dieselben Gesetze gelten wie für andere. Die »Laieninvestitur« soll fallen. Wer ihm nicht gehorche – so verkündet der Papst ziemlich unverblümt –, vergehe sich an Gott. Das ist eine Kriegserklärung der Kirche an den Staat. Denn der König ist angewiesen auf die Dienste der Bischöfe, die ihm, wenn er sie in ihr Amt einsetzt, einen Treueeid schwören. Bischöfe haben die Aufgaben staatlicher Amtsträger, besitzen in vielen Gebieten des Reiches Herrschaftsrechte und stellen so auch Heereskontingente. Die Ernennung von Bischöfen hat zudem für den König den Vorteil, dass deren Ämter nicht vererbt werden. Verlöre der König den Zugriff auf den hohen Reichsklerus, wäre seine Machtstellung geschwächt. Der Konflikt zwischen Gregor VII. und Heinrich IV. ist damit vorprogrammiert.

Herrscher ohne Gnade

Heinrich IV. ist 26 Jahre alt, als er dem Papst die Stirn bietet. Er gilt als zäher Kämpfer, aber auch als schwieriger Zeitgenosse, ist jähzornig und stößt viele vor den Kopf. Sein ebenso schroffer wie selbstbewusster Herrschaftsstil trifft allerdings auf den Widerstand seiner Fürsten, die sich von ihm übergangen fühlen. Adel und Klerus wollen lieber nach einem überlieferten Konsensmodell an der Herrschaft beteiligt werden. Auf traumatische Weise hat der König als Kind erlebt, wie rücksichtslos politische Gegner nach seinem Leben trachten. Der Kölner Erzbischof lässt den Prinzen entführen, und hätte der sich nicht waghalsig durch einen Sprung in den Rhein gerettet, er wäre vermutlich umgebracht worden.

GREGOR VII. – EIN PAPST GREIFT NACH DER WELTMACHT

Als 16-Jähriger übernimmt Heinrich IV. die Amtsgeschäfte. Schon bald lässt er im ganzen Land gewaltige Festungsanlagen bauen. Sie dienen allerdings nicht der Abwehr äußerer Feinde, sondern der Machtfestigung im Inneren. Die schwer bewaffneten königlichen Dienstmannschaften auf den Burgen erweisen sich als eine Plage für das Umland. Immer mehr adelige Gutsherren klagen, dass ihre Güter ausgeraubt, ihre Frauen und Töchter von den königlichen Dienstmannschaften vergewaltigt werden. 1073 wagen die Sachsen den Aufstand. Es kommt zum blutigen Bürgerkrieg. Erst zwei Jahre später gelingt es Heinrich IV. in der Schlacht an der Unstrut im südlichen Harz, das Heer der aufständischen Sachsen zu besiegen. Die Königlichen – so heißt es – sollen dabei das Fußvolk wie Vieh abgeschlachtet haben. Nach dem Sieg über die Sachsen zeigt Heinrich IV. sehr deutlich, wie er zu herrschen gedenkt. Er hält sich nicht an die Zusagen, die er den besiegten sächsischen Herzögen, Bischöfen und Grafen gegeben hat, für den Fall, dass sie sich ihm ausliefern. Stattdessen entzieht er ihnen Städte, Burgen und Güter und verteilt sie unter seinen Anhängern. Bald gilt er überall als Herrscher ohne Gnade. Seine Untertanen sind enttäuscht, denn sie erwarten von einem König, dass er auch Barmherzigkeit zeigt.

Doch auch Heinrich IV. geht es nicht um persönliche Macht. Wie Gregor sieht er sich als Vertreter einer Weltordnung, die größer ist als er selbst. Dabei muss er noch nicht einmal neue Ideen ins Feld führen. Er kann sich einfach auf die Tradition beziehen, nach der bereits sein Vater Heinrich III. handelte, als er drei Päpste absetzen ließ, um sich schließlich von einem Papst seiner Wahl zum Kaiser krönen zu lassen.

Für die Herrscher vom Geschlecht der Salier, zu denen Heinrich IV. gehört, repräsentiert der König den Stellvertreter Christi auf Erden. Seine Aufgabe ist es, die göttliche Ordnung in der Welt durchzusetzen. Der König steht dem »corpus christi« vor, der Einheit von Staat und Kirche, deren unsichtbares Haupt Jesus Christus ist. In diesem Bewusstsein tritt Heinrich der Welt entgegen.

Nach dem Sieg gegen die Sachsen fühlt der junge König seine Herrschaft im Reich gefestigt. Nun glaubt er, auch den Papst herausfordern zu können, und setzt eigenmächtig in Mailand einen neuen Erzbischof ein. Heinrich ahnt noch nicht, dass mit diesem Schritt sein schicksalhafter Weg nach Canossa beginnt.

Der Krieg der Worte

Der Papst wartet ab – dann schreibt er einen Brief an Heinrich IV. Darin wirft er ihm vor, ihn, den Papst, und damit den Amtsgründer der Kirche, den heiligen Petrus, enttäuscht zu haben. Er erinnert Heinrich IV. an das von ihm erlassene Investiturverbot. Und zuletzt droht er, Heinrich IV. den Gruß und den apostolischen Segen zu verweigern, wenn dieser ihm nicht wie ein christlicher König gehorchen wolle. Die drei päpstlichen Legaten, die Heinrich das Schreiben am Neujahrstag 1076 überbringen, tun ihr Übriges. Sie fordern Heinrich IV. auf, seine von Gregor VII. exkommunizierten Räte zu entlassen und für seine Verbrechen zu büßen. Eigentlich, so machen sie dem König ganz im Vertrauen klar, müsste der Papst Heinrich IV. für alles, was er getan hat, exkommunizieren und ihn als König absetzen. Heinrich IV. hat genug. Erbost sucht er die Konfrontation.

Unverzüglich macht er das Schreiben Gregors VII. öffentlich und beruft für den 24. Januar 1076 den Reichstag nach Worms. Hier führen die Feinde Gregors VII. das große Wort. Sie bezichtigen den Papst aller möglichen Schandtaten. Vor allem die Bischöfe bringen Demütigungen, die Gregor VII. ihnen zugefügt hat, zur Sprache. Schon der Ton der päpstlichen Briefe, in denen es heißt »Ich gebiete Dir« statt »Ich ermahne Dich«, ärgert sie maßlos. In diesem Ton behandelt man unfreie Gutsverwalter, aber nicht Bischöfe. In ihrer Antwort an den Papst lassen sie ihrer Wut freien Lauf. Sie teilen »Bruder Hildebrand«, wie sie ihn

GREGOR VII. – EIN PAPST GREIFT NACH DER WELTMACHT

mit seinem früheren Namen herabwürdigend ansprechen, mit, dass sie ihn nicht mehr als Papst anerkennen und seine Wahl für ungültig halten. Anmaßend und hochmütig sei er, er spalte die Kirche und verbreite überall Zwietracht und Verwirrung. Alles versuche er an sich zu reißen und raube damit den Bischöfen ihre Amtsgewalt. Auch Heinrich IV. schreibt einen Brief. Darin bezeichnet er seinen Gegenspieler als »schlimmsten Feind des Reiches«, denn er habe ihm, Heinrich IV., die ererbte Würde vorenthalten. Damit meint er die römische Kaiserwürde, die der Papst bis dahin Heinrich IV. noch nicht verliehen hat. Der Papst – so Heinrich IV. weiter – habe es gewagt, sich gegen »das Haupt« selbst, den König, zu erheben. Ein Papst dürfe den König nicht richten. Schließlich befiehlt der König dem Papst zurückzutreten: »Steige herab, steige herab, auf ewig Verfluchter!« Boten bringen den Brief nach Rom. In einem Appell an das Volk und die Geistlichkeit von Rom fordert Heinrich IV. diese auf, den Papst zum Rücktritt zu zwingen und einen neuen Papst zu wählen, der »heilen werde, was dieser verletzt habe«.

Historiker übertreffen sich an Pathos, wenn es darum geht, die so entstandene Konfrontation zu schildern. Heinrich IV., so heißt es bei Johannes Haller, beginnt einen Krieg, dessen Ende er nicht mehr erlebt, der ihn ins Unglück stürzt, seine Regierung zum Trauerspiel macht und auf die ferneren Geschicke des Deutschen Reiches einen langen und finsteren Schatten wirft.

Was folgt, übersteigt in der Tat alle Erwartungen. Gregor VII. lässt die Boten, die im Februar 1076 die Schreiben überbringen, verhaften, stellt sie vor die Synode und zwingt sie, die Briefe vorzulesen. Daraufhin brechen Tumulte aus. Die Anwesenden stürzen sich auf Heinrichs Boten und misshandeln sie schwer. Hätte Gregor VII. sie nicht, wie es heißt, unter Einsatz seines Lebens geschützt, wären sie vermutlich umgebracht worden.

Am 22. Februar 1076 verkündet Gregor VII. sein Urteil. Er gibt ihm die Form eines inbrünstigen Gebets, das er an den Apostelfürsten Petrus richtet. Noch heute ahnt man, welchen Eindruck diese Worte auf Gregors VII. Zeitgenossen gemacht haben müssen: »Um Deinetwillen«, so der Papst, »ist mir von Gott die Macht gegeben, zu binden und zu lösen im Himmel und auf Erden. Im Vertrauen hierauf untersage ich im Namen Gottes des Vaters, des Sohnes und des Heiligen Geistes kraft Deiner Vollmacht zu Ehren und Schutz Deiner Kirche König Heinrich, dem Sohne Kaiser Heinrichs, der sich gegen Deine Kirche in unerhörtem Hochmut erhoben hat, die Regierung des ganzen Königsreichs der Deutschen und Italiens, befreie alle Christen von der Fessel des Eides, den sie ihm geleistet haben oder leisten werden, und verbiete jedermann, ihm als König zu dienen. Und weil er als Christ es verschmäht hat zu gehorchen, nicht zu Gott zurückgekehrt ist, den er durch Verkehr mit Ausgeschlossenen verlassen hatte, meine Mahnungen verachtet, sich von Deiner Kirche getrennt und sie zu spalten versucht hat, so binde ich ihn an Deiner statt mit der Fessel des Fluches, auf dass die Völker wissen und erfahren, dass Du bist Petrus, und dass auf Deinen Fels der Sohn des lebendigen Gottes seine Kirche gebaut hat und die Pforten der Hölle sie nicht überwältigen werden.«

Gregor VII. hat König Heinrich IV. abgesetzt und ihn aus der christlichen Rechts- und Glaubensgemeinschaft ausgeschlossen. Ein ungeheuerlicher Schlag. So etwas ist noch nicht vorgekommen. Nun muss sich zeigen, wer im Recht ist. Und das heißt nicht zuletzt, wer die größere Öffentlichkeit hinter sich vereinigen kann.

Zum ersten Mal seit 700 Jahren, seit dem Ende des römischen Kaiserreichs, werben König und Papst um die öffentliche Meinung. Auf den Kanzeln machen Priester und Bischöfe Propaganda für die Positionen des Königs. Doch auch Gregor VII. ist nicht untätig. Wieder schreibt er Briefe – dieses Mal an die Fürsten im Reich, vor denen er sein Handeln rechtfertigt. In einem Schreiben erklärt er, warum ein Papst den König aus der Kirche ausschließen kann: »Wenn der Apostolische Stuhl kraft göttlicher Vollmacht über geistliche Dinge richtet, warum nicht auch über weltliche?« So einfach lässt sich der Anspruch, über Kirche und Welt zu herrschen, rechtfertigen.

GREGOR VII. – EIN PAPST GREIFT NACH DER WELTMACHT

Gregors VII. Briefe haben Erfolg. Langsam beginnt die Front um König Heinrich IV. zu bröckeln. Seine Feinde, allen voran die Sachsen, die er so schwer gedemütigt hat, wittern Morgenluft. Für sie ist der Richterspruch Gregors VII. ein willkommener Anlass, erneut den Aufstand gegen Heinrich IV. zu wagen. Zusammen mit päpstlich gesinnten Bischöfen planen sie, einen neuen König zu wählen. Im Oktober 1076 versammeln sie sich in Trebur am Rhein, heute ein verschlafenes Fachwerkstädtchen im Rhein-Main-Gebiet. Zehn Tage halten sie dort Gericht über Heinrich IV., dem sie vorwerfen, er habe den Hochadel entmachtet und Burgen zu kriegerischen Zwecken bauen lassen. Heinrich IV., der diese Versammlung eigentlich gewaltsam auflösen will und schon den Übergang über den Rhein gesperrt hat, kann sich nicht entschließen, anzugreifen. Zaudernd sitzt er auf seiner Burg in Oppenheim auf der gegenüberliegenden Rheinseite. Dann kommt es zu Verhandlungen, in deren Verlauf zehn Bischöfe aus seinem Gefolge zu seinen Feinden überlaufen. Die Unterhändler aus dem päpstlichen Lager haben Heinrichs IV. Bischöfe davon überzeugt, dass es besser für ihre Autorität sei, wenn sie den Primat des Papstes anerkennen. Heinrich IV. kapituliert. »Entseelt vor Schmerz« – so heißt es – verspricht er den Fürsten, sein Amt niederzulegen und einen Brief an den Papst zu richten, in dem er diesen um Verzeihung bittet. Doch er entscheidet sich anders. Heinrich IV. hält sich nicht an den abgesprochenen Wortlaut. Nun stellen die Fürsten ein Ultimatum: Wenn es dem König nicht innerhalb eines Jahres gelinge, wieder in die Kirche aufgenommen zu werden, würden sie einen anderen König wählen. In jedem Fall aber solle der Papst nach Augsburg kommen und darüber entscheiden, ob Heinrich IV. die Königswürde behalten dürfe.

Heinrich IV. hat keine Wahl. Wenn er abwartet, bis der Papst in Augsburg über ihn richtet, verliert er entweder sein Amt oder muss sich der Macht seiner Gegner beugen. Ihm bleibt nur ein Ausweg: Will er König bleiben, muss er ein Treffen in Augsburg verhindern und dem Papst zuvorkommen.

Canossa und die Folgen

Der Bußakt von Canossa ist eine Entscheidung, die Heinrich IV. das Überleben sichern kann. Er weiß, dass der Papst ihn vom Kirchenbann befreien muss, wenn er sich konsequent selbst demütigt – das fordern die kirchlichen Regeln. Im Übrigen sind öffentlich inszenierte Bußrituale durchaus nicht ungewöhnlich. Die Figur des »büßenden Königs« gehört zur Tradition des sakralen Königtums der Salier, die das Amt des Königs in der Nachfolge Christi begreifen. In der Selbstdemütigung ahmt der Herrscher den leidenden Christus nach. Schon der Vater Heinrichs IV., Heinrich III., hat es zur Meisterschaft im öffentlichen Bußweinen gebracht, das ein wichtiges Instrument seiner Politik wurde. Ein Herrscher, der öffentlich weint, dokumentiert, dass er leidet wie Christus.

Gregor VII. hingegen weiß, dass hier kein ehrlicher Büßer vor ihm steht, sondern ein Politiker, der sich rehabilitieren will. Und so sträubt er sich, dem Weinen und Bitten des Königs nachzugeben. Doch letztlich bleibt ihm keine Wahl. Die Kirchentradition fordert seine Gnade.

Entscheidend sind am Ende dieses dramatischen Bußgangs nach Canossa die auf der Burg anwesenden Mathilde von Tuszien und der berühmte Abt Hugo von Cluny, der Taufpate Heinrichs IV. Sie bedrängen den hartnäckigen Papst massiv, Milde walten zu lassen. In einem Brief an seine enttäuschten Verbündeten rechtfertigt sich Gregor VII. nachträglich, indem er schildert, wie alle um ihn herum für Heinrich IV. eintreten – natürlich unter Tränen. Sie hätten ihn, Gregor VII., der Grausamkeit eines wilden Tyrannen bezichtigt. Schließlich habe er sich diesem Druck gefügt und Heinrich IV. wieder in den Schoß der heiligen Mutter Kirche aufgenommen. Am 28. Januar 1077, nach drei Tagen, öffnen sich die Tore für Heinrich IV.: Er wirft sich vor dem Papst auf den Boden, mit ausgebreiteten Armen, das Kreuz nachbildend. Gregor VII. erteilt ihm daraufhin die Absolution und segnet ihn. Dann hilft er dem König, zu Tränen gerührt, auf, ergreift seine rechte Hand, gibt ihm den Friedenskuss, und gemeinsam gehen sie zur Messe. Heinrichs IV. Kalkül geht auf. Er ist wieder in die Kirche aufgenommen. Damit hat er der fürstlichen Opposition im Reich den Boden entzogen.

Doch froh ist er trotzdem nicht. Heinrich IV. weiß, dass er der erste König ist, der sich einem kirchlichen Richter unterworfen hat. Das verletzt nicht nur seinen Stolz. Er spürt, dass die Würde des sakralen Königtums durch seinen Bußgang zerbrochen ist. Finster und wortkarg sitzt er am Tisch, isst nichts. Der Überlieferung nach graben sich seine Fingernägel vor innerer Wut tief in die Tischplatte.

Die deutschen Fürsten wenden sich enttäuscht vom Papst ab. Sie wissen, dass Heinrich IV., nachdem der Papst seinen Fluch von ihm genommen hat, nur noch schwer zu stürzen ist. Zwei Monate später unternehmen sie einen eigenen Befreiungsversuch – sie wählen Rudolf von Schwaben zum Gegenkönig. Rudolf ist ein Anhänger der Kirchenreform und tritt für das Eheverbot der Priester ein, was ihn verhasst macht. Doch die Fürsten, allen voran die Sachsen, erhoffen sich von ihm, dass er sie – im Unterschied zu Heinrich IV. – an seiner Herrschaft beteiligen wird. Sie beschließen, das königliche Erbrecht abzuschaffen. Die Wahl des Königs soll künftig nur noch von seiner Eignung abhängen. Nicht mehr Gott, sondern die Fürsten sollen den König einsetzen. Hierin sind sich Papst und Fürsten einig: Das sakrale Königtum ist tot.

Drei Jahre später, im Frühjahr 1080 – längst ist es zu einem neuen Zerwürfnis zwischen Heinrich IV. und Gregor VII. gekommen –, erkennt auch der Papst Rudolf als rechtmäßigen deutschen König an. Noch am selben Tag schickt er Heinrich IV. zum zweiten Mal in den Kirchenbann. Er verkündet, dass er tot sein wolle, wenn Heinrich IV. nicht in Rom zur Buße erscheine. An dieser Prophezeiung will er sich messen lassen. Ein hochmütiger Fehler, wie sich später herausstellt.

Sieger und Besiegte

Heinrich IV. erklärt nun seinerseits Gregor VII. für seines Amtes enthoben und macht Wibert, den Erzbischof von Ravenna, zum neuen Papst. Kurze Zeit später kommt es zur Schlacht mit König Rudolf. Heinrich IV. wird zwar besiegt, doch Rudolf stirbt. Unglücklicherweise ist Rudolf die rechte Hand abgeschlagen worden, ein Gottesurteil, wie alle glauben, denn mit dieser Hand hat er einst seinem König die Treue geschworen. Die Opposition gegen Heinrich IV. bricht zusammen. Der Bürgerkrieg ist beendet. Sofort eilt Heinrich IV. nach Rom, um sein jahrelang ersehntes Ziel zu erreichen: die Kaiserkrönung.

Doch er muss vor der Stadt lagern, da ihm die Römer nicht die Tore öffnen. Drei Jahre belagert Heinrich IV. Rom. Besessen von der Absicht, mit der Kaiserwürde zurückzukehren, nimmt er sogar wieder Verhandlungen mit dem von ihm abgesetzten Papst Gregor VII. auf, bereit, den von ihm ernannten Gegenpapst fallenzulassen. Hätte er Gregor VII. nicht inzwischen besser kennen müssen?

Der fordert erneut öffentliche Buße von Heinrich IV. Ein zweites Canossa? Dieses Mal aber erweist sich Heinrich IV. als der Stärkere. 1084 öffnen die Römer, zermürbt von der jahrelangen Belagerung, ihm die Stadttore. Volk und Geistlichkeit wählen Wibert, den von Heinrich IV. bereits ernannten Gegenpapst, offiziell zum neuen Pontifex. Währenddessen sitzt Gregor VII. in der Engelsburg und erlebt, wie ihn eine römische Synode absetzt und exkommuniziert. Dann muss er ohnmächtig mit ansehen, wie Clemens III. den verhassten König am 31. März 1084 zum Kaiser krönt.

Noch aber ist das mörderische Spiel um die Macht nicht zu Ende. Jetzt nämlich rückt Robert Guiscard, der Normannenherzog, mit dem Gregor VII. – nachdem er diesen ebenfalls von einem Bann gelöst hat – sich verbündet hat, nach Rom vor, um »seinen Papst« zu befreien. Heinrich IV. ist der militärischen Übermacht nicht gewachsen und flieht. Guiscard rückt mit zahlreichen Sarazenen aus Sizilien, die es darauf abgesehen

GREGOR VII. – EIN PAPST GREIFT NACH DER WELTMACHT

haben, das »Mekka der Ungläubigen« zu zerstören, in Rom ein. Seine Truppen plündern und verwüsten die Stadt, zwei Stadtteile brennen. Gregor VII. wird zwar befreit, doch er muss unter dem Schutz der Normannen die Stadt verlassen. Die Römer machen ihn verantwortlich für die Verwüstungen. In Rom ist er seines Lebens nicht mehr sicher. Es heißt, Gregor VII. habe geweint beim Anblick der verbrannten Kirchen und der Bevölkerung, die ihn verfluchte. Ein Jahr später stirbt er in seinem süditalienischen Exil in Salerno. Bis zuletzt hat er an seinem Anspruch festgehalten, als Nachfolger Petri Herrscher über Kirche und Welt zu sein.

Heinrich IV., 30 Jahre jünger als sein Widersacher, überlebt Gregor VII. zwar um gut zwei Jahrzehnte. Doch am Ende ereilt ihn ein ähnliches Schicksal wie seinen Rivalen. Sein eigener Sohn, ein Anhänger der päpstlichen Reformpartei, verrät ihn und zwingt Heinrich IV. noch kurz vor seinem Tod abzudanken. Wie Gregor VII. scheitert Heinrich IV. an seiner eigenen Unnachgiebigkeit. Keiner der beiden Erzfeinde kann sich am Ende seines Lebens als Sieger fühlen.

Und doch siegt das Papsttum auf ganzer Linie. Den Nachfolgern Gregors VII. gelingt es, die Kirchenreform konsequent durchzusetzen. Im Wormser Konkordat, das Heinrich V. und Papst Calixtus II. im Jahr 1122 miteinander abschließen, wird das päpstliche Lehramt von kirchlichen und weltlichen Fürsten als höchste Rechtsinstanz anerkannt. Simonie und Priesterehe sind geächtet. Das System der Laieninvestitur, für das Heinrich IV. ein Leben lang kämpfte, ist abgeschafft. Allerdings bleiben die geistlichen Reichsfürsten als Träger weltlicher Macht durch ihren Lehenseid an den Kaiser und das Reich gebunden. In den folgenden beiden Jahrhunderten steigt das Papsttum zur höchsten spirituellen und moralischen Institution des Abendlandes auf. Sein Ansehen wird noch verstärkt durch die Kreuzzüge. Vom Krieg gegen die Heiden und der Befreiung des Heiligen Landes hatte Papst Gregor VII. gern und oft geträumt. Die Stellung des deutschen Königs als Haupt der christlichen Welt ist geschwächt. Seit Canossa gehen Kirche und Welt getrennte Wege.

Apostel Petrus
Ein Grab als das Heiligtum der größten Weltreligion

Es klingt so einfach wie befremdlich: Die Macht des römischen Bischofs stützt sich auf ein Grab.

Dass unter dem Altar des Petersdoms tatsächlich das Petrusgrab zu finden ist, darauf gibt es – im Unterschied zu den Geschichten über das Leben und Sterben des Apostels – immerhin einige Hinweise. Dafür sorgt schon der erste Bauherr von Sankt Peter, Kaiser Konstantin, zu Beginn des 4. Jahrhunderts. Konstantin prüft jede Tradition, bevor er ihr Glauben schenkt. Als er eine Kirche über dem Grab des Apostelfürsten errichten will, lässt er zuerst mit ungewöhnlicher archäologischer Gründlichkeit die genaue Lage des Grabes ermitteln. Das Grab soll das Zentrum seiner Kirche sein. Dafür scheut er keine Kosten und Mühen, denn der Dom wäre nur wenige Meter weiter südlich weitaus leichter zu bauen gewesen.

Die Bedeutung, die dem Petrusgrab im Laufe des Mittelalters zukommt, ist heute nur noch schwer zu verstehen. Für den Menschen des Mittelalters gilt das Grab eines Heiligen als Bindeglied zwischen irdischem und göttlichem Dasein, die Nahtstelle, durch die das Jenseits mit der Welt verbunden ist. Dies macht das Grab Petri so einmalig und ist auch der Grund dafür, warum es gehütet wird wie ein Staatsschatz.

Nicht nur der Bischof, auch die Stadt Rom verdankt ihren Status als Weltstadt allein dem Grab des Apostels. Ist das mittelalterliche Rom doch im Vergleich zu Konstantinopel eigentlich nur eine bessere Provinzstadt. Dem Apostelfürsten kann man nur in Rom wirklich nahe sein. Denn dort liegen seine Gebeine. Hunderttausende pilgern jedes Jahr in die Stadt, um das Grab des Apostels zu besuchen. Sie machen die Stadt reich durch ihre Spenden und das Geld, das sie in den Gasthäusern und bei den Händlern lassen.

Steckbrief: Petrus, der Fels

Bischof von Rom, Statthalter Jesu Christi, Nachfolger des Apostelfürsten, Summus Pontifex der gesamten Kirche, Patriarch des Abendlandes, Primas von Italien, Erzbischof und Metropolit der römischen Kirchenprovinz, Souverän des Staates der Vatikanstadt – ein gewaltiger Titel. Wie kommt es, dass ausgerechnet der römische Bischof als Papst all diese Ämter in sich vereint und über Kirche und Abendland herrschen soll? Es ist der Apostel Petrus, ein Mann, der zu den Jüngern Jesu gehört, von dem die Päpste ihre Macht herleiten.

Simon Petrus stammt aus Galiläa. Er lebt mit seiner Familie in Kafarnaum am See Genezareth im heutigen Israel. Von Beruf ist der gläubige Jude Fischer. In den archäologischen Stätten von Kafarnaum können – neben der Synagoge, in der Jesus predigte – Grundmauern eines Gebäudes, das als Haus des Petrus bezeichnet wird, noch heute besichtigt werden.

Petrus hat seinen Auftrag von Jesus mit diesen Worten erhalten: »Du bist Petrus, und auf diesen Felsen will ich meine Gemeinde bauen, und die Pforten der Hölle sollen sie nicht überwältigen. Ich will dir die Schlüssel des Himmelreichs geben: Alles, was du auf Erden binden wirst, soll auch im Himmel gebunden sein, und alles, was du auf Erden lösen wirst, soll auch im Himmel gelöst sein.« So heißt es im Matthäusevangelium. Diese im Neuen Testament überlieferten Sätze sind wohl die wichtigste Grundlage des päpstlichen Machtanspruchs.

Unübersehbar, in 1,40 Meter großen Buchstaben, laufen sie um das Innere der Kuppel des Petersdomes: »Tu es Petrus et super hanc Petram aedificabo Ecclesiam meam« – so steht es direkt über dem Grab des Petrus.

Weiter wird von ihm berichtet, er sei nach Rom gegangen und habe dort eine christliche Gemeinde geleitet. Zusammen mit Paulus soll er der Verfolgung durch Kaiser Nero zum Opfer gefallen sein und um das Jahr 64 herum den Märtyrertod erlitten haben. Diese Überlieferung wird von kritischen Stimmen allerdings angezweifelt. Denn die Quellenlage ist keineswegs eindeutig. Der Aufenthalt von Petrus in Rom ist zwar nicht auszuschließen, aber mehr als geschichtlich gesicherte Fakten bestimmen Legenden das Bild des Apostels, der erster Bischof Roms geworden sein soll. Es sind diese Legenden, die der Geschichte von Petrus ihre Bedeutung geben und ihn zum mythischen Gründer der päpstlichen Macht erheben.

In den Ende des 2. Jahrhunderts in Kleinasien verfassten Petrusakten – sie beinhalten Geschichten vom Leben Jesu und sind später als das Neue Testament entstanden – wird das berühmte Quo-Vadis-Ereignis geschildert. Diese Begebenheit sollte für die Kirchengeschichte und die Rolle, die Petrus als Oberhaupt der Christenheit spielt, bedeutsam werden. Danach begegnet der Apostel Petrus auf seiner Flucht aus Rom Christus. Petrus fragt: »Quo vadis, Domine?« – Wohin gehst Du, Herr? Daraufhin antwortet Jesus: »Ich gehe nach Rom, um mich erneut kreuzigen zu lassen.« Petrus, so heißt es, kehrt daraufhin nach Rom zurück, wo er gefangen genommen, eingekerkert und schließlich gekreuzigt wird. Vorher bittet er jedoch noch darum, man möge ihn mit dem Kopf nach unten ans Kreuz schlagen. Er will für seine Schuld büßen und zeigen, dass sein Kopf es nicht wert ist, an derselben Stelle zu liegen, an der der Kopf des Herrn lag. Die Szene wurde zum Thema der Kunst. Man findet sie in zahllosen Darstellungen. Die berühmteste ist eine Bronzetafel aus dem 15. Jahrhundert von Antonio Averlino, genannt Filarete, am Portal der Peterskirche. Der Ende des 19. Jahrhunderts von dem polnischen Schriftsteller Henryk Sienkiewicz verfasste Roman *Quo Vadis* gehört

APOSTEL PETRUS

zu den meistgelesenen Büchern der Welt. Darin schildert der Autor die Geschichte um den Apostel Petrus und nimmt sie zum Anlass, ein Bild der Zeit des frühen Christentums und der Christenverfolgung in Rom zu entwerfen.

Im Laufe der Zeit ist die Kenntnis darüber, wo genau das Grab Petri liegt, verloren gegangen. Deshalb ordnet Papst Pius XII. im Jahr 1940 archäologische Untersuchungen an. Zehn Jahre später ist es so weit. Die Kurie verkündet: »Ja. Das Grab des Apostelfürsten ist gefunden.« Unmittelbar unter der Krypta des Petersdoms haben die Archäologen ein kleines Denkmal ausgemacht, das der christliche Bischof Anicetus im Jahr 160 erbauen ließ. Das Denkmal ist nachträglich über ein älteres Armengrab aus der Zeit des Martyriums von Petrus gesetzt worden. Es ist eingelassen in die Mauer einer Gräberstraße, Teil einer etwa 400 Meter langen Nekropole – einer Totenstadt – unter dem Petersdom, die der Öffentlichkeit nicht zugänglich ist. Das Denkmal muss damals schon etwas Besonderes gewesen sein, denn die Mauer wurde nachträglich um das Denkmal herumgelenkt. Neben dem Grab finden sich griechische Eingravierungen aus dem 2. oder beginnenden 3. Jahrhundert, die als »Petrus ist hier« gelesen werden können.

Alles scheint zusammenzupassen. Schon der römische Priester Gaius hat die Grabstelle am Ende des 2. Jahrhunderts beschrieben und sie »Tropaion« genannt, was so viel heißt wie »Siegeszeichen« – ein Zeichen, das an den Sieg des Märtyrers über den Tod erinnern soll. Hinzu kommt: Das Grab grenzt direkt an das Zirkusgelände von Kaiser Nero, wo die Christen bei »Zirkusspielen« öffentlich von Hunden zerfleischt, angezündet oder gekreuzigt worden sind. Dieser Zirkus lag dort, wo sich heute Petersplatz und Petersdom befinden.

Aber Pius XII. hat noch eine andere Frage an die Archäologen. Haben sie auch die Reliquien des Heiligen gefunden? Man ist sich nicht sicher.

VON CANOSSA NACH AVIGNON

Am Rande des Grabes gibt es zwar menschliche Knochenreste, aber wer weiß schon, ob sie zu Petrus gehören?

18 Jahre später ändert sich das schlagartig. Plötzlich ist man sich sicher. Am 26. Juni 1968 verkündet Papst Paul VI.: »Die Reliquien des heiligen Petrus sind in einer Weise identifiziert worden, die Wir als überzeugend annehmen können.« Was ist geschehen? Angeblich hat während der Ausgrabungen in den vierziger Jahren der Sekretär der Dombauhütte in der Grabnische Knochenfragmente, an denen Erde klebt, gefunden. Nicht ahnend, dass dies die sterblichen Reste von Petrus sein könnten, legt er sie in einen Holzkasten und stellt diesen in die Cappella di San Colombano. Dies ist die Geschichte, die Margherita Guarducci erzählt, jene Epigrafieprofessorin, die Anfang der fünfziger Jahre im Auftrag des Papstes beginnt, die Graffiti an der Mauer zu entziffern. Als die Knochenreste 1962 analysiert werden, kommt man zu dem Schluss, dass dies die Knochen eines kräftigen Mannes im Alter zwischen 60 und 70 Jahren sein müssen. Die Erde, die an ihnen klebt, ist dieselbe Erde wie im Erdgrab unter dem Tropaion. Der Befund scheint sensationell. Die Beweislage – verbunden mit dem von Guarducci identifizierten Graffito »Petrus ist hier« – ist bestechend.

Kritiker zweifeln jedoch an der Geschichte vom Knochenfund des ahnungslosen Sekretärs. Nicht zuletzt ist es allein die Epigrafin, die diese Geschichte bestätigen kann. Ihr Buch *Hier ist Petrus* wird weltberühmt. Hat der Glaube noch einmal über die Wissenschaft gesiegt?

Genau das behauptet der katholische Priester und Journalist Josef Fink und kommt zu einem ganz anderen Ergebnis. Er vermutet, Petrus sei schlicht verbrannt worden, da die Feuerbestattung im 1. Jahrhundert die übliche Art der Bestattung ist – auch unter Christen. Das würde erklären, warum der Platz unter dem Tropaion so klein ist, dass eigentlich gar kein menschlicher Körper hineingepasst haben kann.

Zwar liegen die vermeintlichen Reliquien nun wieder in der Grabnische des Tropaion. Doch auf Wunsch Pauls VI. entnahm man ihnen neun kleine Knochenfragmente und legte sie in ein kostbares silbernes Reliquiar, das nun auf dem Altar der Privatkapelle des Papstes steht. Noch der kranke Johannes Paul II. lässt sich das Reliquiar ans Krankenbett bringen, als er sich 1981 von dem Anschlag erholt, der auf ihn auf dem Petersplatz verübt worden ist.

Reliquien – die Nähe zum Jenseits

Es ist erstaunlich: Die sterblichen Überreste von Petrus haben die frühen Christen Roms lange nicht beschäftigt. Sie glauben nicht an die Auferstehung des Leibes. Vielmehr glauben sie, dass der Tote durch seine unvergänglichen Taten weiterleben würde. Da sie das Jüngste Gericht schon zu Lebzeiten erwarten, machen sie sich kaum Gedanken darüber, was einst mit ihren toten Körpern geschehen würde. Erst im 2. Jahrhundert baut der römische Bischof Anicetus ein Denkmal für Petrus. Das ist die Zeit, in der die Reliquienverehrung aufkommt. Die Christen haben festgestellt, dass sich das Jüngste Gericht nun doch nicht zu ihren Lebzeiten ereignen würde, und richten ihre Aufmerksamkeit wieder mehr auf die irdischen Dinge. Dabei entdecken sie die Knochen ihrer Heiligen. Diese bei Gott wohnenden Seelen – so glauben sie jetzt – würden sich am Jüngsten Tag wieder mit ihrem abgelegten irdischen Körper bekleiden. Die Knochen haben also noch Verbindung zum Jenseits, sind »aufgeladen« mit göttlicher Strahlkraft. Durch sie kann man Kontakt zum Heiligen herstellen.

Reliquien sind brauchbares Mittel bei der Missionierung von Heiden. Denn den Glauben an die magische Wirksamkeit von Leichenteilen gibt es auch in vorchristlichen Traditionen. Wer gestern noch magische Amulette um den Hals trug, kann diese heute leicht durch Reliquien von Heiligen ersetzen. Sie werden zu einem festen Bestandteil im Leben des mittelalterlichen Menschen. Fast alle täglichen Verrichtungen stehen mit

Heiligen und ihren sterblichen Resten in Verbindung. Reliquien gelten als Heilmittel und Hilfe in schwierigen Lebenslagen.

Katholische Kirchen ohne Reliquien sind undenkbar. In jedem Altar findet sich – so schreibt es ein noch heute gültiges Kirchengesetz aus dem frühen Mittelalter vor – das sogenannte Sepulchrum, das Grab für die Heiligen, eine Vertiefung, in die Reliquien eingelassen sind.

Der Reliquienkult trägt nicht selten hysterische Züge. Befremdet schildert der protestantische Historiker Ferdinand Gregorovius in seiner *Geschichte der Stadt Rom im Mittelalter* das Phänomen: »Eine neue Leidenschaft, die seltsame Begier nach dem Besitze der Leichen von Heiligen, hatte sich der Christenheit bemächtigt; sie steigerte sich, genährt durch die Habsucht und Herrschsucht der Priester, in der immer finsterer werdenden Welt bis zur völligen Raserei. Wir blicken heute mit Schrecken auf jene Zeit, wo ein Totengerippe am Altar der Menschheit stand, ihre Klagen, ihre Wünsche, ihre schauerlichen Entzückungen zu empfangen.«

Doch bei aller Irrationalität, die nach Ansicht vieler der Umgang mit Reliquien hat – die Beziehung der Menschen zu den Reliquien gestaltet sich äußerst rational nach dem Prinzip von Leistung und Gegenleistung. Versagt die angebetete Reliquie ihre Hilfe, so muss sie damit rechnen, wegen ihrer Undankbarkeit missachtet, ja sogar regelrecht bestraft zu werden, etwa durch Schläge. Tote Heilige und lebende Mächtige erfüllen also sehr ähnliche Funktionen: Beide erhalten Huldigung und liefern Schutz bzw. Förderung – wenn nicht, sucht man sich ganz einfach andere Patrone.

Reliquien sind so wertvoll, dass sie ein wichtiges diplomatisches Instrument in den Händen der Päpste sind. Will der Papst einen König enger an sich binden, schenkt er ihm eine kostbare Reliquie. Zudem sind Reliquien mit Ablässen verbunden. Mit ihren Reliquiensammlungen erkaufen sich Fürsten und Könige oft einige Millionen Jahre »fegefeuerfrei«.

Kein Wunder also, dass seit dem 4. Jahrhundert ein schwungvoller Handel mit Reliquien einsetzt. Einen Höhepunkt erreicht der Reliquienhandel nach der Eroberung Jerusalems 1099 durch die Kreuzritter, in deren Gefolge massenweise Reliquien in den Westen gelangen.

Schon früh ist der Handel mit Reliquien untersagt. Der Codex Justitianus aus dem Jahr 534 verbietet ihn, und das Laterankonzil 1215 wiederholt das Verbot. Doch kaum jemand hält sich daran. Wandermönche verkaufen Reliquien, um die Einnahmen ihrer Klöster zu verbessern. Da sie nichts Ungesetzliches tun wollen, deklarieren sie den Handel einfach als Schenkung. Der Käufer kann nun behaupten, eine Reliquie geschenkt bekommen und dem Geber aus Dankbarkeit Geld übereignet zu haben. Selbst der Diebstahl von Reliquien ist nicht so verwerflich wie ihr Kauf. Wird eine Reliquie gestohlen, so gilt dies als Eingriff, den der Heilige selbst vornimmt, weil es ihm bei seinem bisherigen Besitzer nicht mehr gefiel. Ein Heiliger, der den Diebstahl seiner Gebeine zulässt, muss gute Gründe dafür haben.

Zeit der Fälschungen

Jede noch so kleine Kapelle, jede Kirche benötigt eine Reliquie, denn ohne die kann kein Altar errichtet werden. Es liegt also nahe, dass Reliquien auch gern und massenhaft gefälscht werden. Sie sind kostbare Handelsware, deren Herkunft und Echtheit kaum zu beweisen ist. Als die Reliquien nach den ersten Kreuzzügen explosionsartig den Markt überschwemmen, versucht die Kirche die Situation unter Kontrolle zu bringen, indem sie Reliquien prüfen lässt. Mit Beginn des 13. Jahrhunderts werden sogenannte Authentiken erstmals zwingend vorgeschrieben. Nur wenn eine schriftliche Beglaubigung, eine überzeugende mündliche Überlieferung oder ein »himmlischer Beweis« vorliegt, gilt eine Reliquie als echt. Knochen, an deren Herkunft man zweifelt, unterzieht man einer Feuerprobe, denn – so glaubt man – echte Reliquien können nicht brennen, stehen sie doch in Verbindung mit dem Heiligen, dessen Leib unzerstörbar ist. Das sind allerdings Maßnahmen, die Fälschungen kaum verhindern können. Allein aus den unzähligen Splittern vom Kreuz Christi, die in den Altären und Reliquiaren der Kirchen aufbewahrt werden, lässt sich ein gutes Dutzend Kreuze herstellen.

Doch nicht nur Reliquien werden gefälscht, sondern auch Urkunden. Klöster und Stifte legitimieren sich mit gefälschten Urkunden, die die Rechtmäßigkeit ihres Besitzes beweisen sollen. Urkunden werden in so weitgehendem Maße gefälscht, dass das Mittelalter auch als »Zeit der Fälschungen« in die Geschichtsschreibung eingegangen ist. Unechte Dokumente sind nicht die Ausnahme, sondern eher die Regel. Dabei wird alles gefälscht, was dem Macht- und Glaubenserhalt des Christentums nützlich ist. Selbst Päpste beteiligen sich daran. Papst Calixtus II. bestätigt zu Beginn des 12. Jahrhunderts Fälschungen, die er vor seiner Papstwahl anfertigen ließ. Gregor VII. stützt sich in seinem *Dictatus Papae*, mit dem er gegen Heinrich IV. seinen weltlichen Herrschaftsanspruch geltend macht, auf Fälschungen – darunter auch die wohl berühmteste Fälschung des Mittelalters, die »Konstantinische Schenkung«.

Das Dokument gibt vor, die Kopie einer Urkunde von Kaiser Konstantin aus dem Jahr 330 zu sein. Dem Wortlaut des berühmten Schriftstücks zufolge schenkt Konstantin, als er seine Residenz von Rom nach Byzanz verlegt, Silvester I. den Lateranpalast, Rom, Italien und die westlichen Provinzen seines Herrschaftsbereichs. Darüber hinaus überlässt er ihm »das ganze Gepränge kaiserlicher Hoheit und den Glanz unserer irdischen Macht«. Das sind die kaiserlichen Herrschaftszeichen, vom Camelaucum, der kaiserlichen Herrschaftsmütze, bis zum Purpurmantel. Nur der Papst soll fortan das Recht haben, diese Insignien zu tragen. Der Papst darf sich als Kaiser fühlen. »Der wahre Kaiser«, so die Auslegung schon im Mittelalter, »ist der Papst.« Mit dieser Urkunde lässt sich Weltpolitik machen.

APOSTEL PETRUS

Vermutlich ist es Papst Paul I. um die Mitte des 8. Jahrhunderts, der eine anonyme Fälscherwerkstatt mit der Schenkungsurkunde Konstantins beauftragt. Der Grund: Paul I. fühlt sich bedroht vom Langobardenkönig, der sich anschickt, den Kirchenstaat zu erobern. Dringend benötigt er ein Dokument, das seine weltlichen Herrschaftsansprüche belegt. Erst sieben Jahrhunderte später entlarvt der Humanist Lorenzo Valla das Dokument als unecht. Wenige Jahre vor ihm hat bereits Nikolaus von Kues (genannt Cusanus) die Konstantinische Schenkung als Fälschung erkannt. Zunächst fällt Valla mit seiner Entdeckung beim Papst in Ungnade und muss sich den Fragen der Inquisition stellen. Doch erstaunlich schnell wird er rehabilitiert. Schon 1448 holt ihn der neue Papst Nikolaus V., ein

> Kein Ereignis hat den Bestand der Kirche so nachhaltig gestärkt wie die angebliche Schenkung von Kaiser Konstantin. Er soll dem Papst die Macht über das Weströmische Reich in einer Urkunde zugesprochen haben, eine Fälschung, wie sich später erweisen sollte.

Freund der Humanisten, an den Hof, wo Valla als hoch geachteter Professor für Rhetorik und Kuriensekretär Karriere macht. Auch Cusanus steht bis zuletzt im Dienst der Päpste.

Aus heutiger Sicht ist das unfassbar: Die Kirche verübelt es weder Valla noch Cusanus auf Dauer, dass sie das Dokument, auf den sich der Kirchenstaat gründet, als Fälschung identifizieren. Wie ist das zu verstehen? Eine Antwort gibt der Mittelalterhistoriker Horst Fuhrmann. Der Wissenschaftler zeigt, dass das Mittelalter noch von einem völlig anderen Rechts- und Wahrheitsverständnis geleitet ist als die Neuzeit. Für die Menschen im Mittelalter sind es weniger formale Kriterien, die darüber entscheiden, ob eine Sache echt, wahr oder gerecht ist, sondern Gott, denn der ist größer als jede menschliche Vernunft. Das aber heißt: Der kirchliche Herrschaftsanspruch, der in der Konstantinischen Schenkung formuliert ist, leitet sich aus dem göttlichen Willen ab und kann deshalb gar nicht von der Vernunft infrage gestellt werden. Nur selten hat man deshalb im Mittelalter Fälschern den Prozess gemacht. Schließlich haben auch sie nur die Wahrheit Gottes vor Augen und im Sinne einer guten Sache gehandelt. So denkt auch noch Cusanus. Für ihn hat die Entdeckung keine Bedeutung, denn sie ändert nichts am gottgewollten Zustand der Welt. Selbst wenn alle Schriften, aus der die römische Kirche ihre Macht herleitet, gefälscht seien – so meint er –, bleibe die römische Kirche der erste Sitz höchster Macht und Größe. Der Kirche genügt das. Sie verfolgt weder Cusanus noch Valla, sondern versorgt beide mit Pfründen. Ganz anders hingegen ergeht es denen, die den Inhalt dessen, was die Fälschungen besagen, infrage stellen. Sie werden in der Regel erbarmungslos verfolgt.

Tatsächlich hält die katholische Kirche noch bis ins 19. Jahrhundert, auch ohne stichhaltige Urkunde, daran fest, dass Kaiser Konstantin dem Papst in Rom das Abendland und seine Kaiserwürde geschenkt habe.

Bonifaz VIII.
Die Zukunft ist die Vergangenheit

Vielleicht ist es der grobe Kontrast zu seinen Vorgängern, der zu seinem Ruf beiträgt. Coelestin V. ist wohl einer der ungewöhnlichsten Päpste, die je auf dem Heiligen Stuhl Platz nehmen. Er lebt als Pietro del Morrone auf einem Berg in einem Eremitenkloster, als er völlig überraschend 1294 in seiner Klause erfährt, er sei zum Papst gewählt worden. Grund dafür ist der Streit der beiden römischen Adelsfamilien, der Colonna und der Orsini, der nach dem Tode seines Vorgängers über zwei Jahre lang die Wahl eines neuen Papstes verhindert. Am Ende einigen sich die Kardinäle auf den Einsiedler, einen vom politischen Treiben Roms völlig unberührten Mönch. Wohl kaum jemand hätte sich weniger für das Amt des Papstes eignen können als Coelestin V. Er ist ein Mann von tiefer Frömmigkeit, aber völlig weltfremd, und er lebt nach dem Ideal der Armut, ist ungepflegt und spricht kaum Latein, von kirchlicher Verwaltung versteht er nichts. Seine Wahl zum Papst soll er nur widerwillig angenommen haben.

Dennoch: Die christliche Welt ist begeistert. Ein »Engelpapst« ist erschienen, ein »papa angelic(us)«. Danach haben sich viele schon lange gesehnt. Coelestin V., das ist der Papst der Kirchenreformer, der Franziskaner-Spiritualisten, Asketen und Mystiker, kurz: der Papst all derer, die schon lange die Amtskirche wegen ihrer irdischen Machtfülle kritisieren und von der Kirche ein Leben in Armut fordern.

Als Coelestin V. in die päpstliche Kurie einzieht, jubelt die Menge. Er trägt eine einfache Einsiedlerkutte und reitet wie Jesus am Palmsonntag auf einem Esel in sein neues Domizil. Eine neue, christlichere Ära, so scheint es, ist angebrochen. Doch die, die das hoffen, werden bald enttäuscht. Der heilige, aber einfältige Coelestin V. wird schnell zum Spielball von Intrigen und Machtkämpfen seiner Umgebung. Seine Weltferne führt zu Chaos und Korruption. Bald merkt er selbst, dass ihn das Amt des Papstes völlig überfordert. Nach nur fünf Monaten dankt er ab. Ihm folgt Bonifaz VIII. Als Kardinal hat er Coelestin V. zuvor versichert, dass ein Rücktritt nach kirchlichem Recht durchaus möglich sei. Vermutlich hat er sogar die Abdankungsurkunde abgefasst, die Coelestin V. im Dezember 1294 verliest.

Bestärkt Benedikt Caetani den Papst in seiner Absicht, weil er selbst Papst werden will? Zum Papst gewählt, lässt Bonifaz VIII. seinen Vorgänger jedenfalls unverzüglich in der Festung Fumone bei Ferentino einkerkern, wo dieser zwei Jahre später stirbt.

Die enttäuschten Kirchenreformer und frommen Sektierer sind außer sich. Ihr Traum vom Engelpapst ist dahin. Fortan streuen sie das Gerücht, Bonifaz VIII. sei nicht rechtmäßig Papst geworden. Er habe sich seine Würde mit List und Trug ergaunert, denn ein Papst könne sein Amt gar nicht niederlegen. Und natürlich verdächtigen sie Bonifaz VIII., Coelestin V. ermordet zu haben. Schnell wird der zum Märtyrer, und schon im Jahr 1313 spricht Papst Clemens V. ihn auf Drängen des französischen Königs heilig.

Die Geschichte vom Engelpapst und seinem machthungrigen Nachfolger Bonifaz VIII. reicht aber nicht aus, um die gewaltige Provokation zu erklären, die von Bonifaz VIII. ausgeht. Hier geht es um mehr als um das schlechte Benehmen eines aufbrausenden Papstes.

BONIFAZ VIII. – DIE ZUKUNFT IST DIE VERGANGENHEIT

Ein Papst kämpft gegen die Zeit

Die bisher der kirchlichen Vorherrschaft unterstellten Universitäten emanzipieren sich und schlagen eigene Wege ein. Man rezipiert eifrig arabische Aufklärer, die der europäischen Gelehrtenwelt damals weit voraus sind. Der Philosoph Avicenna, dessen richtiger Name Abu Ali al-Hussein Ibn Abdallah Ibn Sina lautet und der in Persien beheimatet ist, legt bereits Anfang des 11. Jahrhunderts eine Naturphilosophie vor, die sich ganz unabhängig von der biblischen Offenbarung behaupten kann. Aus dem Arabischen ins Lateinische und Hebräische übersetzt, dient sie den Europäern als Muster für den Ausbau aller weiteren Wissenschaften. Der arabische Arzt und Jurist Abu Walid Ibn Ruschd aus Cordoba, genannt Averroes, verkündet, dass die Theologie den Anspruch, Leiterin der Wissenschaften zu sein, nicht einlösen könne. Vielmehr sei sie ein Gemisch aus Volksreligion, Rhetorik und Dialektik. Solche Lehren verbreiten sich in Windeseile, obgleich die Kirche sie verfolgt. Zudem entdeckt man den griechischen Philosophen Aristoteles wieder, der weit über die Theologie hinaus von grundlegender Bedeutung für das Wissenschaftsverständnis in Europa wird. Auch hier spielen die arabischen Philosophen eine Vorreiterrolle. Es ist Averroes, der sämtliche aristotelischen Schriften erschlossen hat, die nun aus dem Arabischen übersetzt werden. Zwar verbietet 1231 Papst Gregor IX., Aristoteles' Texte zu studieren, aber er ist gegen den Geist der neuen Zeit machtlos. Wenige Jahre nach dem Verbot schreibt die Pariser Universität das Studium des Aristoteles als verbindlich vor.

Nicht zu Unrecht fühlt sich die Kirche in ihren Grundfesten bedroht. In Anlehnung an die Philosophie von Aristoteles entstehen zudem neue politische Ideen. Verkündet der griechische Philosoph doch die Natürlichkeit des Staates, zu dem sich die Menschen als soziale Wesen zusammenschließen – unabhängig von Theologie und Kirche, wie man daraus ableitet.

Der Humanismus wirft seine Schatten voraus. In ihm dreht sich die Welt plötzlich nicht mehr einzig und allein um Jesus Christus, sondern auch um den Menschen. Einen plastischen Einblick in die Welt dieser Epoche bietet Lion Feuchtwangers Roman *Die Jüdin von Toledo*. »Mich interessiert die Ablösung des feudal Kriegerischen durch den aufkommenden bürgerlichen Humanismus, die seltsamen Kämpfe zwischen dem überzivilisierten spanischen Islam und dem rohen und eleganten christlichen Rittertum und den Juden in der Mitte, der Heilige Krieg, der Kreuzzug und die Judenverfolgungen, Geschehnisse, die so seltsam ineinandergreifen«, schreibt der Exilant Lion Feuchtwanger über seinen Roman. Toleranz statt Fanatismus – auf diesen Begriff lässt sich das Bestreben des Humanismus bringen.

Es ist eine Zeit, in der Städte und Fürstentümer ein neues Selbstbewusstsein entwickeln und beginnen, den päpstlichen Machtanspruch zurückzuweisen. England und Frankreich gehen eigene Wege. Ein großer politischer Prozess beginnt, an dessen Ende ein Europa der Nationalstaaten steht.

Zwar hat sich das Papsttum in den vergangenen Jahrhunderten im Kampf gegen das Reich und seine Kaiser behaupten können. Doch wo bisher nur der Kaiser steht, der den Kampf gegen die päpstliche Theokratie stellvertretend für alle anderen führt, stehen nun viele Nationen, die ohne die moralische Billigung durch den Papst leichter als der Kaiser auskommen können. Nationen legitimieren sich aus sich selbst heraus – gleichgültig, ob es dem Papst gefällt oder nicht.

BONIFAZ VIII. – DIE ZUKUNFT IST DIE VERGANGENHEIT

Im Zenit der Macht

Bonifaz VIII. will es noch einmal wissen. Fügt er deshalb dem päpstlichen Diadem einen zweiten Reif hinzu, der neben der geistlichen auch noch den Anspruch auf die weltliche Vollgewalt symbolisieren soll? Vielleicht liegen hier auch die tieferen Gründe für seine Bulle *Antiquorum habet fidem*, mit der er am 22. Februar 1300 das erste Heilige Jahr feiern lässt.

Mit dem »Jubeljahr« führt er eine neue kirchliche Tradition ein, die bis heute fortgesetzt wird. Zuletzt rief Johannes Paul II. im Jahr 2000 ein Jubeljahr aus.

Das kirchliche Jubeljahr leitet sich aus der im Alten Testament beschriebenen jüdischen Sitte her, alle 50 Jahre Schulden zu erlassen und Diener freizugeben. Nun geht es zwar nicht mehr um Geldschulden, dafür aber um den Ablass von aller moralischen Schuld. Für den von Sündenangst gepeinigten mittelalterlichen Menschen kann es kein höheres Gut geben. Wer innerhalb des Jubeljahres zum Grab Petri pilgert und die Kirchen der Apostel zu den vorgeschriebenen Gebeten aufsucht, wird von aller Schuld, die er seit seiner Geburt auf sich geladen hat, freigesprochen. Bonifaz VIII. dehnt das Ablassversprechen sogar auf diejenigen aus, die nur nach Rom aufgebrochen sind, aber aus zwingenden Gründen nie dort ankommen oder unterwegs sterben.

Heute würde man das Jubeljahr von 1300 als mediales Großereignis des Mittelalters bezeichnen. Die Zeitgenossen muss es offenkundig tief beeindruckt haben. So tief, dass auch noch Jahrhunderte später völlig übertriebene Besucherzahlen in den Geschichtsbüchern kursieren. Noch Ranke spricht von zwei Millionen Besuchern, die nach Rom gepilgert sind. Täglich sollen 30 000 neue Gäste in der ewigen Stadt eingetroffen sein. Vermutlich aber sind es nur insgesamt 200 000 Pilger, die von der Möglichkeit der leicht zu erlangenden Sündenvergebung Gebrauch machen.

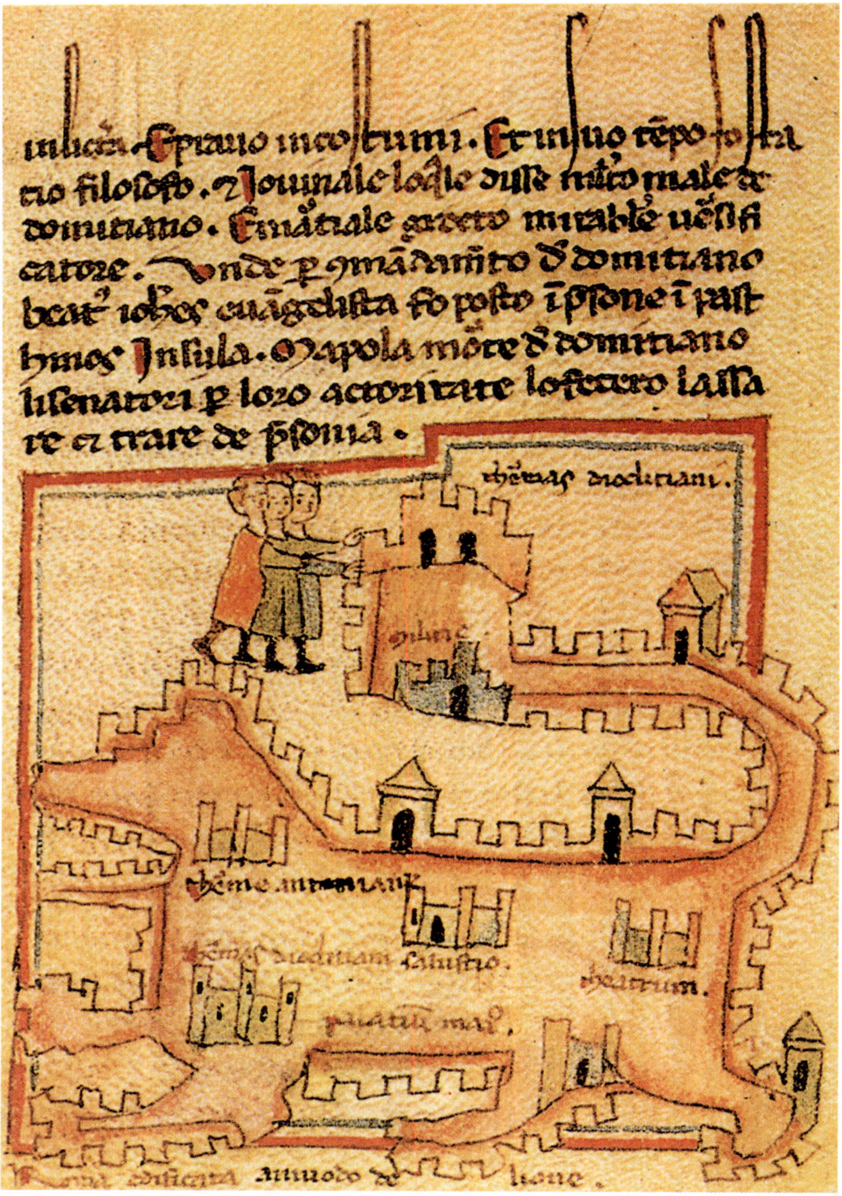
thermas diocletiani.
theatrum.

BONIFAZ VIII. – DIE ZUKUNFT IST DIE VERGANGENHEIT

Natürlich erfüllt dieses Jubeljahr, wie auch alle späteren, den sehr pragmatischen Zweck, die Stadt Rom und ihre Kirchen finanziell zu sanieren. Die Kleriker, so die Legende, sollen das Geld, das die Pilger dort lassen, abends mit Rechen zusammengeharkt haben. Unabhängig vom wirtschaftlichen Aspekt ist das Jubeljahr eine gewaltige Demonstration der Papstkirche. Hier führt Bonifaz VIII. der Welt noch einmal die ganze Macht des Papsttums vor.

Steckbrief: Bonifaz VIII.

Kein anderer Papst formuliert seinen Herrschaftsanspruch so deutlich wie Bonifaz VIII. Er provoziert bis heute die Historiker. Leopold von Ranke wettert in seinem epochalen Werk über die römischen Päpste im 19. Jahrhundert: »Überhaupt trat Bonifaz VIII. mit den großartigsten Ansprüchen auf.« (Ranke, S. 347)

Doch manches, was heute über diesen eigenwilligen Papst zu lesen ist, geht auf die Propaganda seiner Gegner zurück, die ihm noch posthum den Prozess machten und Schauergeschichten über ihn verbreiteten. Selbst in neuen Darstellungen ist die Rede von einem grenzenlos machtgierigen und unerträglichen Charakter. »Ein liebloser, hartherziger und rücksichtsloser Mensch, vor dem alle zitterten.« (Niedermeier, S. 28) Seine Gegner soll er beleidigt und erniedrigt haben. Sogar wegen ihrer körperlichen Gebrechen soll er sie verhöhnt haben. Es scheint kaum möglich, die Wahrheit über Bonifaz VIII. von den Lügen und Gerüchten, die seine Gegner schon zu dessen Lebzeiten in die Welt setzen, zu trennen. Fest steht wohl, dass Bonifaz VIII. mehr als andere sein Amt als Papst nutzt, um die eigene Familie zu bereichern. »Er liebte die Seinen zu sehr«, schreibt der Dominikaner

Der Löwe war das Wahrzeichen der Kommune von Rom. Der rebellische Cola di Rienzo, der sich 1347 an die Macht putschte, soll gesagt haben: »Die Mauern der Stadt haben die Form eines schlafenden Löwen.«

IMAGO ICONICA BONIFACI VIII PONT MAX
IOBELAEVM PRIMVM IN ANNVM M CCC INDICENTIS
PICTVRA GIOTTI AEQVALIS EORVM TEMPORVM
QVAM E VETERI PODIO IN CLAVSTRA INDE IN TEMPLVM TRANSLATAM
GENS CAIETANA NE AVITVM MONVMENTVM VETVSTATE DELERETVR
ANNO M DCC LXXXVI CRYSTALLO OBTEGENDAM CVRAVIT

BONIFAZ VIII. – DIE ZUKUNFT IST DIE VERGANGENHEIT

Tolomeo da Lucca in seiner zeitgenössischen Kirchengeschichte. Bonifaz VIII. versorgt seine Verwandten so reichlich mit Grundbesitz und Ämtern, dass man fürchtet, seine Familie werde bald die gesamte Kirche beherrschen. Bis heute, so heißt es, lebt die Familie Caetani auf Grundbesitz südlich von Rom, den Bonifaz VIII. vor 700 Jahren erworben oder sich angeeignet hat.

Der Dichter Dante Alighieri, der Bonifaz VIII. abgrundtief verabscheut, verewigt diesen noch zu dessen Lebzeiten im 19. Höllengesang seiner *Göttlichen Komödie*. Dort wandert das Dichter-Ich durch die Hölle zur Bucht der Simonisten, wie man die Ämterschacherer damals verächtlich nennt. Er findet das für alle Päpste gemeinsam bestimmte Erdloch, in dem ein eben verstorbener Papst kopfüber eingegraben ist und mit den Beinen strampelt. Als Dante den strampelnden Papst anspricht, schreit dieser: »Bist du denn schon da? Bist du schon hergewirbelt, Bonifaz? Hast schon so bald genug von jenen Gütern, die du dich nicht scheutest zu erlisten?«

Geboren wurde Bonifaz VIII. um 1235 in Anagni, einem kleinen Städtchen nicht weit von Rom. Dort sollte er später seine größte Niederlage erleben. Seinem Vorgänger, dessen engster Berater er war und den er für völlig unfähig für das Amt des Papstes hielt, riet er schon nach wenigen Monaten, abzudanken. 1294 besetzte er dann selbst den Apostolischen Stuhl. Bonifaz VIII. lässt Coelestin sicherheitshalber bis zu dessen Tod einsperren, damit er ihm auf gar keinen Fall das Amt streitig machen kann.

Der geschäftstüchtige Papst erklärt das Jahr 1300 zum Jubeljahr. Das beinhaltet Sündenablass für die Pilger und bringt Geld in die Kassen der Kurie, die damit die großen Finanzlöcher, die die Kreuzzüge hinterlassen haben, stopfen kann. Wo er kann, schröpft Bonifaz VIII. die Pilger.

Das Papsttum befand sich gegen Ende des 14. Jahrhunderts schwer im Niedergang, als der kämpferische Bonifaz VIII. Papst wurde. Mit dem Ausrufen des »Heiligen Jahrs« 1300 sicherte er Rom große Aufmerksamkeit und sorgte zugleich für Geld, das mit den Pilgern in die Stadt floss.

Bonifaz VIII. ist es, der den wohl berühmtesten päpstlichen Erlass verfasst, die Bulle *Unam Sanctam*. Vorausgegangen sind Auseinandersetzungen um Steuereinnahmen. Der König von Frankreich macht diese der Kirche streitig. Damit sieht Rom sich seiner Grundlagen beraubt. Mit der Bulle *Unam Sanctam* soll die unbedingte Vorherrschaft des Papstes gegenüber weltlichen Gewalten festgeschrieben werden. Wer sich gegen Rom auflehne, bekämpfe Gott, heißt es darin. Die Bulle endet mit den Worten: »Porro subesse Romano Pontifici omni humanae creaturae declaramus, dicimus, diffinimus omnino esse de necessitate salutis.« – Nun aber erklären wir, sagen wir, setzen wir fest und verkündigen wir: Es ist zum Heile für jegliche menschliche Kreatur durchaus unerlässlich, dem römischen Papst unterworfen zu sein.

Theologisch geht dies nicht über das hinaus, was Gregor VII. in seinem *Dictatus Papae* gut zwei Jahrhunderte vorher verkündet hat. Dennoch ist die Bulle *Unam Sanctam* die wohl stärkste Formulierung päpstlicher Universalherrschaft. Bei aller Kühnheit sollte man den Zweck dieser Bulle nicht vergessen: Bonifaz VIII. verteidigt von der Kirche beanspruchtes und in der Praxis geltendes Recht. Was wie ein Angriff aussieht, geschieht in Wirklichkeit aus der Defensive heraus. Den damals wie heute so maßlos klingenden Worten liegt das Anliegen zugrunde, den König von Frankreich dazu zu bewegen, die herkömmlichen Ansprüche der Kirche auf Steuereinnahmen zu respektieren. Dass damit ein Streit ausgelöst werden würde, der bis aufs Blut ausgekämpft wird, kann Bonifaz VIII. noch nicht ahnen. Die Scharmützel beginnen mit Beleidigungen und gipfeln in gegenseitigen Vorwürfen von Sodomie, Verrat und Ketzerei. Der Papst exkommuniziert den König von Frankreich und gleich alle, die sich auf dessen Seite stellen. Der König erklärt im Gegenzug den Papst für abgesetzt, nennt ihn eine Ausgeburt der Hölle und einen Antichristen, der seinen Vorgänger vom Stuhl vertrieben, verhaftet und zwei Jahre später vergiftet habe. Bonifaz VIII. fühlt sich in seinem Palast in Anagni, wohin er sich zurückgezogen hat, sicher, als er 1303 von seinen Gegnern überfallen, gedemütigt und misshandelt wird. Von diesem ungeheuerlichen Attentat, das als »Ohrfeige von Anagni« in die Geschichte eingegangen ist, erholt er sich nicht mehr.

Erste Querelen mit Frankreich

Es dauert nicht lange, und Bonifaz VIII. liegt im Streit mit dem französischen König Philipp IV., genannt »le bel«, der Schöne. Der Monarch gilt als engstirnig, eitel und machtbewusst. Sein beherrschendes Ziel: den unbedingten Herrschaftsanspruch des Königs von Frankreich überall auf der Welt durchzusetzen. Was Philipp IV. tut und sagt, wird maßgeblich von den zahlreichen Rechtsgelehrten bestimmt, mit denen er sich umgibt und die nur ihm ihren Aufstieg in den Adel verdanken.

Dennoch entsteht unter Philipp IV. ein Staat fast modernen Zuschnitts. Denn die Gelehrten um Philipp hängen einem weltlich orientierten Rechtsverständnis an, wonach der Staat die höchste Form menschlicher Ordnung darstellt und der Herrscher niemandem untertan und nur Gott verantwortlich ist. Der Staat ist die Quelle aller Gewalt und allen Rechts: »rex imperator in regno suo« – Der König ist Herr in seinem Reich, lautet die neue Lehre, mit der Frankreich seinen Souveränitätsanspruch gegen den Papst geltend macht. Dabei bedient man sich durchaus auch christlicher Argumente: In die Krone des Königs ist ein Stück der vermeintlichen Dornenkrone Christi eingearbeitet. Wer will da noch an der von Gott gesetzten Legitimität des »rex christianissimus« zweifeln?

Anlass der Auseinandersetzungen zwischen Philipp IV. und Bonifaz VIII. sind die Steuern. Philipp IV. braucht Geld, um seinen aufwendigen Krieg gegen England zu finanzieren. Keine der beiden Seiten kann sich einen solchen Krieg leisten, wenn nicht auch das Einkommen der Geistlichen besteuert würde. Nach kanonischem Recht hätte aber der König zumindest vorher vom Papst das Einverständnis zur Steuererhebung einholen müssen. Doch als der Krieg ausbricht, ist der Stuhl Petri vakant, sodass er niemanden fragen kann.

Im Jahr 1296 protestiert der französische Klerus gegen seine Besteuerung durch den Staat. Bonifaz schaltet sich ein. Mit der Bulle *Clericis Laicos*, bekannt geworden unter dem Titel *Satzung über die kirchliche Freiheit*, droht er in dem ihm eigenen schroffen Tonfall jedem Geistlichen mit Kirchenausschluss, der ohne ausdrückliche Erlaubnis des Papstes irgendeine Abgabe oder Steuer zahlt oder bewilligt. Dieselbe Drohung trifft weltliche Herrscher und ihre Helfer, die Steuern von der Geistlichkeit verlangen.

Wäre diese Bulle umgesetzt worden, hätten Staaten nur noch Kriege führen dürfen, wenn der Papst diese genehmigt. Der englische und der französische Klerus gerät in eine unangenehme Lage: Will er dem Staat gehorsam sein, muss er in Kauf nehmen, vom Papst gebannt zu werden. Gehorcht er dem Papst, gerät er in ernste Schwierigkeiten mit dem König.

Bonifaz VIII. kann sich indes auf die »Zweischwerterlehre« des Zisterzienserabtes Bernhard von Clairvaux stützen. Danach führt die Kirche das weltliche Schwert nicht selbst. Sie lässt es durch die Fürsten führen, die auf Befehl und zum Schutz der Kirche handeln. Der Staat: ein Geschöpf der Kirche? Das jedenfalls glaubt man in Frankreich verstanden zu haben. Philipp IV. geht zum Gegenangriff über und untersagt die Ausfuhr von Waffen, Pferden, Lebensmitteln, Edelmetallen, Geld, Wertsachen und Wechseln. Dies ist ein schwerer Schlag gegen den Papst, dessen gesamter Staatshaushalt nun ins Wanken gerät. Führt doch auch Bonifaz VIII. gerade Krieg gegen Sizilien, der sich ohne die Einnahmen aus Frankreich kaum fortsetzen lässt. Nach längerem Hin und Her kommt es 1297 zu Verhandlungen, die mit einem überraschenden diplomatischen Erfolg der Franzosen enden.

BONIFAZ VIII. – DIE ZUKUNFT IST DIE VERGANGENHEIT

Plötzlich gibt Bonifaz VIII. allen Forderungen Frankreichs nahezu widerspruchslos nach. Ausgerechnet in Frankreich, das sich gegen hergebrachtes Kirchenrecht aufgelehnt hat, soll die Bulle *Clericis Laicos* nun nicht mehr gelten? Frankreich darf wieder seine Geistlichkeit besteuern, während Englands Kriegsführung weiterhin durch das päpstliche Verbot gelähmt ist. Darüber hinaus spricht Bonifaz VIII. Frankreich zuliebe den auf einem Kreuzzug gestorbenen französischen König Ludwig IX. heilig und räumt dem Land zahlreiche Vergünstigungen ein. Der Papst – so urteilt Johannes Haller – »war französisch geworden«.

Der Krieg der Adelsgeschlechter

Hat Bonifaz VIII. vergessen, dass er es ist, dem Staaten und Könige gehorchen sollen? Der Grund für das ungewohnte Einlenken des sonst so stolzen Papstes ist in seinem Kampf gegen das römische Adelsgeschlecht der Colonna zu finden. Die römischen Adelscliquen bestimmen seit Jahrhunderten die Politik der Päpste. Als Bonifaz VIII. mit Frankreich verhandelt, haben die Colonna gerade einen Aufstand gegen ihn angezettelt. Dabei bauen sie auf die Unterstützung Frankreichs. Wenn Bonifaz VIII. das verhindern will, muss er den Franzosen Zugeständnisse machen. Auch er ist erpressbar. Das soll sich jedoch bald ändern.

Die Colonna sind eine der reichsten und mächtigsten römischen Adelsfamilien des Mittelalters. Sie besitzen weite Teile der Campagna, Burgen am Albaner und Sabiner Gebirge und Palestrina, eine mächtige Felsenburg, die ihnen als Wohnsitz dient. 1297 verdrängt Bonifaz VIII. die Colonna von ihrem Land in den Albaner und Sabiner Bergen und erwirbt das Land für seine eigene Familie. Rechtfertigen kann man diese Beschlagnahmungen damit, dass die Colonna den aragonesischen König von Sizilien, Bonifaz' VIII. Feind, unterstützen. De facto aber verschmelzen von jetzt an für mehr als drei Jahrhunderte Nepotismus und große

Politik. Stefano Colonna rächt sich an Bonifaz VIII., indem er den Transport überfällt, mit dem die Kaufsumme für das Land nach Rom gebracht wird. Als Bonifaz VIII. hört, dass die Colonna sein Geld geraubt haben, ist er empört. Immerhin gehören zwei seiner Kardinäle zu dieser Familie. Unverzüglich fordert er die Rückgabe des Geldes und – als Bürgschaft – die Auslieferung der Colonna-Burgen in der Campagna. Doch dieser Forderung kommen die Colonna nicht nach. Nun exkommuniziert Bonifaz VIII. die beiden Colonna-Kardinäle und enteignet sie mitsamt ihrer Verwandtschaft bis ins vierte Glied.

Zweifellos sieht Bonifaz VIII. in den Colonna mehr als nur lästige Konkurrenten beim Wettbewerb um Grundbesitz. Vielmehr vermutet er in ihnen die Freunde der Schwärmer und Spiritualisten, die seit dem Tode Coelestins V. verbreiten, Bonifaz VIII. habe diesen ermordet und sei zu Unrecht Papst geworden. Diese Vermutung scheint sich zu bewahrheiten: Als Bonifaz VIII. zum Schlag gegen die Colonna ausholt, verbreiten diese, dass er Coelestin V. ermordet und sein Amt erschlichen habe. Daraufhin befiehlt Bonifaz VIII. der ihm unterstellten Inquisition, sich der Familie Colonna anzunehmen. Doch die Colonna wiederholen ihre Anklagen gegen ihn in einer langen Denkschrift, in der sie ein allgemeines Konzil von Königen, Fürsten und Geistlichkeit fordern, um Bonifaz abzusetzen.

Offensichtlich spekulieren sie dabei auf die Unterstützung Frankreichs, die ihnen dann aber versagt bleibt. Bonifaz VIII. nämlich hat die Franzosen noch einmal besänftigen können. Und schließlich greift er zu seinem letzten und äußersten Mittel: Er ruft zum Kreuzzug gegen die Colonna auf. Die Burg Palestrina, in der sich die Familie verschanzt hat, fällt und wird niedergemacht. Ihren Besitz verteilt der Papst an die Familie Orsini, die Todfeinde der Colonna. Nach diesem Muster sollten seine Nachfolger bis ins 16. Jahrhundert verfahren.

Das harte Vorgehen, das Bonifaz VIII. gegenüber seinen Feinden an den Tag legt, schadet ihm indes mehr, als es ihm nutzt. Denn gerade vom

Papst wird Milde erwartet, auch gegen seine Feinde. Doch statt Milde walten zu lassen, richtet Bonifaz VIII. eine hoch angesehene Familie zugrunde und macht den Kardinalssitz Palestrina mit all seinen Kunstschätzen dem Erdboden gleich.

Mehr als zuvor gilt Bonifaz VIII. nun in den Augen vieler als Antichrist, der das bevorstehende Ende der Welt verkörpert.

Narren auf zwei Seiten

Im Jahr 1301 kommt es erneut zum Streit mit Philipp IV., dem Schönen. Den Anlass bilden rechtliche Übergriffe des französischen Staates auf ein vom Papst protegiertes Bistum im südfranzösischen Languedoc. Königliche Beamte haben dreist in die kirchliche Gerichtsbarkeit eingegriffen, kirchliche Güter konfisziert, einen Bischof foltern und verhaften lassen und anschließend einem weltlichen Gericht übergeben. Vorfälle dieser Art häufen sich schon seit Längerem.

Bonifaz VIII. entschließt sich, nun mit dem ganzen Gewicht seines Amtes aufzutreten. In seiner Bulle *Ausculta Fili – Höre teuerster Sohn* mahnt er Philipp IV.: »Neige Dein Ohr der Unterweisung des Lehrers – der auf Erden die Stelle des alleinigen Herrn und Meisters vertritt. Gott hat den Papst über die Könige und ihre Reiche gesetzt. Daher kannst Du nicht sagen, o König, dass Du keinen über Dir hättest; auch Du unterstehst dem Papst. Wer das Gegenteil behauptet, ist ein Narr oder ein Ungläubiger.«

Nichts davon ist neu, Bonifaz VIII. hat nur die geltende kirchliche Lehrmeinung wiederholt. Aber der Ton, der hier angeschlagen wird, ist wenig einnehmend. Das ist man in Frankreich bislang nicht gewohnt. Anders als in den Jahren zuvor bricht nun ein Kampf auf Leben und Tod aus, der an Unerbittlichkeit nicht zu überbieten ist.

Philipp IV. unterdrückt die Veröffentlichung dieser Bulle und versucht stattdessen seine Landsleute gegen den Papst aufzubringen. Dafür versammelt sein Kanzler einen Kreis von Laienbaronen um den König und liest diesen eine kleine und verfälschende Inhaltsangabe des päpstlichen Schreibens vor. Wie nicht anders zu erwarten, sind die Anwesenden empört. Einer von ihnen soll sogar das Blatt ergriffen und ins Feuer geworfen haben. Schnell verbreitet sich das Gerücht, der Papst behaupte, Philipp IV. besitze sein Reich nur durch Verleihung von der Kirche. Dann bringt man die angebliche Antwort des Königs in Umlauf. Noch heute klingt sie ziemlich beleidigend: »Philipp an Bonifaz keinen Gruß. Deine Dummheit möge wissen, dass Wir niemandem in weltlichen Dingen unterstehen. Die anderes glauben, sind Narren. Gegeben zu Paris.«

Doch damit nicht genug. Eine Ständeversammlung von Klerus, Adel und Städtevertretern wird einberufen, auf der abermals die gefälschte Inhaltsangabe des päpstlichen Schreibens zur Sprache kommt. Entsprechend fällt das Urteil aus, das schließlich im Namen aller, auch der widerstrebenden Geistlichkeit, verlesen wird. Darin wird Bonifaz als Kirchenfeind und Antichrist angeklagt, den es zu züchtigen gelte. Bonifaz VIII. reagiert prompt. Er hält eine flammende Rede, in der er den Kanzler des Königs als Fälscher beschuldigt und Philipp IV. aus der Kirche ausschließt. Entrüstet weist er den Vorwurf zurück, er habe behauptet, Frankreich sei sein Lehen.

Bonifaz VIII. erlässt die wohl bekannteste Bulle der Kirchengeschichte: *Unam Sanctam*. Darin stellt er fest, dass die weltliche Gewalt dem Gericht der Geistlichen unterworfen sei. Der Papst setzt alles daran, um dies klarzumachen. Er schickt seinen Legaten nach Paris, um mit Philipp IV. zu verhandeln. Doch der päpstliche Legat verrät seinen Herrn. Unter Eid versichert er, dass Bonifaz VIII. ein Ketzer sei. Das reicht aus, um auf französischer Seite aktiv zu werden. Federführend ist der neue Kanzler Guillaume de Nogaret, dessen Großvater von der Inquisition als Ketzer verbrannt wurde. Nogaret klagt nun den Papst der Ketzerei an. Dabei macht

BONIFAZ VIII. – DIE ZUKUNFT IST DIE VERGANGENHEIT

er so ziemlich alle Vorwürfe und Verleumdungen gegen Bonifaz VIII. geltend, die je über ihn in Umlauf gebracht worden sind. Den König fordert er auf, ein Konzil einzuberufen, das Bonifaz VIII. absetzen und einen neuen Papst wählen soll. Der Papst – so heißt es jetzt – müsse zum Schutz der Kirche beseitigt werden.

Als Bonifaz VIII. das erfährt, verbündet er sich mit dem deutschen König Albrecht I., um im Notfall auch militärisch gegen Frankreich vorgehen zu können. Albrecht tut alles, was Philipp IV. dem Papst verweigert: Scheinbar widerspruchslos fügt er sich der päpstlichen Oberherrschaft. Zum Dank winkt ihm die vom Papst in Aussicht gestellte römische Kaiserkrone.

Philipp IV. seinerseits fasst den Bund zwischen König Albrecht I. und dem Papst als Kriegserklärung auf und klagt Bonifaz VIII. nun offiziell der Ketzerei an. Danach lädt er die Pariser in den Garten des Louvre ein, lässt die Anklage gegen den Papst verlesen und fordert das Volk auf, ihm bei seinem Kampf gegen den Zerstörer Frankreichs beizustehen, woraufhin einige »ja, ja« rufen. Das reicht ihm, um zu verkünden, das ganze französische Volk schließe sich der Anklage gegen Bonifaz VIII. an und fordere ein Konzil zu seiner Absetzung.

Bonifaz VIII. antwortet prompt. Er verhängt das Interdikt über Frankreich, das das kirchliche Leben im ganzen Land zum Erliegen bringen soll. Um der Verkündigung der Exkommunikation des Königs selbst zuvorzukommen, bereitet Nogaret im Auftrag seines Herrn eine militärische Aktion vor, die ein unerhörtes Ziel verfolgt – die Gefangennahme des Papstes und seine Entführung nach Frankreich. Dort solle ihm der Prozess gemacht werden, lautet der Auftrag. Nun überschlagen sich die Ereignisse.

VON CANOSSA NACH AVIGNON

Das Attentat von Anagni

Im Morgengrauen des 7. September 1303 stürmt ein Trupp Bewaffneter unter der Führung von Nogaret und Sciarra Colonna die Stadt Anagni, die Geburtsstadt von Bonifaz VIII., in der dieser den Sommer verbringt. Die Angreifer dringen in die Häuser der Kardinäle und in den Papstpalast ein mit dem Ruf: »Frankreich und Colonna«. Rechtzeitig entkommen die Kardinäle, verkleidet, durch die Gänge der Latrinen. Erst am Abend erobern Colonna und Nogaret den Papstpalast. Dort finden sie Bonifaz VIII. im vollen Ornat auf dem Thron, auf dem Haupt die Krone, in den Händen ein Kreuz, das er andächtig küsst. Sciarra Colonna stürzt auf ihn zu und schlägt dem Papst mit der gepanzerten Faust ins Gesicht – so jedenfalls heißt es in der Überlieferung. Ein Ereignis, das als »Ohrfeige von Anagni« in die Geschichte eingeht. Der Papst soll den Wütenden entgegengeschleudert haben: »Hier ist mein Nacken, hier mein Haupt.« Er wolle lieber sterben als abdanken. Dass Bonifaz dann doch nicht, wie ursprünglich beabsichtigt, nach Frankreich gebracht wird, liegt an der Uneinigkeit seiner Entführer. Es heißt, Sciarra Colonna will ihn erschlagen, doch Nogaret sei dazwischengetreten und habe den Papst erst einmal eingesperrt. Zwei Nächte und einen Tag bringt der Papst im Kerker zu, ohne etwas zu essen, weil er fürchtet, vergiftet zu werden.

In der Zwischenzeit aber ist die Stimmung in Anagni umgeschlagen. Die Bürger von Anagni, die noch am Tag zuvor dabei geholfen haben, den päpstlichen Palast auszuplündern, wollen sich nun doch nicht mit dem Blut des Papstes besudeln. Sie bewaffnen sich und treiben Nogaret und Sciarra in die Flucht. Dann befreien sie den Papst und führen ihn auf den Marktplatz. Dort bietet sich ihnen ein seltenes Bild. Nicht mehr Bonifaz VIII., der Gebieter über Völker und Königreiche, oberster Herr aller menschlichen Kreaturen, steht vor ihnen, sondern ein hungriger und erniedrigter Mann, der um Wasser und ein Stück Brot bettelt. Plötzlich ist der Papst menschlich geworden. Man kann mit ihm reden. Es heißt, er

BONIFAZ VIII. – DIE ZUKUNFT IST DIE VERGANGENHEIT

verzieh alles, was ihm persönlich angetan worden ist. Dann kehrt er nach Rom zurück, wo er wenige Wochen später stirbt.

Ist Nogaret zu weit gegangen? Sein tollkühner Plan, einen Papst zu entführen, um ihn in Frankreich von einem Konzil verurteilen zu lassen, hat die Kirchentreuen entsetzt. Es empören sich sogar die eben noch größten Feinde des Papstes über das Vorgehen des französischen Kanzlers. Und Dante, der bis dahin keine Gelegenheit ausgelassen hat, diesen Papst als Teufel zu verunglimpfen, wird mitleidsvoll und sieht plötzlich in Bonifaz VIII. »den Heiland selbst« gefangen.

Dennoch: Die Folgen dieser Ereignisse sind weitreichend. Philipp der Schöne hat gezeigt, was Staatsräson bedeutet: Die Belange der Macht rangieren vor jeder Rücksicht auf Kirche und Tradition. Diese Lektion sollen andere Herrscher eifrig aufnehmen. Das Papsttum darf sich nicht mehr durch Sakralität geschützt oder gar unangreifbar fühlen. Zwei Jahrhunderte später macht Papst Clemens VII. diese bittere Erfahrung im Blutbad des »Sacco di Roma«, als die Hälfte der Stadtbevölkerung gemordet wird und nur wenige der großen Kunstschätze vor den Plünderungen gerettet werden können.

Auf dem Weg nach Avignon

Vom Jahr 1316 an, wenn auch mit Unterbrechungen, residieren die Päpste ständig in Avignon. Früh hat es sich eingebürgert, von einer 70 Jahre währenden »babylonischen Gefangenschaft der Kirche in Avignon« zu sprechen, eine Anspielung auf die alttestamentarische Strafe, die Gott an den Juden vollzog, als er sie 70 Jahre in die Sklaverei unter die Herrschaft des Königs von Babel schickte. Für die katholische Christenheit liegt dieser Vergleich nah, empfinden es doch viele als Schmach, dass die Päpste Rom verlassen. Musste es so kommen? Sind die Päpste wirklich nur Sklaven der französischen Könige, schuldlos in diese Situation geraten?

Der Weg der Päpste nach Avignon erzählt eine andere Geschichte. Elf Tage nach dem Tod von Bonifaz VIII. wählen die Kardinäle den ehemaligen Generaloberen des Predigerordens Niccolò Boccasini zum Papst Benedikt XI. Sofort versucht dieser, die Gegner seines Vorgängers zu beschwichtigen. Er nimmt die Strafen, die Bonifaz VIII. im Kampf gegen Frankreich verhängt hat, zurück, befreit die Colonna vom Kirchenbann, ausgenommen Sciarra, den Attentäter von Anagni. Und schließlich nimmt er sogar Philipp IV. wieder in die Kirche auf, obwohl dieser ihn gar nicht darum gebeten hat.

Unterwürfig und mit vielen Entschuldigungen drängt er ihm die unerwünschte Gnade auf: »Wie könnten Wir«, so schreibt er dem König, »Dich nicht auch gegen Deinen Willen zum Eintreten nötigen, wie ein so großes edles und ruhmreiches Schaf, wie Du bist, im Stiche lassen, es nicht auf den Schultern heimtragen?« Guillaume de Nogaret und die Attentäter von Anagni sollen sich allerdings vor einem Tribunal verantworten. Doch am 7. Juli 1304, kurz vor der Urteilsverkündung, stirbt Benedikt XI.

ganz unerwartet. Es heißt, er habe Feigen gegessen und diese nicht vertragen. Ein Giftmord?

Die anschließende Papstwahl in Perugia, wohin sich Benedikt XI. aus Angst vor Anschlägen in Rom zurückgezogen hat, dauert fast ein Jahr. Der Streit unter den Kardinälen geht vor allem darum, ob man ein Konzil einberufen müsse, um Bonifaz VIII. noch posthum als Ketzer zu verurteilen, wie Frankreich es fordert. Auf der einen Seite: die Bonifazianer, die das Andenken des Papstes gegen die nicht nachlassenden Verleumdungen seiner Gegner schützen wollen und die Verurteilung der Attentäter von Anagni wünschen. Auf der anderen Seite: die Partei der Anti-Bonifazianer, die eine Aussöhnung mit Philipp IV. für erforderlich hält und dafür kämpft, dass die Colonna Besitz und Würde zurückerhalten.

Nach elfmonatigem Konklave wird am 5. Juni 1305 Bertrand de Got gewählt, der sich Clemens V. nennt. Die Partei der Anti-Bonifazianer hat sich – nicht ohne geschickte Intrigen – durchgesetzt. Man nennt ihn den »ärgsten aller Simonisten« und findet, dass er Bonifaz VIII. noch bei Weitem übertrifft. Dennoch: Er ist ein Papst der Franzosen. Er tut alles, was Philipp der Schöne von ihm erwartet, und das ohne Gegenleistung.

Seine erste Entscheidung nach der Wahl ist es, den Sitz des Papstes nach Frankreich zu verlegen. Dann besetzt er fast das gesamte Kardinalskollegium mit seinen französischen Verwandten und Günstlingen. Als er stirbt, verfügen diese über eine glatte Zweidrittelmehrheit. Wen wundert es, dass die Kurie, ganz freiwillig, beginnt, in Frankreich Wurzeln zu schlagen?

Die Regierungszeit Clemens' V. wird überschattet durch seine bis heute zweifelhafte Rolle bei der Vernichtung des Templerordens. Die christlichen Ordensritter sind ihm persönlich unterstellt. Doch ihr Reichtum und ihre Macht haben die Begehrlichkeit des französischen Königs geweckt. Als Philipp IV. die Verfolgung der Templer aufnimmt, versucht Clemens V. dem zuvorzukommen, indem er selbst eine Untersuchung gegen die Templer anordnet. Damit aber gibt er Philipp IV. den Grund, alle Templer verhaften zu lassen und unter Folter zu den schlimmsten Selbstbezichtigungen zu zwingen. Clemens V. gelingt es nicht, das Verfahren an sich zu ziehen, sodass am Ende viele der Ordensangehörigen auf dem Scheiterhaufen landen.

Schließlich lässt Clemens V. sich sogar dazu drängen, einen Ketzerprozess gegen Bonifaz VIII. zu eröffnen. Zwar wird dieser Prozess auf Betreiben der Kurie ausgesetzt, doch der politische Preis dafür ist hoch. Die Attentäter von Anagni, selbst der Hauptverantwortliche, der Kanzler Guillaume de Nogaret, werden begnadigt. Philipp IV. wird vom Papst das Zeugnis ausgestellt, aus »gutem, reinem und gerechtem Eifer« gehandelt zu haben.

Der Imageschaden, den die Kirche dadurch erleidet, ist enorm. Ein Zeitgenosse – so Johannes Haller – bringt es auf den Punkt: »Seit alle Gläubigen erfahren haben, der Gesalbte des Herrn sei gefangen, die Bundeslade beraubt und ausgeplündert, ohne dass man von einer Sühne gehört hätte, seitdem wird die Kirche und werden ihre Hirten von den Leuten verachtet und gering geschätzt.« Nachdem sich Clemens V. eine Zeit lang im südwestfranzösischen Poitiers aufgehalten hat, macht er Avignon zu seiner Residenz. Der Grund: Das Ufer östlich der Rhône gehört nicht zu Frankreich, sondern zur Grafschaft Venaissin, ist also im Besitz der römischen Kirche. Falls es Schwierigkeiten gibt, braucht er nur die Rhône zu überqueren, um ins sichere Frankreich zu gelangen.

Als Clemens V. 1314 stirbt, dauert es zwei Jahre, bis sich die Kardinäle auf einen neuen Papst einigen können. Immer noch ist das Kardinalskollegium gespalten. Obgleich Franzosen in der Mehrheit sind, kann man sich zuerst noch nicht einmal auf einen Ort für das Konklave verständigen. Sie fürchten, damit die Entscheidung über den zukünftigen Wohnsitz des Papstes, Italien oder Frankreich, vorwegzunehmen. Schließlich findet die Wahl in Lyon statt.

Der neue König Philipp V. – der wie seine Brüder Ludwig X. vor und Karl IV. nach ihm früh stirbt – hat mit einer List die Kardinäle nach Lyon gelockt. Dort schließt er sie am 28. Juni 1316 bei Wasser und Brot ins Konklave ein und droht, sie nicht eher freizulassen, bis sie einen Papst gewählt haben. Unter solchem Druck einigen sich die Kardinäle dann schnell auf einen Kandidaten, der sich fortan Johannes XXII. nennt und – wie unter diesen Umständen nicht anders zu erwarten – ein Freund der Franzosen ist. Johannes XXII. ist 72 Jahre alt, als er gewählt wird. Alle halten ihn, schon seines Alters wegen, für einen Übergangspapst.

Doch Johannes XXII. regiert noch erstaunliche 18 Jahre lang – genug Zeit auch für ihn, um dem Ansehen von Papst und Kirche schweren Schaden zuzufügen. Er erhöht die Pfründeneinnahmen ins Ungeheure und versorgt seine gesamte Familie mit gut bezahlten Posten. Für viel Geld schenkt er Wucherern Ablass von ihren Sünden und häuft den unfassbaren Schatz von 800 000 Goldgulden an. Hatte Clemens V. sein Amt noch an verschiedenen Orten Südfrankreichs ausgeübt, entscheidet sich Johannes unmittelbar nach seiner Wahl ausschließlich für Avignon. Das ist für ihn das Bequemste. Anders als in Rom gibt es hier keine Adelsfraktionen, welche die Kurie bedrohen. Die Rhône ist ein wichtiger Verkehrsweg. Der hohe Domfelsen mit Kathedrale und Bischofssitz bietet zudem eine günstige Verteidigungsposition, wie noch heute eindrucksvoll von den Rhônebrücken vor Avignon zu erkennen ist.

Wo der Papst ist, da ist Rom

Avignon wird schnell zu einem kulturellen und wirtschaftlichen Anziehungspunkt mit kosmopolitischem Flair. Papst und Kurie locken Zuwanderer an: Landbevölkerung aus den umliegenden Dörfern, Händler aus der Toskana, Rechtsgelehrte, Kaufleute und Handwerker.

Die Stadt bietet ideale Bedingungen für den Ausbau einer effektiven kirchlichen Zentralverwaltung. In diesem Punkt haben die Päpste in Rom keine glückliche Hand gehabt. Seit den Anfängen des Investiturstreits im 11. Jahrhundert halten sie sich insgesamt länger in Orten wie Anagni, Perugia oder Viterbo auf als in der unruhigen Zentrale von Rom. Es ist nicht zu übersehen: In Avignon wird die Kirche sesshaft. Avignon steht am Beginn einer ausgedehnten Fiskalisierung und Jurifizierung der Kirche. Karriere macht hier, wer Rechtswissenschaften studiert hat. Ein riesiger Hofstaat entsteht. Allein die Kurie bringt 600 Angestellte, 20 Kardinäle und 1000 Höflinge, »familiare« genannt, mit und vergrößert sich ständig.

Einen Höhepunkt demonstrativer Machtentfaltung erreicht der päpstliche Hof in der Mitte des 14. Jahrhunderts unter dem Pontifikat von Clemens VI. In dieser Zeit wird Avignon zu einem der führenden Wirtschaftsplätze. Italienische Handels- und Bankgesellschaften eröffnen hier ihre Zweigstellen, sodass Avignon bald mit den großen Handelsplätzen Brügge, Paris, Barcelona und Venedig konkurrieren kann. Papst, Kardinäle und Höflinge sind kaufkräftige Kunden.

Clemens VI. ist es auch, der die Stadt Avignon und das umliegende Gebiet 1348 für den Spottpreis von 80 000 Gulden der Königin Johanna I. von Neapel abkauft. Hinter dem Handel steckt eine düstere Geschichte. Es heißt, dass Clemens VI. als Gegenleistung Johanna I. die Erlaubnis erteilte, den Mörder ihres ersten Ehemanns zu heiraten.

Die meisten Laien und Kleriker der Kurie wohnen in der Stadt außerhalb der päpstlichen Mauern. Für sie müssen Häuser gemietet, requiriert oder neu gebaut werden. Ganz Avignon wird zu einer gigantischen Baustelle. Architekten kommen aus Italien und bauen nach italienischen Vorbildern Paläste, Kirchen und sogar eine vier Meter dicke Wehrmauer. So entsteht innerhalb kurzer Zeit eine für die Provence fremdartig-italienische »Stadt der Päpste«, deren martialischer Charakter heute jährlich Tausende von Besuchern anlockt.

Clemens VI. setzt neben den alten Bischofspalast einen neuen Palast. Ein Bau mit gewaltigen Proportionen, sechs massiven quadratischen Türmen und kolossalen kahlen Mauern. Der Papstpalast von Avignon ist das größte und am besten erhaltene Repräsentationsgebäude des Mittelalters. Er wirkt wie eine Mischung aus Gefängnis und Palast, eine düstere, abweisende Klosterfestung. Insgesamt nehmen die beiden Paläste 6400 Quadratmeter auf dem Abhang des 60 Meter hohen Kalkfelsens ein und dominieren die ganze Stadt.

Das gesamte spirituelle, politische und private Leben der Päpste, das sich in früheren Zeiten auf verschiedene Orte in und um Rom verteilt hat, konzentriert sich nun auf diese eine gewaltige Palastanlage. Nach dem Motto »ubi papa, ibi roma« – Wo der Papst ist, da ist Rom –, ersetzt eine Kapelle die römische Lateranbasilika, eine andere Sankt Peter. Und der Haupteingang zum Palast ist nach den beiden Apostelfürsten Peter und Paul benannt. Später heißt sogar ein ganzer Palasttrakt »Roma«.

Die Kurie in Avignon will immer mehr als eine bloße Kirchenverwaltung sein. Sowohl die Päpste als auch die Kardinäle betätigen sich als Kunstmäzene. Dabei zeigen sie sich offen für neue, bislang unbekannte Entwicklungen in der Kunst. Ein neuer Stil in der Malerei ist die Folge. Motive aus der Natur, Szenen von der Jagd und dem Fischfang verdrängen heilsgeschichtliche Motive. Berühmt werden die Wandgemälde zweier Papstzimmer, die sich bewusst von der religiösen Kunst des Mittelalters absetzen. Im Zimmer Benedikts XII. im »Engelturm« finden sich Malereien mit Weinlaub, Bäumen, Eichhörnchen, Vögeln und Feldmäusen. Im Nachbarraum, dem Ankleidezimmer von Clemens VI., sind die Wände mit Walddarstellungen und von Hirschen ausgemalt. Der Zeitvertreib des Adels unter freiem Himmel wird Gegenstand der Betrachtung. Die Künstler spielen in ihren Gemälden bereits mit der dritten Dimension, der räumlichen Perspektive. Der Mensch und seine natürliche Umgebung wird Thema der Malerei, ein Vorgriff auf die Renaissance.

Auch öffnen sich die Päpste für die sogenannte »Ars nova« (wörtlich: neue Kunst). Damit wird eine mehrstimmige Vokalmusik bezeichnet, die aus dem Norden Frankreichs und den Niederlanden stammt und als Anfang der mehrstimmigen Kirchenmusik in Europa gelten kann.

Johannes XXII. verbietet sie zwar 1322, weil er meint, sie lenke die Hörer von ihrer Konzentration auf Gott ab. Sie gelangt wenige Jahre später dennoch an den päpstlichen Hof. Spätestens seit Clemens VI. etablieren sich die neuen Balladen und Motetten auch in Avignon.

Zwar gehen vom päpstlichen Hof keine maßgeblichen philosophischen und theologischen Bewegungen aus, aber dennoch nimmt die Kurie Anteil an der geistesgeschichtlichen Entwicklung der Gegenwart, stellt sich neuen Strömungen entgegen oder verstärkt sie. So zeigt man sich aufgeschlossen gegenüber der neuen philosophischen Schule des Humanismus. Bereits Johannes XXII. kauft 1317 die Manuskripte der Werke Senecas, Plinius' und Vergils. Clemens VI. beauftragt den Dichter Francesco Petrarca, die Schriften von Cicero ausfindig zu machen und sie für die päpstliche Bibliothek anzuschaffen. Mit über 2000 Handschriften besitzen die Päpste von Avignon die größte Bibliothek des 14. Jahrhunderts.

Die »Hure Babylon«

Clemens VI., der ehemalige Benediktinermönch und Berater des französischen Königs, beschert seiner Kurie eine Zeit der Superlative. Er macht sie zu einem der prunkvollsten Höfe Europas. Allein fünf bis zehn Prozent des Jahresetats soll er für Luxusimporte ausgegeben haben. Er bezieht Seide aus der Toskana, feines Leinen aus Reims, Paris und Flandern. 40 verschiedene Sorten Goldbrokat kauft er aus Syrien. Für seine Kapuzen, Umhänge, Hüte und Capes benötigt er nicht weniger als 1120 Hermelinfelle. Die Ausgaben für Essen und Wein übertreffen alles bislang Dagewesene. Allein das Mahl zur Amtseinführung für Clemens VI. kostet 15 000 Gulden.

Der Luxus des Papstes greift auch auf seine Umgebung über. Die Beschreibung eines Empfangs bei Kardinal Annibale aus dem Jahre 1343 liest sich wie ein Märchen aus Tausendundeiner Nacht:

AUF DEM WEG NACH AVIGNON

»Prächtige, teppichverkleidete Wände, das papale Prunkbett überschüttet mit Samt, Seide, Goldbrokat. Ganze Geschwader von Knappen tischten auf, Hase und Hirsch, Wildschwein und Zicklein, Pfauen, Fasane, Rebhühner, Kraniche, immerhin 27 verschiedene Gerichte.« Nun bauen auch die Kardinäle Paläste. Wenn sie innerhalb der mächtigen Stadtmauern keine Wohnung finden, ziehen sie ans Westufer der Rhône auf die französische Seite. Noch heute kann man dort 15 prächtige »Kardinalslivreen«, umgeben von großen Parkanlagen, besuchen. Für die Angehörigen der Kurie gestaltet sich die »Gefangenschaft« in Avignon sehr angenehm. Es mangelt ihnen an nichts. Die heilige Stadt bietet alles, was man sich wünschen kann. Auch die dunklen Seiten einer Großstadt fehlen nicht. Und die Kurie verdient daran. Prostitution wird nicht nur geduldet, sondern sogar besteuert. Es heißt, päpstliche Beamte erwerben ein öffentliches Bordell. Clemens VI. selbst wird hinter vorgehaltener Hand als »kirchlicher Dionysos« verspottet. Mätressen haben ungehinderten Zutritt zu seinen Gastmählern, die als wahre Orgien beschrieben werden.

Das ausschweifende Leben der Kirchenleute hat jedoch seinen Preis. Es kostet so viel Geld, dass die Schätze, die Clemens' VI. Vorgänger angehäuft haben, nach und nach, bis hin zu den Kultgeräten, verkauft werden müssen. Immer neue Anleihen werden aufgenommen. Bald ist die Kurie selbst ein großes, äußerst effektiv arbeitendes Finanzunternehmen mit einer ausgeklügelten Finanzverwaltung, die zu den effizientesten in ganz Europa zählt. Ständig sucht sie nach neuen Geldquellen, und sind die gefunden, werden sie bis an die Grenzen des Erträglichen ausgeschöpft.

Die Leidtragenden der päpstlichen Finanzpolitik sind die Laien und der niedere Klerus. Neben den üblichen Einnahmen aus Lehenszinsen, »Peterspfennig« und dem »Zehnten«, der den Hauptteil päpstlicher Einkünfte ausmacht, nimmt das sogenannte Pfründen- und Benefizialwesen ungeheuerliche Ausmaße an. Eine wachsende Zahl von Kardinälen und Kurialen wird mit Pfründen oder Benefizien ausgestattet, Kirchenämter, zu denen in der Regel eine nutzungsfähige Vermögensmasse, wie Geld, Grund und Immobilien, gehört. Im Gegenzug haben sie eine nicht unbeträchtliche Gebühr an die päpstliche Schatzkammer zu zahlen. Dabei fehlt der Kurie oft jede rechtliche Grundlage für die Verleihung von Pfründen, denn die eigentlichen Inhaber der Vergaberechte, wie Domkapitel und Klostergemeinschaften, werden schlicht gar nicht erst gefragt. Auch ignoriert man die Könige, die ebenfalls Ansprüche auf die Pfründe geltend machen. Die neu ernannten Kardinäle, allein unter Johannes XXII. sind es 43, verlangen nun ihrerseits nach Pfründen für ihre Günstlinge. Ein skrupelloser Nepotismus macht sich breit, in dem Papst und Kardinäle zahllose Anwartschaften auf die begehrten Benefizien vergeben, noch bevor diese überhaupt frei geworden sind. Clemens VI. verleiht allein in England etwa 1500 Benefizien. Kann eine Klostergemeinschaft die hohen Abgaben an die Kurie nicht zahlen, droht ihr die Exkommunikation, und das Kloster muss teure Kredite aufnehmen, um die Kirchensperre wieder rückgängig zu machen.

Mit dem Geldbedarf der Kurie explodiert auch der Ablasshandel. Selbst das Jubeljahr, das 1350 im fernen Rom gefeiert wird, lässt sich noch in einen Gewinn für Avignon ummünzen. So befreit Clemens VI. die Bewohner von Mallorca von der Pflicht, nach Rom zu pilgern, und gewährt ihnen dennoch den Jubiläumsablass, wenn sie ihm nur 30 000 Gulden dafür zahlen.

Gegen Ende seines Lebens soll Clemens VI. zu seinen Prälaten gesagt haben: »Was könnt ihr den Menschen predigen? Demut? Ihr seid der Stolz selbst, aufgeblasen, pompös, verschwenderisch. Armut? Ihr seid so habgierig, dass alle Reichtümer der Welt euch nicht zufriedenstellen könnten. Keuschheit? Davon wollen wir schweigen, denn Gott weiß, was jeder von euch tut und wie viele von euch ihre Lust befriedigen.« Will der Papst am Ende seiner turbulenten Amtszeit zu den christlichen Idealen zurückkehren? Immerhin, er hat ausgesprochen, was viele schon lange über ihn und seinen Hof denken.

Überall macht sich Widerstand gegen das Finanzgebaren des päpstlichen Hofes breit. Päpstliche »Kollektoren«, die in alle Länder ausschwärmen, um die fälligen Abgaben von Klöstern und Bischöfen einzusammeln, werden überfallen, ausgeplündert oder gar gefangen genommen und getötet. Der übertriebene Luxus und der wenig sittliche Lebenswandel der Päpste von Avignon ärgern viele Zeitgenossen. Petrarca – ein eingeschworener Feind der Franzosen, dessen Äußerungen daher mit Vorsicht zu betrachten sind – nennt Avignon die »Hure Babylon« und schimpft sie »eine dreckige Höhle von Gespenstern und Teufeln, die Schmutzgrube aller Laster, die Hölle der Lebendigen«. »Alles, was es auf Erden an Hinterhältigkeit, Gottlosigkeit und verabscheuungswürdigen Sitten gibt«, so wettert er, »findet sich dort angehäuft. Man verachtet Gott und betet stattdessen Geld an, man tritt die göttlichen und menschlichen Gesetze mit Füßen.« Das hindert allerdings Gregor XI. nicht daran, Petrarca anlässlich seines Todes 1374 »eine Leuchte der moralischen Weisheit« zu nennen. Gregor XI. lässt Petrarcas Werke für die päpstliche Bibliothek kopieren – darunter auch dessen Schmähreden auf die Päpste.

Moralischer Gegenwind

Schon im 13. Jahrhundert ist es zu Konflikten zwischen den Päpsten und den Vertretern eines radikalen Armutsideals, den Franziskanerspiritualen, gekommen. Doch schließlich gelingt es, auch die Andersdenkenden in die Kirchenhierarchie einzubinden.

Zur Zeit der Päpste von Avignon bricht angesichts der Verhältnisse in der Papststadt erneut der Konflikt mit den Spiritualen aus, die behaupten, Christus und die Apostel seien arm und ohne jeglichen individuellen oder gemeinsamen Besitz gewesen. In Avignon weiß man nur zu gut, wie gefährlich diese These für den Reichtum und die weltliche Macht der

Kurie ist. Johannes XXII. beeilt sich, diese Lehre als häretisch zu verurteilen. Mittlerweile haben sich allerdings auch bedeutende Gelehrte auf die Seite der als Ketzer Verfemten geschlagen.

Für die Kirche wird die Situation in dem Augenblick gefährlich, als diese Armut predigenden Gelehrten an den Hof Ludwigs IV. nach Bayern flüchten, der ihnen politisches Asyl bietet. Ludwig IV. ist zum Feind des Papstes geworden, als er sich in seinem Bemühen um die römische Kaiserkrone mit den italienischen Gegnern des Papstes verbündete. Dafür wird er von Johannes XXII. 1324 exkommuniziert. Als Antwort darauf prangert Ludwig IV. in der sogenannten Sachsenhausener Appellation den üblen Handel des Papstes mit geistlichen Würden und Pfründen an. Schon der erste Satz lässt nichts an Deutlichkeit vermissen: »Wir, deutscher, von Gottes Gnaden römischer König, allzeit Mehrer des Reiches, bringen öffentlich vor gegen Johann XXII., der sich Papst nennt, dass er ein Feind des Friedens ist.«

Das ist die Handschrift von Marsilius von Padua, des Rektors der Pariser Universität. Marsilius wirft den Päpsten vor, gottlose Kriege anzuzetteln, in denen die Gläubigen mit »Hass und Bosheit« im Herzen sterben müssen. Ihm gelingt es, die Armutsforderung politisch zu begründen: Weltlicher Besitz und weltliche Macht der Kirche seien der Grund zum Unfrieden. Deshalb dürfe die Kirche nur arm sein. Marsilius entwirft ein Staatskonzept, das die Unabhängigkeit des Staates von der Kirche behauptet. Kirche und Religion sollen nur noch spirituelle, keine weltliche Macht mehr haben, denn auch Christus, so sagt er, war ohne irdische Macht.

Nach Bekanntwerden dieser Thesen muss Marsilius aus Frankreich fliehen. Er flieht direkt in die Arme Ludwigs IV. von Bayern, dem er fortan überaus nützliche Dienste leistet.

Nun hat Ludwig IV. seinen eigenen Staatsphilosophen, mit dessen Hilfe er von München aus einen publizistischen Kampf gegen den Papst führen kann. Johannes XXII. weiß, was das bedeuten kann, und verurteilt Marsilius 1327 als Ketzer. Es sind besonders sechs Grundsätze aus dessen Schrift *Defensor Pacis*, die die Kirche von Avignon ins Mark treffen müssen:

1. Dem Kaiser unterstehen die weltlichen Güter und Einkünfte, »Temporalien«, der Kirche. 2. Der Kaiser kann den Papst absetzen, zurechtweisen und bestrafen. 3. Christus hat kein Haupt der Kirche eingesetzt. 4. Papst, Bischöfe und Priester haben gleiche Autorität. 5. Der Kirche steht keine Zwangsgewalt zu. 6. Der Papst hat kein Recht, die Absolution von Kirchenstrafen auszusprechen.

Wer diese Thesen fortan verteidigt, verfällt unverzüglich dem Kirchenbann. Ludwig IV. muss nun keinerlei Rücksicht mehr auf den Papst in Avignon nehmen. 1328 zieht er in Rom ein und lässt sich ausgerechnet von Sciarra Colonna, dem Attentäter von Anagni, im Namen der römischen Bürgerschaft zum Kaiser krönen. Im Anschluss daran verkündet er die Absetzung von Johannes XXII. und lässt einen Franziskaner von Klerus und Volk zum Gegenpapst wählen. Dieser unterwirft sich Johannes XXII. allerdings schon zwei Jahre später.

Auch der englische Philosoph und Theologe Wilhelm von Ockham steht auf der Seite des Königs in dessen Kampf gegen das Papsttum. Seine Forderung, die Trennung von Glauben und Wissen, Philosophie und Theologie, ist ein Meilenstein auf dem Weg zu einem aufgeklärten Wissenschafts- und Weltverständnis. Als Franziskaner verteidigt auch Ockham die radikale Armut. Er wird so zum erklärten Feind von Johannes XXII.

1328 muss er vor der päpstlichen Kurie erscheinen. Ihm droht die Verurteilung als Ketzer. Doch gelingt es ihm, aus Avignon zu fliehen, zusammen mit anderen Angeklagten. Gemeinsam finden die Abtrünnigen politisches Asyl in München am Hofe König Ludwigs IV.

Weniger Glück hingegen hat Meister Eckhart, ein dominikanischer Ordenslehrer und Universitätsprofessor in Köln und Paris, uns heute eher bekannt als christlicher Mystiker. Eckhart fordert die Menschen auf, nicht nur auf Geld, Macht und Eigentum zu verzichten, sondern auch Äußerlichkeiten wie Herkunft und Ansehen keinen Wert beizumessen. Der Mensch solle aus seinem eigenen Grund heraus leben, der immer schon eins ist mit dem Grund Gottes. Das Sein der Kreaturen ist das Sein Gottes. Hier ist der Abstand zwischen Gott und Mensch, auf dem die gesamte Gnadenverwaltung der Papstkirche beruht, restlos aufgehoben. Wer das zu Ende denkt, kann auf die Dienste der Kirche und ihrer Priester verzichten. Es ist daher kaum erstaunlich, dass der Papst 1326 ebenfalls gegen Meister Eckhart den Prozess eröffnet. Der stirbt zwei Jahre später unter ungeklärten Umständen im Kerker von Avignon.

Der Münchener »Ketzerkreis« um Ludwig den Bayern lässt im Kampf gegen die Päpste auch nach dem Tod von Johannes XXII. im Jahr 1334 nicht nach. Um sich zu wehren, erneuern die Päpste das von Johannes XXII. verhängte Interdikt über die von König Ludwig IV. beherrschten Gebiete. Das bedeutet, in bestimmten Regionen dürfen über Jahre keine Sakramente gespendet, die Toten nicht kirchlich beerdigt und die Glocken nicht geläutet werden. Das betroffene Kirchenvolk empfindet dies als schwere Strafe. Die Erteilung der Sakramente durch Priester bei Taufe, Heirat und Tod sind unverzichtbarer Teil des Lebens im Mittelalter, ohne die es keine Erlösung im Jenseits geben kann. In der Folge kommt es zu Ausschreitungen gegen die »nicht-singende« Geistlichkeit, sodass viele Priester sich nicht an das päpstliche Verbot halten.

1330 verkündet Ludwig IV., dass die Pfründen der Geistlichen, die dem Verbot gehorchen, der Bürgerschaft zufallen sollen. Im selben Jahr ruft er die Reichsfürsten auf, Kirchengut zu enteignen, was auch vielfach geschieht. Einige Jahre später verkündet der Kurfürstentag von Rense, dass die Wahl des deutschen Königs durch die Kurfürsten keiner Bestätigung durch den Papst bedürfe. Der *Defensor Pacis* beginnt durchzuschlagen. Der Papst verliert immer mehr Macht auf dem Gebiet der deutschen Fürsten. Die Reformation wirft ihre Schatten fast zwei Jahrhunderte voraus.

AUF DEM WEG NACH AVIGNON

Der Schwarze Tod

Das so glanzvolle Pontifikat Clemens' VI. wird überschattet von einer beispiellosen Katastrophe. Italienische Seefahrer haben sie von der Krim in ihre Heimat gebracht: die Pest. Zwischen 1348 und 1351 überrollt sie ganz Europa. »Ein Drittel der Welt starb«, schreibt der Chronist Jean Froissart. Das sind etwa 20 Millionen Menschen. Es braucht Jahrhunderte, bis sich die Bevölkerung in Europa davon erholt.

Überträger der Pest sind Flöhe im Pelz von Ratten. Handelsschiffe tragen sie in die Häfen, wodurch die Krankheit verbreitet wird. Doch diesen Zusammenhang kennen die Zeitgenossen nicht. Erst Ende des 19. Jahrhunderts entdecken Ärzte den Pestbazillus, der durch den Rattenfloh auf den Menschen übertragen wird. Im 14. Jahrhundert steht man hilflos vor dem, was man sieht und erlebt. Die Beulenpest: Das sind schwarze Punkte auf den Körpern der Toten, die wie Blumen aussehen. Drüsenschwellungen im Leistenbereich oder unter den Achseln, die aufbrechen, giftige Brandbeulen und dunkle Flecken. Die Opfer husten und schwitzen, haben hohes Fieber und leiden an unerträglichem Durst. Ihre Zunge ist gelähmt, sodass sie nur noch lallen können. Der Rachen färbt sich schwarz. Blutschwarze Exkremente, Atem und Schweiß verbreiten einen fauligen Gestank.

Zeitgenössische Texte schildern das Grauen drastisch, das den mittelalterlichen Menschen im Angesicht des unvermittelt einsetzenden Massensterbens erfasst haben muss. In einem walisischen Klagelied heißt es: »Eine Beule wächst unter meinem Arm, sie schwärt, ist schrecklich, ein schmerzender böser Knopf, der brennt wie glühende Kohle, ein kummervolles Ding, aschgrau. Wenn es aufbricht, ist es hässlich wie der Same schwarzer Erbsen, wie kleine, spröde Stückchen Kohle, der frühe Schmuck des Schwarzen Todes.« Und Francesco Petrarca, der die Pestjahre in Avignon verbringt, schreibt: »Weh mir, was muss ich erdulden? Welch heftige Qual steht durch das Schicksal mir bevor? Ich seh eine

Zeit, in der sich die Welt rasend ihrem Ende nähert, wo Jung und Alt um mich herum in Scharen dahinsterben. Kein sicherer Ort bleibt mehr, kein Hafen tut sich mir auf. Es gibt, so scheint es, keine Hoffnung auf die ersehnte Rettung. Unzählige Leichenzüge seh ich nur, wohin ich die Augen wende, und sie verwirren meinen Blick.«

Die Sterblichkeit in den Städten ist enorm. Die Kranken sterben oft innerhalb weniger Stunden. Tritt die Pest in einem geschlossenen Haus auf, überlebt dort niemand. Ganze Klostergemeinschaften sterben innerhalb weniger Tage. Mit rasender Geschwindigkeit dringt die Pest von Italien in den Norden und Westen Europas vor. In jedem Landstrich wütet sie einige Monate und verschwindet dann. Nur in den großen Städten hält sie sich länger. Zwar klingt sie im Winter ab, dafür flammt sie dann im Frühjahr erneut auf.

In Avignon bricht die Seuche im Winter 1348 aus. Zwei Jahre lang sollen täglich etwa 400 Menschen an ihr gestorben sein. Am Ende ist die ehemals etwa 50 000 Einwohner zählende Stadt auf die Hälfte geschrumpft. Dabei kommen die Angehörigen der päpstlichen Kurie noch glimpflich davon. Von 450 Kurienbeamten sterben nur 94. Sie leben in Steinhäusern, wo die hygienischen Bedingungen besser sind als bei den Armen der Stadt, die kaum Aussicht haben, die Pest zu überleben.

Überliefert wird von Papst Clemens VI., er habe ununterbrochen große Feuer unterhalten und konsequent, geborgen hinter meterdicken Steinmauern, jeglichen Kontakt mit der Außenwelt gemieden. Vielleicht hat ihn das vor dem Pesttod gerettet.

Tag und Nacht läuten die Totenglocken in Avignon, ununterbrochen ziehen Leichenwagen durch die Stadt. Schnell sind die Friedhöfe überfüllt, und man wirft die Leichen in die Rhône. Schließlich hebt man große Gruben für Massenbestattungen aus. Clemens VI. verkündet eine Generalabsolution, weil nicht mehr genug Priester die Sterbesakramente erteilen können. Viele sind selbst der Pest zum Opfer gefallen, andere haben sich davongemacht, aus Furcht, sich anzustecken.

AUF DEM WEG NACH AVIGNON

Die Menschen stumpfen ab und verrohen. Gesetzlosigkeit und Sittenverfall sind die Folge. »Väter verließen ihre Kinder, Frauen ihre Männer, ein Bruder den anderen, denn die Pest schien mit Blicken und Atem übertragbar«, berichtet ein Zeitgenosse laut Barbara Tuchman.

Überall mangelt es an Arbeitskräften. Die Landwirtschaft verkommt. Die Behörden versagen ihren Dienst. Die einen resignieren, andere nehmen, was sie kriegen können. Terror beherrscht den Alltag. Wieder andere wollen den Tod in hemmungslosen Ausschweifungen vergessen. Schrille Lebensfreude und tiefe Depressionen liegen dicht beieinander.

An Erklärungen für die Seuche mangelt es indes nicht. Guy de Chauliac, der berühmte Leibarzt Clemens' VI., der die Epidemie in Avignon gleich zweimal erlebt, hält die »große Conjunction der oberen Planeten, Saturn, Jupiter und Mars im Zeichen des Wassermanns« für die Ursache des Übels. Die Astrologie hat sich zu dieser Zeit als reguläres medizinisches Lehrfach etabliert.

Auch das berühmte Pestgutachten der medizinischen Fakultät der Universität von Paris von 1348 folgt astrologischen Theorien. Dabei illustriert kaum etwas das Scheitern der mittelalterlichen Medizin so gut wie der lapidare Rat, den die berühmtesten Ärzte der Zeit ihren vom Tode bedrohten Mitmenschen geben, nämlich »flugs hinwegzueilen und spät zurückzukehren«.

Bekannt wird auch das sogenannte Pesthauchmodell. Danach zieht die ungünstige Sternenkonstellation krank machende Ausdünstungen von Meer und Land in die Luft, erhitzt sie und schleudert sie als »verdorbene Winde« wieder auf die Erde zurück. Atme ein Mensch diese Winde ein, so die Theorie, sammeln sich giftige Dämpfe um Herz und Lunge. Dort verdichten sie sich zu einer »Giftmasse«, die die Organe infiziert. Atmet der Mensch den Pesthauch aus, stecken sich alle an, die in seine Nähe kommen.

Doch all diese Erklärungen helfen nicht weiter. Man verliert das Vertrauen in die Wissenschaft.

Derweil bilden sich im Volk ganz eigene Theorien über die möglichen Ursachen des Schwarzen Todes. Mal isst niemand mehr Fisch, weil alle glauben, der Fisch sei durch seinen Geruch infektiös. Mal rührt niemand mehr frisch eingeführte Gewürze an, da sie angeblich von »infizierten« Schiffen kommen.

Am Ende bleibt nur noch eine Erklärung: Die Pest, das ist das Strafgericht Gottes, das die Menschen für ihre vielfältigen Sünden erleiden müssen. Mit ihr drückt Gott seine endgültige Enttäuschung über seine Geschöpfe aus.

Viele erfasst eine religiöse Hysterie, die sich zunächst in wöchentlichen Büßerprozessionen entlädt. Barfuß, in Säcke gekleidet, bedecken sich Tausende Büßer mit Asche, weinen, beten, raufen sich die Haare und peitschen sich mit Geißeln, bis sie bluten, in der Hoffnung, das Martyrium Christi nacherleben und damit den Zorn Gottes von sich abwenden zu können.

Clemens VI. verbietet diese Prozessionen, weil sie der Kontrolle der Kirche entgleiten. Was er allerdings nicht wissen kann: Sie tragen auch noch zur Ausbreitung der Seuche bei. Doch die Büßerbewegung hat bereits eigene Wege beschritten. Schnell wie die Pest beginnen Flagellantenzüge sich im Land auszubreiten. In Gruppen von bis zu 300 Menschen ziehen fanatische »Buessleut« sich schlagend und weinend durch die Städte. Die Zuschauer, die ihren Aufführungen mehrmals täglich am Straßenrand beiwohnen, stimmen in ihr Weinen ein.

Bald findet man eine neue Erklärung: Die Juden sind schuld. Sie sollen den Zorn Gottes zu spüren bekommen. Wohin auch immer die Flagellanten kommen, laufen sie sofort ins Judenviertel und beginnen die Juden zu ermorden – mit einer Gründlichkeit, die an den Genozid des 20. Jahrhunderts denken lässt. Im christlichen Volk hat sich schon lange der Gedanke festgesetzt, die Juden hätten aus Hass auf die Christen alle Brunnen und Quellen vergiftet. Mit der Pest setzt eine irrationale hysterische Judenverfolgung ein, die sich nicht mehr von Kirche und Obrig-

AUF DEM WEG NACH AVIGNON

keit steuern lässt. Clemens VI. ruft in einer Bulle die Geistlichkeit auf, die Juden vor dem Volkszorn zu schützen, doch bleibt er machtlos gegen das tobende Volk.

Die Aktionen der Flagellanten werden immer unberechenbarer. Sie folgen einzig den göttlichen Eingebungen ihrer Meister. Sie stellen einen ernsthaften Angriff auf die traditionellen Ordnungsmächte von Staat und Kirche dar, wodurch die ohnehin von der Pest empfindlich geschwächte gesellschaftliche Ordnung endgültig in Anarchie zu versinken droht. Staat und Kirche müssen handeln, wenn sie nicht völlig an Einfluss und Macht in der Gesellschaft verlieren wollen.

Als sie die Verfolgung der Flagellanten aufnehmen, ist auch die Pest so plötzlich vorüber, wie sie gekommen ist. Bald spricht man über sie nur noch als »Nachtgespenster« und »dunkle Phänomene«. Doch mit dem Ende ihrer Bewegung ist auch der größte Teil der Juden aus Europa verschwunden, vernichtet von der Mordlust religiöser Fanatiker, die der Schwarze Tod aus den Untiefen der christlichen Gesellschaft hochgespült hat.

Die Pest verändert das spätmittelalterliche Europa mindestens ebenso sehr wie die Weltkriege die moderne Welt. Nie zuvor hat es eine solche existenzielle Bedrohung gegeben. In der Folgezeit des »Großen Sterbens« breitet sich bei manchen Überlebenden religiöse Ernüchterung aus. Nicht nur die Medizin hat sie enttäuscht. Auch ihr christlicher Glaube ist tief erschüttert. Das Handeln Gottes ergibt für sie keinen Sinn: Die Katastrophe lässt sich weder als apokalyptisches Strafgericht deuten, das der sündigen Welt ein Ende bereitet – dafür haben zu viele überlebt –, noch als heilsame Krise, die, wie viele gehofft haben, die Menschen bessern würde. Es gibt also Grund, an der Gerechtigkeit Gottes zu zweifeln.

Und auch die Kirche hat an Ansehen verloren. Ihre Priester haben aus egoistischer Angst um das eigene Leben vielen Menschen in der Stunde ihres Todes den Beistand verweigert. Zugleich hat sie sich an den unzähligen Erbschaften, die ihr in der Zeit des Schwarzen Todes zufielen, beträchtlich bereichert. Die Überlebenden sind in mehrfacher Hinsicht die Gewinner. Nicht wenige unbedeutende Seitenzweige reicher Familien machen große Erbschaften und steigen sozial auf. Die inneren Gegensätze in den Städten spitzen sich zu. Zweifel an Gott und Kirche werden stärker. Deren Unangreifbarkeit schwindet. Nicht zuletzt wird wegen dieses Wandels und der aufkommenden Kritik am Bestehenden der Schwarze Tod als früher Vorläufer der Aufklärung gedeutet.

Das Ende des Exils

Avignon oder Rom – von Anfang an begleitet diese Frage die Päpste im französischen Exil. Stets finden sich neue Gründe, die die Rückkehr nach Rom verhindern. Wollen die Päpste wirklich zurück? Oder ist das bloße Rhetorik? Schließlich lebt es sich ausgesprochen angenehm in Avignon. Und mit dem Motto »ubi papa, ibi roma« lässt sich der Verbleib in Avignon zu jeder Zeit rechtfertigen.

Doch seit Mitte des 14. Jahrhunderts werden die Stimmen, die ein »Zurück nach Rom« fordern, immer lauter. Die Römer selbst versuchen, den Papst zurückzuholen. Sie ernennen Clemens VI. sogar zum römischen Senator und schicken eine Delegation nach Avignon, um ihn zur Rückkehr zu bewegen. Clemens VI. geht zwar nicht nach Rom, doch macht er den Römern ein anderes Geschenk: 1350 ruft er ein neues Jubeljahr aus – 50 Jahre früher als geplant – und beschert damit den Kirchen und der Bevölkerung von Rom einen wahren Geldsegen.

Es ist Innozenz VI., der vom fernen Avignon aus zwischen 1353 und 1365 große Teile Italiens für den Kirchenstaat zurückerobern lässt und damit eine wesent-

Die fromme und einflussreiche Katharina von Siena zog 1376 nach Avignon, um Papst Gregor XI. zur Rückkehr nach Rom zu bewegen. Fast zwei Jahre später zog der Papst in Rom ein. Aber die von Katharina ersehnte Einheit der Kirche war weit entfernt, denn nach Gregors XI. plötzlichem Tod begann das Große Abendländische Schisma, die Spaltung der Kirche unter zwei Päpste.

liche Voraussetzung für die Rückkehr der Kurie nach Rom schafft. Den ersten Versuch, ernsthaft wieder nach Rom zu gehen, macht Urban V. Er zieht 1365 in Rom ein, restauriert die großen Kirchen und versucht die einflussreiche Familie der Visconti in Mailand zu entmachten, um selbst die Politik in Italien gestalten zu können. Drei Jahre hält er durch. Dann kapituliert er, verlässt das verrottete Rom und kehrt, nach einem Aufenthalt in Viterbo, erleichtert nach Avignon zurück.

Seine Ratgeberin, die Dominikanernonne und Mystikerin Katharina von Siena, hat versucht, ihn in Rom zu halten. Zuvor hatte Brigitta von Schweden, auch eine Mystikerin, ihm sein nahes Ende prophezeit, solle er die Stadt wieder verlassen. Doch nichts kann Urban V. dazu bewegen, erneut in die römische Schlangengrube zu steigen. Kaum ist er wieder in Avignon, erfüllt sich die Prophezeiung von Brigitta: Urban V. stirbt.

Für die Zeitgenossen, die den Papst endlich wieder in Rom sehen wollen, ist dies das ersehnte Zeichen. Erst Clemens' VI. Nachfolger, Gregor XI., kann sich rühmen, die Päpste, jedenfalls vorläufig, nach Rom zurückgebracht zu haben. Auch ihm hat Katharina von Siena unablässig zugeredet. Ihr Einfluss auf Gregor XI. ist schließlich stärker als der des französischen Königs Karl V., der alles tut, um Gregor XI. zum Bleiben in Avignon zu überreden.

Um den Boden für seine Rückkehr zu bereiten, lässt Gregor XI. zuvor Teile des Kirchenstaates, in dem immer wieder Revolten ausbrechen, zurückerobern. In Italien sind die Stellvertreter der französischen Päpste verhasst, da sie die Politik der lokalen Machthaber stören, für welche die päpstliche Oberhoheit nur auf dem Papier besteht. Außerhalb des Kirchenstaates fühlen sich Städte wie Florenz bedroht. Sie gründen eine Liga gegen das Papsttum und organisieren eine Revolte.

Gregor XI. weiß, dass der Kirchenstaat auf Dauer nicht von Avignon aus zu regieren ist. Und als Rom verspricht, sich dem Papst zu unterwerfen, ist es so weit. Anfang September 1376 besteigt er ein Schiff und reist bei stürmischer See nach Italien ab.

AUF DEM WEG NACH AVIGNON

Rom erreicht er erst im Januar 1377. Dort wartet der Bürgerkrieg auf ihn. Als es einem seiner Kardinäle, Robert von Genf, nicht gelingt, Bologna einzunehmen, und er mehrere Niederlagen hinnehmen muss, rächt sich dieser an der Stadt Cesena. Seine bretonischen Truppen provozieren einen bewaffneten Aufstand der Bürger. Robert verspricht, Milde walten zu lassen, wenn sie die Waffen niederlegen. Er fordert 50 Geiseln und lässt sie als Beweis seines guten Willens gleich wieder frei. Dann aber ruft er seine Söldner und lässt sie »Gerechtigkeit an der Stadt üben«. Die Stadttore werden verschlossen, und drei Tage und drei Nächte lang schlachten sie die Bevölkerung ab. Am Ende sollen an die 4000 Leichen in der geplünderten Stadt gelegen haben. Robert von Genf wird in Italien von nun an nur noch der »Mann des Blutes« oder der »Schlächter von Cesena« genannt.

15 Monate versucht Gregor XI., die politischen Verhältnisse in Italien in den Griff zu bekommen. Dann will auch er aufgeben. Schon hat er zugestimmt, wieder nach Avignon zurückzukehren. Doch er beschließt im Angesicht des nahenden Todes, in Rom zu bleiben, damit der neue Papst dort gewählt werden kann. Am 7. April 1378 stirbt Gregor XI.

Der Spruch »ubi papa, ibi roma« – Wo der Papst ist, da ist Rom – sollte ausgedient haben, als Gregor XI. von Avignon aufbrach, um das »babylonische Exil« des Heiligen Stuhls zu beenden.

Das Große Abendländische Schisma

Zum ersten Mal seit 75 Jahren findet die Wahl des Papstes wieder in Rom statt. Die 16 Kardinäle – ein Spanier, vier Italiener und elf Franzosen – kommen zum Konklave zusammen. Sie sind gespalten in zwei Fraktionen. Keiner der beiden Parteien gelingt es, die erforderliche Zweidrittelmehrheit für den eigenen Kandidaten zu bekommen.

Die Römer fürchten die Rückkehr der Kurie nach Avignon und wollen einen französischen Papst verhindern. Umgehend schicken sie eine Deputation in den Vatikan, die den Kardinälen klarmachen soll, dass die Römer einen »verdienten Mann italienischer Nation« zum Papst wünschen. Die Stimmung in der Stadt am Tag der Papstwahl ist unheilvoll. Vorsorglich lassen die französischen Kardinäle – besorgt um ihre Sicherheit – ihr Geld, ihre Juwelen, Bücher und Waffen zusammen mit der gesamten Schatzkammer des Papstes in die Engelsburg bringen. Sie appellieren an die Stadt Rom, für ihre Sicherheit zu sorgen. Einer von ihnen, der Spanier Pedro de Luna, diktiert sogar schon seinen Letzten Willen. Kardinal Robert von Genf, der »Schlächter von Cesena«, erscheint im Kettenhemd zum Konklave, weil er wohl nicht zu Unrecht fürchtet, vom Mob auf der Straße gelyncht zu werden. Soldaten haben die Stadt abgeriegelt, um die Kardinäle an der Flucht zu hindern. Als bekannt wird, dass die Kardinäle sich nicht auf einen Römer verpflichten lassen wollen, verbreiten sich Gerüchte, dass sie einen Franzosen zum Papst erheben wollen, der bald schon Rom verlassen werde. Die Situation eskaliert. Die Kardinäle hören das Volk unter ihren Fenstern schreien: »Romano lo volemo!« – Wir wollen einen Römer! Die Glocken läuten Sturm. Schließlich dringt die Menge in das Konklave ein, wo die Kardinäle sich inzwischen auf den Erzbischof von Bari, Bartolomeo Prignano, geeinigt haben. Weil die Römer aber einen römischen Papst wollen, präsentieren sie ihnen aus Angst erst einmal einen falschen Papst: Sie stecken den greisen Kardinal Tebaldeschi in Papstgewänder, setzen ihn auf den Thron und bringen sich – während der falsche Papst von den Römern begrüßt wird – in Sicherheit. Doch schnell fliegt ihre List auf. Nun fordern die Römer den Tod der Kardinäle.

Am nächsten Tag wird Bartolomeo Prignano zum Papst gewählt. Urban VI. ist ein Kompromisskandidat, mit dem beide Kardinalsfraktionen leben können. Er gilt als demütig und fromm. Zwar kein Römer, aber immerhin ein Italiener. Da er aus kleinen Verhältnissen stammt und man ihn als unauffälligen Leiter der päpstlichen Kanzlei kennt, hoffen die französischen Kardinäle, ihn leicht dazu bringen zu können, bald nach Avignon zurückzukehren.

Doch kaum gewählt, entpuppt sich der schwächliche Kandidat als machtbesessener Choleriker. Urban VI., ein unerbittlicher Feind der Simonie, hasst Privilegien aller Art und geht deshalb, wo er nur kann, auf seine selbstbewussten Kardinäle los. Ohne jedes Taktgefühl beschimpft und demütigt er sie wegen ihres Luxuslebens und ihrer Ausschweifungen. Manchmal wird er sogar gewalttätig. Schlimmer noch, er beschneidet ihre Einkünfte. Er verbietet ihnen, Benefizien zu verkaufen, und hält seinen Schatzmeister an, ihr Geld für die Instandsetzung der Kirchen von Rom zurückzuhalten. Sogar ihre täglichen Mahlzeiten reduziert er auf nur einen Gang.

Die Welt zerbricht

Als Urban VI. sich weigert, nach Avignon zurückzukehren, wie seine französischen Wähler unter den Kardinälen gehofft haben, ist das Maß voll. Die Kardinäle erklären Urbans VI. Wahl für ungültig. Er sei im Zeichen des Terrors und unter dem Druck des Mobs gewählt worden, heißt es jetzt. Doch die Römer unterstützen Urban VI., denn sie wissen, dass dieser Papst nicht nach Avignon gehen will.

Unter dem militärischen Schutz einer bretonischen Söldnertruppe flüchten die Kardinäle nach Anagni. Am 9. August 1378 geben sie ein Manifest an die Christenheit heraus, in dem sie den Stuhl Petri für vakant erklären, weil die Wahl Urbans VI. gegen die kanonischen Regeln verstoßen habe. Urban VI. sei offensichtlich geistesgestört, ein Antichrist, Teufel, Tyrann und Betrüger – mit einem Wort: ungeeignet für das Amt des Papstes. Noch hoffen sie, dass Urban VI. freiwillig zurücktritt, vergeblich, wie sich herausstellen wird. Sie bitten Karl V. von Frankreich um Unterstützung und versuchen – erfolglos –, ihre Entscheidung durch die Theologieprofessoren der Pariser Universität legalisieren zu lassen. Dann ziehen sie weiter in die nahe Rom gelegene Stadt Fondi und wählen dort einen Monat später einen neuen Papst aus ihrer Mitte. Vielleicht hätte die Krise damit beendet sein können, hätten sie einen anderen zum Papst gewählt! Doch ihre Wahl trifft ausgerechnet Robert von Genf. Der »Schlächter von Cesena« ist jetzt Papst. Clemens VII. nennt er sich. Wohl niemand könnte in Italien verhasster sein als er.

Urban VI. kümmert das indes wenig. Er hat mittlerweile 29 neue Kardinäle ernannt und eine Söldnerkompanie angeheuert, mit der er die Engelsburg zurückerobert und den Gegenpapst in die Flucht schlägt. Dieser findet Asyl bei Johanna I., der Königin von Neapel. Doch auch hier hasst ihn das Volk und fordert seinen Tod. Er muss Italien verlassen. Mit ihm kehrt 1379 der Apostolische Stuhl, einer von zweien, nach Avignon zurück.

Urban VI. hält unterdessen an seiner Macht fest. Wild und rachsüchtig wütet er gegen alle, die er für seine Feinde hält. Aus nichtigem Anlass greift er zu den Waffen.

Als es zum Krieg Roms gegen das eben noch verbündete Neapel kommt und die Stadt am Tiber belagert wird, steigt Urban viermal täglich auf die Stadtmauer, um seine Belagerer zu exkommunizieren. Schließlich revoltieren sechs seiner Kardinäle gegen ihren Papst und planen, ihn wegen Geistesgestörtheit in Schutzhaft zu nehmen. Als Urban VI. von der Verschwörung erfährt, lässt er sie foltern und fünf von ihnen unter grausigen Umständen hinrichten.

In Italien breitet sich Anarchie aus. Die Zeitgenossen empfinden das Schisma als Geißel, schlimmer noch als die Pest. Auf der einen Seite Urban VI., ein psychopathischer Tyrann, auf der anderen Seite Clemens VII., ein Massenmörder, ein Vasall des französischen Königs. Fast 15 Jahre führen die beiden einen unerbittlichen Krieg gegeneinander. Die gesamte christliche Staatenwelt zerfällt in zwei feindliche Lager. Jeder Fürst muss sich nun entscheiden, ob er »Urbanist« oder »Clementist« sein will. Frankreich, Schottland, Zypern, Burgund, Savoyen, Kastilien, Aragon und Navarra schlagen sich auf die Seite von Clemens VII. England, Deutschland und Italien sind für Urban VI. Ein Riss geht durch Europa.

Die Religion wird immer mehr zur Ländersache. Die Fürsten bestimmen, welchen Papst ihre Untertanen anzuerkennen haben. Sie sind die eigentlichen Gewinner des Schismas, können sie doch ihre selbstsüchtigen Kriege jetzt als Religionskriege, als Kreuzzüge gegen die Anhänger eines unrechtmäßigen Papstes deklarieren. Doch das Schisma polarisiert nicht nur die Staatenwelt, sondern spaltet auch die Gesellschaft des Mittelalters. Selbst innerhalb der Familien, Orden und Universitäten kämpft man auf unterschiedlichen Seiten.

An der Universität in Paris setzen sich zunächst die Clementisten durch, sodass die Urbanisten bald die Universität verlassen. Kandidaten der beiden verfeindeten Papstparteien, die sich um ein und dasselbe Amt streiten, führen kleine Kriege gegeneinander. »Wenn man alle Leiden und Qualen beschreiben wollte, welche die Länder an Rhein, Main, Neckar, Tauber und ihre Nachbarlandschaften ertragen mussten durch diese Kriege, das wäre ein langes Geschäft«, heißt es dazu in einer deutschen Chronik.

Hinzu kommt, dass zwei Päpste und zwei Kurien an zwei Orten doppelt so viel Geld verbrauchen wie ein Papst. Der akute Geldmangel der Päpste fördert die Simonie, den Ämterkauf, den die Reformpäpste einst so unnachgiebig verfolgten. Die Kirchensteuern schnellen in die Höhe, geistliche »Dienste« werden teurer, und der Ablassverkauf wird zur unverzichtbaren Einnahmequelle. Überall suchen die Päpste nach militärischer Unterstützung, um sich gegenseitig zu vernichten. Ihr Ansehen sinkt auf einen Tiefpunkt. Die Kirche wird ein »Gegenstand der Satire und des Gelächters aller Völker der Welt«.

Unter den Gelehrten wird die Kritik am Papsttum indes immer grundsätzlicher. In England kommt der Theologe John Wyclif zu dem Schluss, das Schisma sei das natürliche Ende eines korrumpierten Papsttums. Da die Kirche sich nicht selbst reformieren könne, müsse sie unter weltliche Aufsicht gestellt werden. Wyclif hält die gesamte Kirchenhierarchie für überflüssig, da jeder Mensch selbst einen Zugang zu Gott finden könne. Deshalb übersetzt er die Vulgata, die lateinische Bibel, ins Englische. Seine Lehren werden zwar als ketzerisch verurteilt, sind aber nicht mehr aus der Welt zu schaffen.

Ruf nach dem Konzil

Die ganze Christenheit ist jetzt exkommuniziert, sei es von Rom, sei es von Avignon. Denn die Päpste haben sich und die jeweilige Gefolgschaft gegenseitig gebannt. Niemand hat, so die Klage, seit dem Ausbruch des Schismas mehr Eingang ins Paradies gefunden.

Der Ruf ertönt nach einem Konzil, das die Kircheneinheit wiederherstellen soll, besonders bei den Theologieprofessoren der Pariser Universität. Hier hört man unter der Parole der »Union«, dem Ruf nach Einheit der Kirche, immer häufiger Stimmen, die die beiden Päpste als Ursache und Träger des Schismas und als Häretiker bezeichnen.

DAS GROSSE ABENDLÄNDISCHE SCHISMA

Es fehlt nicht an Lippenbekenntnissen für ein Ende des Schismas. So ordnet etwa der Nachfolger Urbans VI., Bonifaz IX., Prozessionen und Gebete an, um die »Sünde des Schismas« zu sühnen. Und auch sein Gegenspieler, Clemens VII. in Avignon, der »Schlächter von Cesena«, hält jeden Donnerstag eine Messe, um für das Ende des Schismas zu beten.

Im Jahr 1398 ist der französische König Karl VI. sogar bereit, den Papst in Avignon zur Abdankung zu zwingen. Gern wäre er derjenige geworden, der die Kirche gerettet hätte. Karl VI. verbietet seinen Untertanen, dem Papst weiterhin Gehorsam zu leisten, konfisziert dessen Pfründe und stoppt die Steuergelder für die Kurie in Avignon. Schließlich geht er sogar militärisch gegen ihn vor. Umsonst. Nach vierjähriger Belagerung Avignons gelingt Clemens VII. die Flucht.

Den ernsthaftesten Versuch, das Schisma zu beenden, macht der römische Papst Gregor XII. Vor seiner Wahl 1406 verspricht er, sich für die sogenannte »via cessionis«, den »Weg des Rücktritts«, einzusetzen. Als er zum Papst gewählt wird, versichert er noch einmal allen Fürsten, dass er zur kirchlichen Einheit entschlossen sei. Sein Gegenspieler in Avignon, Benedikt XIII., zeigt sich sofort bereit, Gregor XII. zu treffen. Doch gestalten sich die Verhandlungen immer schwieriger. Gregor XII. weigert sich, auf die von Frankreich zur Verfügung gestellten Schiffe zu steigen. Benedikt XIII. will nicht schriftlich bestätigen, dass er zum vereinbarten Treffpunkt in Savona kommen wird. Gregor XII. reist nur bis Lucca, dann kehrt er um. Kämpfe um Rom sind ein willkommener Vorwand, um die Verhandlungen mit Benedikt XIII. endgültig abzubrechen. Nach zwei Jahren weiterer erfolgloser Einigungsverhandlungen erlässt Gregor XII. sogar ein Verhandlungsverbot und brandmarkt den Gedanken an seinen möglichen Rücktritt als ketzerisch.

In Paris ist man empört. Die Universität erklärt beide Päpste zu Schismatikern und fordert ihre Absetzung. Sogar Kardinäle kehren nun ihren halsstarrigen Herren den Rücken. Jetzt wollen alle nur noch das Konzil.

VON CANOSSA NACH AVIGNON

Drei Päpste und Pisa

Im Juli 1408 treffen sich zwölf Kardinäle der »Urbanisten« und sieben Kardinäle der »Clementisten« in Livorno. Sie laden zum Konzil von Pisa ein, das im März 1409 beginnen soll. Unter den 500 Teilnehmern sind 22 Kardinäle und 24 Bischöfe. Die überwiegende Mehrheit aber bilden die Juristen von den Universitäten. So wie die Gewalt in einer Stadt den Bürgern gehört, so argumentieren sie, ist auch die Regierung letztlich Sache der Gläubigen, die sich zu einem Konzil versammeln. Das Konzil stehe zwar nicht über dem Papst, aber es könne an seine Stelle treten.

Das Konzil von Pisa wird zum Tribunal. Zuerst beordert man die beiden Päpste vor die Türen der Kirche San Michele, dann verurteilt man sie, weil sie nicht erschienen sind. Nachdem 80 Zeugen verhört worden sind, wird das Urteil verlesen. Die beiden Päpste – so heißt es da – seien »verstockte Häretiker und notorische Schismatiker«. Man erklärt sie aller Würden verlustig. Ihr Recht geht auf die Kardinäle über, die unverzüglich mit der Wahl eines neuen Papstes beauftragt werden. Sie wählen Peter Philargi, einen Franziskaner und ehemaligen Bischof von Mailand, zum neuen Papst Alexander V. Unglücklicherweise findet Alexander V. bei den wichtigen europäischen Fürsten keine Anerkennung. Nun gibt es drei Päpste in den drei Städten Rom, Avignon und Bologna. Die Spanier stehen weiterhin zum französischen Papst Benedikt XIII., während der deutsche König Ruprecht zum römischen Papst Gregor XII. steht. Eigentlich sollte Alexander V. nicht nur das päpstliche Schisma beenden, sondern auch eine Reform der Kirche an »Haupt und Gliedern« herbeiführen, die man allseits für längst überfällig hält. Doch auch ihm steigt die neue Macht zu Kopf. Er vertagt die Reformen und verhilft lieber seinen Günstlingen zu Bistümern. Zuletzt führen alle drei Krieg gegeneinander.

Die »verruchte Zweiheit« ist der »verfluchten Dreiheit« gewichen. Die Stimmung in der Bevölkerung ist denkbar schlecht. Priester kündigen die bevorstehende Ankunft des Antichristen an. Ein Jahr nach seiner Amtsübernahme ist Papst Alexander V. tot. Ihm folgt Baldassare Cossa auf den Papstthron, der Statthalter von Bologna. Der neue Papst, Johannes XXIII., wie er sich nennt, ist allerdings mehr Krieger als Politiker. Es wird sogar behauptet, er habe vor seiner Wahl als Pirat die Weltmeere unsicher gemacht. Johannes XXIII. gilt als gewalttätig und habsüchtig. Die Vermutung, er habe seinen Vorgänger Alexander V. vergiftet, wird von vielen bis heute geteilt.

Das Konzil von Pisa, als Rettung aus der Krise gedacht, ist gescheitert. Jetzt stehen drei Päpste zur Auswahl, und jeder entscheidet sich für den, der seinen Interessen am besten dient.

Die Neuordnung der Welt

Der ehrgeizige König Sigismund will das Chaos beseitigen. Da bietet sich ihm die unverhoffte Chance, zum Retter der Kirche zu werden.

Als Johannes XXIII. im Juni 1412 vor neapolitanischen Truppen aus Rom fliehen muss, wendet er sich Hilfe suchend an ihn. Er ergreift die Gelegenheit und erpresst den Papst, einem Generalkonzil zuzustimmen.

Damit hat Sigismund nur in die Tat umgesetzt, was längst allerorten in anonymen Traktaten und Schriften gefordert wird. Selbst Beamte der päpstlichen Kurie, wie Dietrich von Niem, fordern inzwischen das Konzil. Sein 1410 am Hofe Johannes' XXIII. entstandener *Dialog über Union und Reform der Kirche* sollte erheblichen Einfluss ausüben. Die Macht der Päpste – so heißt es da – müsse sich am Nutzen messen lassen, den sie für das Gemeinwohl hat. Da nur ein Konzil das Gemeinwohl gegenüber dem Papst vertreten kann, kann auch nur das Konzil die notwendigen Kirchenreformen einleiten. »Quod omnes tangit ab omnibus approbari debet.« – Was alle betrifft, das muss von allen gebilligt werden.

Sigismund will mit dem Konzil drei große Ziele erreichen. Die »causa unionis«, die Beendigung des Schismas, die »causa fidei«, die Überwindung der aktuellen Häresien, die sich besonders in Böhmen mit den Lehren von Jan Hus auszubreiten beginnen, und die »causa reformationis«, die seit Generationen überfällige und immer wieder beschworene Reform der Kirche »an Haupt und Gliedern«, bei der es um die Abschaffung der altbekannten innerkirchlichen Missstände, die Simonie und den unsittlichen Lebenswandel der Geistlichen geht.

Sigismund hat allerdings noch weit ehrgeizigere Pläne als die Kirchenunion und die Kirchenreform. Für ihn ist die Einigung der abendländischen Christenheit nur der erste Schritt zu einer kirchlichen Einheit mit Konstantinopel. Sein Ziel ist ein byzantinisch-abendländisches Doppelkaisertum, das mit vereinten Kräften einen Kreuzzug gegen den Islam führen soll.

Nach 18-tägigen Beratungen mit den päpstlichen Gesandten von Johannes XXIII. gibt Sigismund im Oktober 1413 die Einberufung eines Generalkonzils in Konstanz bekannt.

Tapfer erklärt sich Johannes XXIII. bereit, selbst in Konstanz zu erscheinen und zum Ende des Schismas beizutragen. Weiß er doch, dass das Konzil ihn wahrscheinlich ebenso absetzen wird wie die beiden anderen Päpste. Selbst Gregor XII. ist bereit, an den Konzilsvorbereitungen mitzuwirken. Er fordert die gesamte Christenheit auf, Sigismund zu gehorchen, und kündigt – wie schon so oft – an, auf sein Amt zu verzichten, wenn nur Johannes XXIII. und Benedikt XIII. ebenfalls abdanken würden. Doch als Sigismund ihn auffordert, zum Konzil zu erscheinen, fehlt ihm der Mut, und er schickt lediglich zwei Gesandte. Auch Benedikt XIII. ist eingeladen. Der aber verweigert von vornherein jede Mitarbeit und pocht stattdessen auf eine Revision der Ergebnisse des Konzils von Pisa.

Viel wichtiger als die Bereitschaft der Päpste zur Mitarbeit am Konzil von Konstanz aber ist, dass es Sigismund gelingt, die mächtigen Nationen

DAS GROSSE ABENDLÄNDISCHE SCHISMA

England und Frankreich zu beteiligen. Ohne ihre Unterstützung könnte sich auch ein in Konstanz gewählter Papst kaum durchsetzen. Mehr als einmal erweist sich Sigismund als großer Diplomat.

Das Konzil erhebt sich

Am 5. November 1414 eröffnet Johannes XXIII. das Konzil. Zunächst sind nur 40 Kardinäle und Prälaten anwesend. Und auch Sigismund fehlt. Er ist noch in Aachen, wo er am 8. November von den deutschen Kurfürsten zum römischen König gekrönt wird – ein für ihn wichtiges Ereignis, das seine Macht stärken soll. Erst Weihnachten trifft er in Konstanz ein.

Für das vergleichsweise kleine Städtchen am Bodensee wird das Konzil zum Jahrhundertereignis. Vier Jahre lang tagt hier ein Völkerkongress. Etwa 30 000 Menschen kommen mit dem Konzil in die Stadt. Konstanz blüht auf. Händler, Geldwechsler und Handwerker ziehen ein, und mit ihnen 700 Prostituierte aus ganz Europa, die für das Vergnügen der weltlichen und geistlichen Gäste sorgen. Täglich kommen Zehntausende von Schaulustigen, um die feierlichen Prozessionen, die prächtigen Turniere, die Fürstenaufzüge und nicht zuletzt das Spektakel brennender Scheiterhaufen zu sehen.

Zur illustren Schar der Konzilsteilnehmer gehören Patriarchen, Bischöfe, Äbte, Hochmeister der Ritterorden und griechische Kirchenfürsten. In ihrem Gefolge trifft man Hunderte von Universitätsgelehrten. Hinzu kommen zahlreiche Fürsten, Herzöge und Grafen sowie ausländische Delegationen aus ganz Europa, aber auch aus der Türkei, Arabien, Russland und Indien.

Wieder bilden die Doktoren der Universitäten mit 343 Teilnehmern die größte Gruppe. Wie schon in Pisa spielen sie auch in Konstanz eine hervorragende Rolle. Ihre Anwesenheit macht aus dem Konzil einen riesigen europäischen Gelehrtenkongress. Durch sie treten die einzelnen Konzilsnationen zum ersten Mal in einen Dialog miteinander. Und schließlich sind sie es, die dem Konzil die notwendige theologische Autorität verschaffen. Auf der fünften Sitzung am 6. April 1415 führen sie den richtungsweisenden Beschluss über die Konstitution *Haec sancta* herbei. Darin heißt es: »Diese rechtmäßig im Heiligen Geist versammelte Synode in der Gestalt eines Allgemeinen Konzils und als Repräsentant der katholischen Kirche hat ihre Vollmacht unmittelbar von Christus, und jeder Mensch, was auch immer sein Stand und seine Würde – und sei es auch die päpstliche –, ist gehalten, ihr in allen Dingen, die den Glauben und die Ausmerzung des oben genannten Schismas ebenso wie die Reform genannter Kirche an Haupt und Gliedern betreffen, zu gehorchen.« Mit diesen Sätzen ist die ganze Kirchenhierarchie ausgeschaltet: der Papst, die Kardinäle, die Bischöfe. Das Konzil steht jetzt über ihnen.

Wieder zusammen

Für Papst Johannes XXIII. wird das Konzil zum Albtraum. Zwar darf er es feierlich eröffnen, aber schon bald macht man ihm klar, dass nicht er, sondern das Konzil die Autorität der Stunde ist.

Mit dem Konzil von Konstanz wird die Einheit der katholischen Christenheit gerettet. Der Chronist Ulrich von Richenthal hat Details des Konzils festgehalten, wie den kuriosen Unfall des päpstlichen Reisewagens.

Anfang des Jahres 1415 – König Sigismund hat seit Weihnachten die Leitung des Konzils übernommen – wird bereits offen über seinen Rücktritt diskutiert. Kurze Zeit später beschließt die Vollversammlung, dass Johannes XXIII. Konstanz weder verlassen noch das Konzil auflösen dürfe. Ein englischer Vertreter schlägt sogar vor, den Papst gefangen zu nehmen, wenn er sich weiterhin weigere, zurückzutreten.

Vorsorglich nimmt Johannes XXIII. Kontakt zu Herzog Friedrich IV. von Tirol auf. Und als dieser vor

den Toren der Stadt ein Reitturnier veranstaltet, flieht der Papst, verkleidet als Reitknecht, nach Schaffhausen.

Die Flucht des Papstes versetzt die Teilnehmer des Konzils in Panik. Sie fürchten, dass das Konzil ohne Papst ergebnislos auseinanderlaufen werde. Doch Sigismund ist entschlossen, das zu verhindern. Am nächsten Morgen reitet er durch die Straßen von Konstanz und ruft alle laut zum Bleiben auf. Die Fürsten und Kardinäle beruhigt er mit den Worten: »Lasst ihn nur laufen, meine Herren, ich werde ihn selbst von der Zinne seines Palastes in Avignon am Rockzipfel herunterziehen.«

Inzwischen schreibt Johannes XXIII. aus seinem Versteck heraus zahlreiche Briefe an das Konzil, in denen er seine Flucht damit rechtfertigt, sich vor König Sigismund zu fürchten. Zu Recht, denn der König führt nun einen regelrechten Krieg, um Johannes XXIII. zu fassen. Mit seiner Verhaftung wenden sich auch die eigenen Kardinäle von ihm ab. Angeklagt, seinen Vorgänger vergiftet zu haben, kirchlichen Besitz zu verschleudern und die Simonie zu praktizieren, muss er sich vor dem Konzilsgericht verantworten. Dann wird er abgesetzt und verbringt die nächsten beiden Jahre im Gefängnis des Pfalzgrafen Ludwig.

Jetzt endlich kann sich der inzwischen 90-jährige Papst Gregor XII. entschließen, seinen Rücktritt anzubieten. Verzichten will er allerdings nur auf einem von ihm selbst einberufenen Konzil. Am 4. Juli berufen die Prokuratoren des abwesenden Gregors XII. das Konzil in seinem Namen neu ein und geben die Rücktrittserklärung bekannt. Ein Durchbruch, der auf das Verhandlungsgeschick Sigismunds zurückgeführt wird, und ein »glücklicher und denkwürdiger Tag« für die Kirchenunion.

Zuletzt fehlt nur noch Benedikt XIII., der sich weiterhin standhaft allen Rücktrittsforderungen widersetzt. Im Juli 1415 macht sich Sigismund mit einem Gefolge von über 1000 Reitern auf den Weg ins Königreich Aragon, wohin sich Benedikt XIII. zurückgezogen hat, um ihn zum Abdanken zu überreden. Doch als er ihn im September in Perpignan trifft, enttäuscht ihn der starrsinnige 77 Jahre alte Benedikt XIII. Der hatte bei seiner Wahl geschworen, er wolle auf sein Pontifikat verzichten, wenn sich damit das Schisma überwinden lasse. Jetzt aber will er das Konzil in Konstanz auflösen und ein eigenes Konzil in Südfrankreich oder Spanien einberufen. An Rücktritt denkt er nicht.

Brüskiert verlässt Sigismund Perpignan. Doch jetzt kehren die Könige von Aragon, Kastilien und Navarra Benedikt XIII. den Rücken. Und auch die Mehrheit seiner Kardinäle reist nun nach Konstanz, um am Absetzungsverfahren gegen ihn und an der Wahl eines neuen Papstes teilzunehmen. Benedikt XIII. flüchtet sich in die Meeresfestung Peñiscola bei Valencia. Hier hält er bis zu seinem Tod weiter päpstlichen Hof und schleudert Bannflüche gegen seine Gegner in die Welt hinaus.

In Konstanz verurteilt man ihn am 26. Juli 1417 als »Friedensstörer und Zerstörer der Einheit der Kirche«, als »Schismatiker«, »Häretiker« und »verstockten Übertreter des Glaubensartikels unam, sanctam, catholicam ecclesiam«. Dann wird er feierlich abgesetzt.

Endlich – nach langem Hin und Her zwischen den Vertretern der Nationen – kommen 53 Wahlmänner, je sechs Vertreter der Nationen und 23 Kardinäle zum Konklave in Konstanz zusammen. Innerhalb von drei Tagen einigen sie sich auf den italienischen Kardinal Oddo Colonna, der im November 1417 zum neuen Papst Martin V. erhoben wird. Nach fast 40 Jahren ist das Schisma beendet. 80 000 Menschen stehen an der Straße, als Sigismund den neuen Papst zur Messe ins Münster führt. Nach der Krönung küsst der König dem Papst die Füße und führt dessen Pferd am Zügel, eine Verbeugung vor der Tradition und das Ende eines Kapitels der mittelalterlichen Geschichte.

VON CANOSSA NACH AVIGNON

Eine Sache der Nationen

Auf dem Konzil von Konstanz begegnen uns auf engem Raum noch einmal alle Gewalten des Mittelalters. Der römische König und spätere Kaiser, und der Papst, als Vertreter der alten universalen Ordnungsmächte des Reiches. Aber auch die Repräsentanten der aufstrebenden Nationen, der Adel, das städtische Bürgertum und die Universitäten. In Konstanz treten sie alle in ein öffentliches Streitgespräch miteinander und versuchen ihr Verhältnis zueinander neu zu bestimmen. Es ist so, als ob in Konstanz die mittelalterliche Gesellschaft in ihrer Spätphase erstmals ein Bewusstsein von sich selbst gewinnt.

Dabei geht es jedoch keineswegs gemütlich zu. Bei den Konzilssitzungen, auf denen nach Nationen abgestimmt wird, kommt es zu häufigen Tumulten. Rivalitäten und Machtkämpfe bestimmen das Klima. Die Rangstreitigkeiten zwischen Engländern und Spaniern eskalieren sogar zum bewaffneten Konflikt. »Die Kirche des Konzils«, so beschwert sich ein Kardinal, »war zu einer Kirche geworden, wo Nationen toben, wo Könige und Fürsten hoffärtig Pläne gegen den Herrn und seinen Christus schmieden.«

Die Zerstrittenheit der Konzilsnationen ist auch die Ursache dafür, dass das Konzil eigentlich nur eines seiner Ziele, die »causa unionis«, erreicht. Dies verdankt es dem Verhandlungsgeschick von König Sigismund. Er fungiert als wichtige Klammer, die die in Konstanz versammelte, zerstrittene Gesellschaft zusammenhält. Doch über dieses Minimalziel hinaus fehlt es den Nationen an Einigungsbereitschaft. So überlassen sie die Kirchenreform, »causa reformationis«, schließlich dem Papst, der die Frage der Pfründenvergabe mit den einzelnen Ländern selbst regelt. Und auch die Überwindung der aktuellen Häresien, »causa fidei«, das dritte Ziel von Konstanz, gelingt nur unzureichend.

Ein trauriger Höhepunkt des Konzils von Konstanz ist die Hinrichtung des böhmischen Reformators und Rektors der Prager Universität

DAS GROSSE ABENDLÄNDISCHE SCHISMA

Jan Hus. Er ist nach Konstanz gekommen, weil Sigismund ihm sicheres Geleit versprochen hat, hoffend, in Konstanz seine Überzeugungen vor einem großen Auditorium diskutieren zu können. Zunächst hat man dort sogar sämtliche Kirchenstrafen gegen Hus aufgehoben. Dann aber schlägt die Stimmung um. Man eröffnet einen Ketzerprozess gegen ihn. Als Hus aus Sorge um das Schicksal seiner Anhänger in Böhmen keine seiner Thesen widerrufen will, wird er verbrannt. Mit ihm verbrennt man die Knochen des schon 1384 verstorbenen John Wyclif, der noch posthum als Ketzer verurteilt wird.

Dennoch kann das Konzil den Lehren der Häretiker, die sich vor allem gegen die Kirchenhierarchie richten, kein eigenes Programm entgegensetzen. Noch heute bedauert man das auf katholischer Seite. Hätte man in Konstanz die Kirche klar als sakramental und hierarchisch strukturierte Heilsgemeinschaft definiert, so sagt der katholische Kirchenhistoriker Walter Brandmüller, wäre der Protestantismus vielleicht noch zu stoppen gewesen.

Schließlich kann sich auch die Konzilsidee selbst nicht durchsetzen. Zwar hat man in Konstanz das berühmte *Dekret Frequens* beschlossen, das eine erneute Zusammenkunft des Konzils in bestimmten Abständen vorschreibt. Aber schon bald nach der Mitte des 15. Jahrhunderts kehren sich die Machtverhältnisse wieder um, und zwar theoretisch wie praktisch.

Erst im September 1420, drei Jahre nach seiner Wahl, kehrt Martin V. in die Ewige Stadt zurück. Rom ist in einem desolaten Zustand. Die Kirchen und Basiliken, aber auch der Vatikanpalast haben schwer unter den ständigen Kriegen gelitten. Sie verfallen. Auf den dreckigen Straßen weiden Schafe und Ziegen. Ebenso verheerend ist die politische Lage, die Martin V. in Rom vorfindet. Nur langsam gelingt es ihm, die Kirchen wiederherzustellen. Was wie ein Widerspruch erscheint, glückt ihm: Er kann den Kirchenstaat durch eine geschickte Heiratspolitik zurückgewinnen. Dabei gelangen große Gebiete des Kirchenstaates in die Hände seiner Familie, den Colonna. Mit ihrer Hilfe wird das Papsttum zumindest wieder eine territoriale Macht in Italien.

Und auch die geistliche Macht scheint mit dem Ende des Schismas wiederhergestellt zu sein. In Rom jedenfalls ist man davon überzeugt, dass die Phase der Irrlehren vorbei ist und die Welt im Zeichen des Christentums – und das heißt: unter päpstlicher Führung – besseren Zeiten entgegengeht.

Aber die Erwartungen, die an die Päpste gestellt werden, werden sie nicht einlösen können. Die Kluft zwischen Geist und Macht wird tiefer werden angesichts des Glanzes, den die neue Epoche verbreitet: die Renaissance.

ZEITTAFEL

Zeittafel: Von Canossa nach Avignon

1056	Heinrich IV. aus dem Haus der Salier wird als Sechsjähriger deutscher König.
22. April 1073	Wahl Hildebrands zum Papst Gregor VII.
1076	Papst Gregor VII. erklärt Heinrich IV. für abgesetzt und verstößt ihn aus der Kirche.
Januar 1077	Heinrich IV. zieht über die Alpen nach Canossa, um sich Papst Gregor VII. zu unterwerfen. Rücknahme des Kirchenbanns gegen den König
März 1080	Gregor VII. bannt Heinrich IV. erneut, der im Gegenzug den Papst für abgesetzt erklärt. Nach dreijähriger Belagerung nimmt Heinrich IV. Rom ein.
31. März 1084	Der von Heinrich IV. eingesetzte Gegenpapst, Clemens III., krönt den deutschen König zum Kaiser.
25. Mai 1085	Gregor VII., der große Kontrahent des Kaisers, stirbt im Exil.
12. März 1088	Wahl Odos de Châtillon zum Papst Urban II.
1095	Papst Urban II. ruft zur Befreiung des Heiligen Landes auf. Vier Jahre später, 1099, wird Jerusalem durch die Kreuzfahrer erobert.
29. Juli 1099	Tod Urbans II.
1106	Heinrich V., der Sohn von Heinrich IV., zwingt seinen Vater abzudanken. Wenig später stirbt er, ohne vom zuletzt gegen ihn erlassenen Kirchenbann gelöst worden zu sein.

VON CANOSSA NACH AVIGNON

1111	Heinrich V. bewirkt die posthume Aufhebung des Kirchenbanns. Erst jetzt erhält der Tote das Recht, in der Familiengruft im Dom zu Speyer bestattet zu werden.
24. Dezember 1294	Wahl Benedikt Caetanis zum Papst Bonifaz VIII., nachdem dieser seinem Vorgänger Coelestin V. zur Abdankung rät. Er lässt diesen bis zu seinem Tod in Gefangenschaft, da er dessen Rückkehr ins Amt befürchtet.
1300	Bonifaz VIII. erklärt ein »Jubeljahr«, wodurch Rom eine enorme Anzahl an Besuchern und damit Einnahmen erhält.
18. November 1302	Die päpstliche Bulle *Unam Sanctam* legt den obersten Machtanspruch des Papstes in weltlichen wie geistlichen Dingen fest.
1303	Die »Ohrfeige von Anagni«, ein Attentat auf den Papst Bonifaz VIII., verübt durch Verbündete des Königs von Frankreich
11. Oktober 1303	Wenige Wochen nach dem Attentat stirbt Bonifaz VIII.
5. Juni 1305	Auf Betreiben Philips IV. von Frankreich, genannt »der Schöne«, wird Bertrand de Got zum Papst Clemens V. gewählt.
1307	Philip IV. verdächtigt in seinem Kampf gegen die Kirche den Templerorden der Ketzerei und anderer schwerer Verbrechen.
1309	Clemens V., der Rom nie betreten hat, verlegt den Apostolischen Stuhl nach Avignon, wo er für fast 70 Jahre bleibt.

ZEITTAFEL

1312	Auf Drängen des Königs von Frankreich wird die Unterdrückung, Verfolgung und im Jahr darauf endgültige Enteignung und Auflösung des Templerordens betrieben.
20. April 1314	Tod Clemens' V.
7. Mai 1342	Wahl Pierre Rogers zum Papst Clemens VI. Der tritt sein Amt in Avignon an. Avignon erlebt eine kulturelle wie wirtschaftliche Blüte, die Rom weit in den Schatten stellt.
1348	Die Pest verheert große Teile Europas.
6. Dezember 1352	Tod Clemens' VI.
28. September 1362	Wahl Guillaume de Grimoards zum Papst Urban V.

So sehr die Kreuzfahrer mit ihrem Sieg über die »Nichtgläubigen« den christlichen Glauben und die Kirche stärkten, so sehr zerbrach mit der Niederlage gegen die Muselmanen ihr religiöses Selbstbewusstsein. Europa stürzte in eine schwere Glaubenskrise.

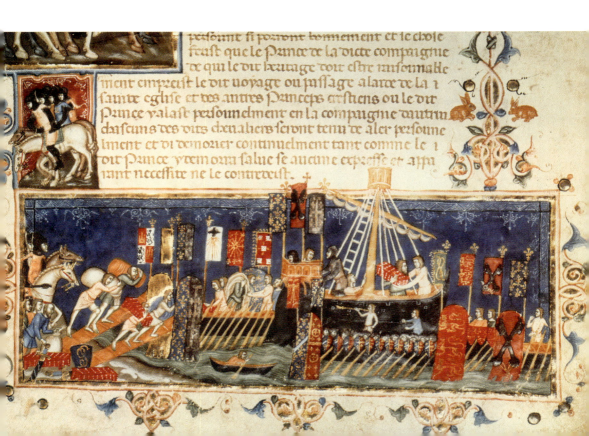

VON CANOSSA NACH AVIGNON

1367	Urban V. verspricht die Rückkehr nach Rom, bleibt aber in Avignon.
24. September 1370	Tod Urbans V.
30. Dezember 1370	Wahl Pierre Roger de Beauforts zum Papst Gregor XI.
1377	Papst Gregor XI. kehrt als erster Papst nach mehr als 70 Jahren nach Rom zurück.
27. März 1378	Tod Papst Gregors XI.
1378	Mit der Wahl Urbans VI. und bald darauf Clemens' VII. durch die französischen Kardinäle Beginn des Großen Abendländischen Schismas. Clemens VII. zieht nach Avignon, während Urban VI. in Italien bleibt.
1409	Konzil von Pisa, auf dem das Schisma beendet werden soll. Uneinigkeit führt dazu, dass nun drei Päpste Anspruch auf den Apostolischen Stuhl erheben.
1415	König Sigismund ruft das Konzil von Konstanz ein, das die drei Päpste zum Rücktritt auffordert bzw. absetzt.
11. November 1417	Wahl Oddo di Colonnas zum Papst Martin V. Mit ihm endet das Schisma. Rom wird wieder Sitz des Apostolischen Stuhls.

1471

1513

Die Herrschaft
der Papstkönige

Luise Wagner-Roos

Sixtus IV.
Ein Bettelmönch auf dem Papstthron

Ich will nicht, dass ein Mensch stirbt. Es ist nicht meines Amtes, dem Tod irgendeines Menschen zuzustimmen.« Die Position des Papstes ist unmissverständlich, als er im Spätsommer 1477 bei einem geheimen Treffen in den Gemächern des Vatikans von einer Verschwörung gegen die Medici hört.

»Wir werden tun, was wir können. Sollte es aber doch geschehen, wird Eure Heiligkeit den Verantwortlichen gewiss verzeihen«, entgegnet Girolamo Riario, der Lieblingsneffe des Pontifex.

»Ich sage Euch, ich wünsche keine Toten«, antwortet Sixtus IV. »Aber ich will, dass Lorenzo die Regierungsgewalt aus den Händen genommen wird, weil er ein Schuft ist und niederträchtig und keinen Respekt vor uns hat.«

Am 26. April 1478 überschlagen sich in der Kathedrale von Florenz die Ereignisse. Die Glocken sind verstummt. Tausende Gläubige harren der Messe. Der Priester wartet auf Lorenzo und Giuliano de' Medici, die heimlichen Herrscher der Stadt. Aus Sicherheitsgründen zeigen sie sich nur selten gemeinsam in der Öffentlichkeit. An diesem Sonntag aber haben sie eine päpstliche Delegation zu Gast, die sie aus Gastfreundschaft zusammen zum Gottesdienst begleiten.

Eine seltsame Spannung liegt in der Luft, als der 29 Jahre alte Lorenzo, genannt der Prächtige, selbstbewusst plaudernd mit seiner Gefolgschaft zum Hochaltar schlendert. Sein Bruder Giuliano erreicht den Dom erst, als das Abendmahl beginnt, und bleibt mit zwei Freunden der Familie

SIXTUS IV. – EIN BETTELMÖNCH AUF DEM PAPSTTHRON

am Portal zur Via dei Servi stehen. An diesem heiligen Morgen hat keiner der beiden Medici unter den kostbaren Gewändern einen Brustharnisch angelegt.

Als der Priester die Hostie zum Abendmahl erhebt, schlagen die Mörder zu: Der Dolchstoß seines Begleiters, Bernardo Bandini, trifft Giuliano in den Schädel. Er taumelt, und der zweite Täter, Francesco de' Pazzi, sticht ihm in blinder Tötungswut in die Brust. Im gleichen Augenblick ziehen zwei Geistliche ihre Stichwaffen unter der Soutane hervor. Sie attackieren Lorenzo und verwunden ihn am Hals. Giuliano stirbt in der Kathedrale, gemeuchelt mit 19 Messerstichen. Lorenzo rettet sich in die Sakristei. Ein Freund saugt ihm das Blut aus der Wunde – in panischer Angst, die Waffe könnte vergiftet gewesen sein.

Zur gleichen Zeit läuft unter dem Kommando von Francesco Salviati der zweite Teil der Verschwörung an. Der Erzbischof von Pisa, ein Günstling des Papstes, hat die Messe vorzeitig verlassen und eilt zum Palazzo della Signoria. Die Nachricht vom Attentat in der Kathedrale ist noch nicht bis in den Regierungspalast vorgedrungen, und die Verschwörer sind überzeugt, mit einem Staatsstreich leichtes Spiel zu haben. Salviati gibt vor, eine dringende Botschaft vom Papst überbringen zu müssen, und wird vom Gonfaloniere di Giustizia, dem symbolischen Staatsoberhaupt von Florenz, empfangen. Die bewaffnete Eskorte des Erzbischofs verschanzt sich unterdessen in dem weitläufigen Bauwerk – und manövriert sich in eine Falle. Die schweren Türen sind mit Federbolzen versehen, sodass sie sich beim Zuschlagen verriegeln. Die Eindringlinge sitzen fest, und der Gonfaloniere schöpft Verdacht angesichts einer Litanei von päpstlichen Gunstbeweisen, die der nervöse Salviati ihm verspricht.

Am Nachmittag baumelt der Leichnam des Erzbischofs an der Fassade der Signoria. Neben Francesco de' Pazzi, dem Mörder Giulianos, den der Mob nackt aus seinem Palazzo gezerrt, durch die Straßen geschleift und ohne Prozess an einem Fensterkreuz aufgehängt hat. Die Verschwörung gegen die heimlichen Machthaber von Florenz ist gescheitert. Die

Attentäter von Santa Maria del Fiore stehen unter Arrest, die meisten ihrer bewaffneten Helfer sind tot. Lorenzo de' Medici lebt und schwört Rache.

Mord in einer Kathedrale

Für die tiefgläubigen Menschen des 15. Jahrhunderts ist das ein unerhörtes Sakrileg. Dass ein Papst daran beteiligt sein kann, ein nicht auszudenkender Frevel. Wie ist es dazu gekommen, dass ein Stellvertreter Christi in den Sog solcher Machenschaften gerät?

Am 4. Mai 1478, acht Tage nach der Tat, legt einer der Verschwörer, der Graf von Montesecco, vor dem obersten florentinischen Magistrat und sechs Priestern ein Geständnis ab. Darin berichtet der Condottiere und Capitano der Engelsburg von dem Geheimtreffen in den vatikanischen Gemächern des Erzbischofs von Pisa, bei dem Sixtus IV. von dem geplanten Komplott unterrichtet worden sei. Als Söldnerführer sollte der Graf rund um Florenz Truppen stationieren, um die Stadt nach einem erfolgreichen Putsch kontrollieren zu können. Im Wortlaut zitiert Montesecco den Papst, der vehement die Absetzung der Medici in Florenz gefordert habe, aber ohne Blutvergießen. Am Ende der Unterredung hätte Sixtus IV. dem Unternehmen seinen Segen gegeben: »Geht und tut, was Ihr für das Beste haltet, solange es dabei keine Toten gibt. Ich werde meine Gunst gewähren sowie die Unterstützung durch Truppen, um unser Ziel zu erreichen. Ich bin froh.«

Länger als ein halbes Jahrtausend bleibt die Aussage des Grafen von Montesecco das einzige Zeugnis, das eine Mittäterschaft des Papstes belegt. Welche Rolle spielt Sixtus IV. wirklich? Indizien sprechen dafür, dass der wortgewandte Pontifex mit seinem unschuldigen Bekenntnis gegen Gewalt seine wahre Schuld verschleiern will. Bis heute reagieren Forscher mit Ratlosigkeit angesichts der Naivität des Papstes, die die

SIXTUS IV. – EIN BETTELMÖNCH AUF DEM PAPSTTHRON

meisten für vorgetäuscht halten. »Wusste dieser Papst und ehemalige Professor denn nichts von der tödlichen Schärfe stählerner Klingen«, fragt der amerikanische Geschichtsprofessor Lauro Martines, der ein Buch über die Verschwörung geschrieben hat. »Mag sein, dass wir unsere Eisen gebrauchen müssen, um Lorenzo klarzumachen, dass er ein Bürger ist und wir der Papst sind, weil dies Gottes Wille ist«, soll Sixtus IV. im vertrauten Kreis gesagt haben. Der Graf von Montesecco enthüllt in seinem Geständnis präzise den Plan der Verschwörer. Doch einige Passagen sind geschwärzt, und die Tatmotive bleiben im Dunkeln. Erst jetzt, 500 Jahre nach der Tat, ermöglichen es neue Erkenntnisse, den Fall fast lückenlos zu rekonstruieren.

Ein Schriftsteller und Theologe als Papst

Francesco della Rovere, ein Bettelmönch, der sein Leben der Armut verschrieben hat, wird im Jahr 1471 als Sixtus IV. zum Papst gekrönt. Er ist renommierter Schriftsteller und Theologe, der Schriften über das heilige Blut Christi und die Allmacht Gottes verfasst hat, und bekannt für seine Weltabgewandtheit. Zu Beginn seiner Herrschaft lebt er noch die asketischen Ideale der Franziskanermönche. Doch kaum sitzt er auf dem Heiligen Stuhl, wandelt er sich zu einem Mann, der wie ein König regiert und seine Macht wie ein weltlicher Herrscher verteidigt.

Der Papst hat im 15. Jahrhundert ein eigenes Reich, den Kirchenstaat, den er vor der drohenden Gefahr einer Fremdherrschaft schützen muss. Der Kaiser des Heiligen Römischen Reiches hat die Kontrolle über Italien verloren. Das Land ist zersplittert in Fürstentümer und Stadtstaaten, die tun, was sie wollen, und ständig wechselnde Bündnisse eingehen. Mailand, Neapel, Florenz und Venedig werden von reichen Clans wie den Sforza und Medici regiert, die nur symbolische Herrscher über sich dulden – »Potentaten der Zwietracht«, so die Historikerin Barbara Tuchman.

DIE HERRSCHAFT DER PAPSTKÖNIGE

Steckbrief: Sixtus IV.

Francesco della Rovere, geboren am 21. Juli 1414 in einem Dorf nahe Savona, entstammt einer alten, aber verarmten Familie aus Ligurien. Seine gottesfürchtige Mutter weiht das Kind dem heiligen Franziskus und vertraut ihren Sohn mit neun Jahren einem Kloster an. Der begabte Junge besucht die höhere Schule und studiert Philosophie und Theologie in Padua und Bologna. Bereits mit 20 Jahren glänzt er mit rhetorischer Brillanz in perfekter lateinischer Rede. Er macht Karriere als Professor an fünf großen Universitäten und wird im Jahr 1464 zum General der Franziskaner ernannt. Als ihm drei Jahre später der rote Hut verliehen wird, führt er sein Mönchsleben fort. Der in Armut lebende Kardinal ist auf die Unterstützung seiner Kollegen angewiesen, um Geld für die Renovierung seiner Wohnung aufzubringen. Am 9. August 1471 wird Francesco della Rovere als Sixtus IV. zum Papst gekrönt – ausschlaggebend für seine Wahl ist zum einen seine Frömmigkeit. Doch das allein reicht nicht: Um Papst zu werden, bedarf es der Unterstützung einflussreicher Persönlichkeiten. Sie glauben, mit Sixtus IV. einen willfährigen Erfüllungsgehilfen ihrer Interessen zu erheben. Doch darin täuschen sie sich gründlich.

Zeitgenossen preisen die Gutmütigkeit und Großzügigkeit des neuen Papstes. »Allen begegnete er mit Freundlichkeit und fast blindem Vertrauen, das selbstsüchtige, frostige Diplomaten nur zu oft ausbeuteten«, schreibt Ludwig Pastor in seiner Biografie des Franziskaner-Papstes. Nicht zuletzt deshalb vertraut Sixtus IV. auf seine Familie und belohnt seine Neffen so reich mit Posten und Pfründen, dass er als Erfinder des neuzeitlichen Nepotismus in die Geschichte des Papsttums eingeht. »Für einen Papst genügt ja ein Federstrich, um jede Summe, die er will, zu bekommen«, soll der vom päpstlichen Budget geblendete Bettelmönch zu Beginn seiner Amtszeit gesagt haben. Sein Lieblingsneffe Girolamo Riario wird zum »bösen Dämon« des Papstes, so Pastor, und verstrickt ihn in den Mordanschlag auf Giuliano und Lorenzo de' Medici. Doch der

SIXTUS IV. – EIN BETTELMÖNCH AUF DEM PAPSTTHRON

geplante Staatsstreich gegen die Machthaber in Florenz misslingt, und das Image des Papstes bleibt für immer beschädigt.

Dass Sixtus IV., wie oft beschönigend behauptet, nur ein wehrloser Spielball der Interessen seiner Nepoten war, wird heute von vielen Historikern bezweifelt. Erst jetzt aufgefundene Dokumente enthüllen seine dunkle Seite. Sie zeigen ihn als kühl kalkulierenden Machtpolitiker, der bereit ist, die Grenzen des Kirchenstaates mit Waffengewalt zu erweitern. Sein Franziskaner-Habit legt er nach kurzer Zeit ab: »Überall zeigte Sixtus IV., wie lebhaft er es empfand, dass der Papst ein anderer Mann sein müsse als der General eines Bettelordens«, urteilt Ludwig Pastor. »Er ging in seiner Prachtliebe entschieden zu weit, wenn die Angabe eines Zeitgenossen zutreffend ist, dass über 100 000 Dukaten für eine Tiara ausgegeben wurden.«

Die Lichtseite seiner Herrschaft ist sein Mäzenatentum, mit dem er das Goldene Zeitalter der Renaissance begründet. Seinen Namen macht Sixtus IV. unsterblich durch das größte Heiligtum des Vatikans: die Sixtinische Kapelle. Von den berühmtesten Künstlern seiner Zeit, wie Botticelli, Ghirlandajo, Perugino und Pinturicchio, lässt er die Wände mit prachtvollen Fresken schmücken. Szenen aus dem Leben Christi und aus dem Leben Moses erzählen Geschichten aus dem Alten und Neuen Testament – und verherrlichen hinter dieser biblischen Einkleidung zugleich den Sieg des Papsttums über Konzilien und Kardinäle. »Alle Persönlichkeiten von irgendwelcher Bedeutung, die Rom aufzuweisen hatte, eilten zu den hervorragenden Malern der Kapelle«, schreibt Pastor. »Schöne Jünglinge, charaktervolle Männer, ehrwürdige Greise, anmutige Frauen, alle wünschten in diesem Baudenkmale fortzuleben, wie in Vorausahnung der Weltbedeutung, welche dasselbe erhalten sollte.«

Oben zwischen den Fenstern entsteht eine eindrucksvolle Galerie der Päpste. Sie soll die ungebrochene Kontinuität zwischen Petrus und Sixtus IV. belegen – und damit den vielen Kritikern entgegentreten, die von einer Veruntreuung des Amtes sprechen. »Eine Galerie so glorreicher

DIE HERRSCHAFT DER PAPSTKÖNIGE

Ahnen hatte kein Herrscher der Erde aufzuweisen«, zitiert Ludwig Pastor einen Zeitgenossen. »In diesen Männern hatte ja zuerst der Gedanke der Stellvertretung Christi Gestalt gewonnen.« Die künstlerische Krönung der heiligen Kapelle bleibt viele Jahre später Michelangelo vorbehalten, der sein Genie mit Fresken der Genesis an der Decke und dem *Jüngsten Gericht* an der Stirnwand der Sixtina verewigt. Auftraggeber der Deckenbilder ist Giuliano della Rovere, der als Papst Julius II. das Werk seines Onkels Sixtus IV. vom neuen Caput Mundi, dem römischen Haupt der Welt, vollenden will.

Als Mäzen ist Sixtus IV. berühmt für die »unglaubliche Freiheit«, so Zeitgenossen, die er Künstlern und Wissenschaftlern in Rom gewährt. Er erweckt die römische Akademie zu neuem Leben, die sein Vorgänger Paul II. verboten hatte, weil die Humanisten Bartolomeo Platina und Demetrio de Luca an einer Verschwörung gegen den Papst beteiligt waren. Die Versammlungen auf dem Quirinal werden zum Treffpunkt der intellektuellen Elite, und Sixtus IV. geht auch gegen Kritiker nicht vor, die dem Papsttum ein Sündenregister vorhalten. Platina, den »Rädelsführer der Opposition«, ernennt er zum Präfekten der neuen Vatikanischen Bibliothek und beauftragt ihn, eine Sammlung über die Rechte des Heiligen Stuhls anzulegen und ein gelehrtes Werk über das Leben der Päpste zu verfassen. Den Humanismus betrachtet Sixtus IV. als literarische Bewegung, nicht als Gefahr für die Religion. Seine Toleranz gegenüber der geistigen Opposition entpuppt sich als kluger Schachzug, sie unschädlich für seine Herrschaft zu machen.

Sixtus IV. stirbt am 12. August 1484 im Alter von 70 Jahren. Über sein Pontifikat schreibt Ludwig Pastor: »Auch innerlich ist der schlichte Ordensmann zum glänzenden Fürsten aufgestiegen, hat alles abgestreift, was ihn am hohen Fluge eines Mäzenatenkönigs hemmen konnte. Wenn der Blick seinem rastlosen Vorwärtsschreiten folgt, wie er langsam, aber unverdrossen die Hauptstadt der Christenheit dem Verfall zu entreißen und dem alten Glanz immer näherzubringen sucht, dann werden die düs-

SIXTUS IV. – EIN BETTELMÖNCH AUF DEM PAPSTTHRON

teren Schatten gemildert, die so manche unheilvolle Schwächen auf sein Bild geworfen haben, wenn sie auch für jenen nie verschwinden, der im Papsttum mehr sieht als ein weltliches Fürstentum.«

Das goldene Zeitalter der Papstkönige beginnt

Der neue Papst hat von Anfang an eine Ader für die Machtpolitik und ist ein Mann mit großen Visionen. Rom soll wieder das Haupt der Welt werden, das gekrönte Zentrum seines expandierenden päpstlichen Imperiums. Sixtus IV. lässt Brücken und Straßen, Kirchen und Krankenhäuser bauen. Und er beginnt, den Vatikan mit jener himmlischen Pracht auszustatten, die das Bild des Papsttums bis heute prägt. Er gründet die Vatikanische Bibliothek, ein Hort für die kostbarsten Schätze der Kirchengeschichte. Er holt die größten Künstler nach Rom, um die Sixtinische Kapelle zu erschaffen, in der bis heute das Konklave abgehalten wird. Mit Sixtus IV. beginnt das goldene Zeitalter der Papstkönige, deren Hauptziel aber meist die Größe ihrer Familie ist. Glanz und Elend, Ideale und Intrigen liegen eng beieinander. Als Michelangelo Jahrzehnte später die Sixtina vollendet und das *Jüngste Gericht* in die Kuppel des Heiligtums malt, hält er einer habgierigen und gewaltsamen Epoche den Spiegel vor.

Zu den härtesten Rivalen des Papstes im Kampf um die Macht in Italien zählt Lorenzo de' Medici, der in Florenz wie ein Mafia-Pate regiert. Er ist sensibler Poet und knallharter Geschäftsmann zugleich. Bereits mit 21 Jahren hat er die Amtsgeschäfte von seinem verstorbenen Vater übernommen. Florenz ist die mächtigste Finanzmetropole im Italien der Renaissance. Hier herrscht die Elite eines neuen Geldadels, die sich mit ihrem Vermögen ganze Fürstentümer und Truppen zu deren Verteidigung kauft.

Die Medici sind durch Wahlmanipulation an die Herrschaft gelangt. Über Generationen haben sie sich mit Geld zunächst die Gunst von

DIE HERRSCHAFT DER PAPSTKÖNIGE

führenden Familien, Handwerkern und Ladenbesitzern gekauft. Dann gelingt es ihnen mit einem Trick, die Verfassung der Republik zu unterwandern. Gezielt kontrollieren sie die Wahl der Signoria, ein neunköpfiges Gremium, das in der Politik das Sagen hat. Zwar kommen 3000 Florentiner für die prestigeträchtigen Posten infrage. Aber die Medici sorgen dafür, dass nur Wahlzettel mit den Namen von rund 70 absolut loyalen Anhängern in die Wahlbeutel gefüllt werden. So werden in einer Art Lotterie alle zwei Monate neue Amtsinhaber aus der Machtsphäre der Medici zu Prioren der Stadt bestimmt. Den nötigen Kreis von Vertrauten und Verbündeten muss sich der Clan durch ständige Gunstbeweise erhalten: durch arrangierte Ehen, Diplomatie an den europäischen Höfen, durch die Mitgliedschaft in religiösen Bruderschaften und durch großzügige Kredite. Zeitweise machen die Medici zwei Drittel ihrer Geschäfte mit dem Papst.

Sixtus IV. braucht in diesem politischen Klima ebenfalls verlässliche Weggefährten, die seine Macht stützen – mit diesem Argument macht er den Nepotismus zum Fundament seiner Herrschaft. Sechs Neffen erhebt er zu Kardinälen. Einen weiteren, Girolamo Riario, der bis dahin sein Geld als Gemüsekrämer verdient hat, macht er zum Grafen. Blutsverwandte und Freunde an den Segnungen des Aufstiegs teilhaben zu lassen hat eine lange und durchaus ehrwürdige Tradition. Wer nur sich selbst den Erfolg zuschreibt, macht sich der schweren Sünde des Hochmuts verdächtig. Doch unter Sixtus IV. erreicht die päpstliche »Vetternwirtschaft« eine völlig neue Dimension. »Sixtus wollte seine Angehörigen, die ja von weit unten kamen, unter den Fürsten Italiens sehen«, sagt der Historiker und Renaissance-Experte Professor Volker Reinhardt. »Legitimieren konnte Sixtus diesen schwindelerregenden Aufstieg nur durch die Vorstellung, dass seine Familie durch seine Wahl zum Papst gleichsam mit erhoben wurde.«

Papst Sixtus IV. im Kreis seiner Lieblingsneffen (bei der Ernennung Platinas zum Präfekten der Vatikanischen Bibliothek). Der fromme Franziskaner erhob den Nepotismus zum Herrschaftsprinzip.

TEMPLA DOMVM EXPOSITIS VICOS FORA MOENIA PONTES
VIRGINEAM TRIVII QVOD REPARARIS AQVAM
PRISCA LICET NAVTIS STATVAS DARE COMMODA PORTVS
ET VATICANVM CINGERE SIXTE IVGVM
PLVS TAMEN VRBS DEBET NAM QVAE SQVALORE LATEBAT
CERNITVR IN CELEBRI BIBLIOTHECA LOCO

DIE HERRSCHAFT DER PAPSTKÖNIGE

Seinem Lieblingsneffen Pietro Riario, der wie sein Onkel von Franziskanern erzogen worden ist, verleiht Sixtus IV. bereits wenige Monate nach seinem Amtsantritt den Purpur. Manche Quellen bezeichnen ihn als Sohn des Papstes (filius Sixti papae IV.) – ein Gerücht, das immer wieder aufflammt, für das es aber bis heute keine Beweise gibt. Tatsache ist, dass ein leiblicher Sohn wegen des Zölibatgebots nicht für eine kirchliche Spitzenposition infrage gekommen wäre. Sixtus IV. überhäuft den 25-jährigen Kardinal mit Pfründen und macht ihn zum reichsten Mann in Rom. Riario kleidet sich prächtiger als ein Fürst und schwelgt im Luxus. Er veranstaltet legendäre Bacchanale, bei denen gold- und silberverzierte Speisen zur Schau gestellt werden. Ludwig Pastor schreibt 1925 kritisch über ihn in seiner *Geschichte der Päpste seit dem Ausgang des Mittelalters*: »In ganz schamloser Weise ward aller Sittlichkeit Hohn gesprochen durch diesen Emporkömmling, der seine Geliebte vom Scheitel bis zur Sohle mit echten Perlen übersäte.«

Der Größenwahn des Papstneffen spiegelt sich auch im Prunk, mit dem er ein Fest für Prinzessin Leonora von Aragon zelebriert. 24 Gerichte lässt Riario auftischen, darunter gebratene Wildtiere im Fell und Kraniche mit ihren Federn, ja sogar einen Bären; einen lebensgroßen Herkules aus Zuckerbäckerei, eine Venus auf ihrem von Schwänen gezogenen Triumphwagen und ein Jüngling, der die Gäste mit lateinischen Versen beglückt: »Auf Geheiß unseres Göttervaters stieg ich hernieder und bringe euch die frohe Kunde: Beneidet unseren Himmel nicht um sein Gelage, denn an eurem Tische sitzt Jupiter selbst zu Gast.« Stillschweigend duldet der Bettelmönch auf dem Papstthron die Verschwendungssucht seines Nepoten. »Die Wandlung, die Sixtus durchmacht, ist erstaunlich«, sagt Reinhardt. »Er hat als Franziskaner ein Leben lang die Armut gepredigt. Kaum ist er im Amt, gibt er das Geld mit vollen Händen aus.«

Ein berühmtes Gemälde von Melozzo da Forlì verklärt indessen das umstrittene Herrschaftsprinzip des Papstes. Es zeigt ihn als huldvollen

SIXTUS IV. – EIN BETTELMÖNCH AUF DEM PAPSTTHRON

alten Mann im Kreise seiner Lieblingsneffen. Sixtus IV. zur Seite stehen als Repräsentanten der kirchlichen Macht die Kardinäle Pietro Riario und Giuliano della Rovere, der drei Jahrzehnte später als Kriegerpapst Julius II. die Tiara erlangen wird. Hinter ihnen richten die Vertreter der weltlichen Macht, mit schweren Amtsketten behängt, den Blick in die Ferne: Graf Girolamo Riario und Giovanni della Rovere, Präfekt der Stadt Rom. Als treuer Diener kniet der Humanist Platina, der neue Präfekt der Vatikanischen Bibliothek, vor dem Papst. »Es ist schwer zu beurteilen, was bei Sixtus reine Propaganda und was tiefe Überzeugung war«, sagt Professor Marcello Simonetta, ein intimer Kenner der Epoche. »Er versuchte anfangs, die Fassade eines frommen und demütigen Mannes aufrechtzuerhalten, und er wollte geliebt werden. Aber am Ende ging er als einer der aggressivsten Päpste in die Geschichte ein.«

Die Nepoten des Pontifex sind alles andere als Stützpfeiler seiner Macht. Sie sind jung und unerfahren, arrogant und überaus anspruchsvoll. Sie nutzen seine Gutmütigkeit schamlos aus, und seine Großzügigkeit droht ihm zum Verhängnis zu werden. »Der Nepotismus beeinflusst seine Regierungsentscheidungen immer mehr und wird letztlich zum Selbstzweck«, urteilt Reinhardt. Ein Chronist bezeichnet den zügellosen Pietro Riario als »ersten Kardinal, welcher den ganzen päpstlichen Schatz in seiner Gewalt habe und den Papst nach Belieben lenke«. Sixtus IV. sei bereit, ihm freiwillig den Stuhl Petri zu überlassen. Doch so weit kommt es nicht: Riario stirbt im Alter von 28 Jahren, die einen sagen, an venezianischem Gift, die anderen, an den Folgen seiner Schwelgerei. Nach seinem frühen Tod übernimmt Pietros Bruder Girolamo die Position des gehätschelten Lieblingsneffen – und stürzt den Papst in die größte Krise seiner Herrschaft. Als Sixtus IV. die Stadt Imola für den Grafen erwerben will, beginnt die tödliche Fehde mit den Medici.

DIE HERRSCHAFT DER PAPSTKÖNIGE

Die Beziehung zu den Medici

Anfangs scheint die Beziehung zu Lorenzo de' Medici unter einem guten Stern zu stehen. Kurz nach seinem Amtsantritt empfängt der 57-jährige Papst den 35 Jahre jüngeren Bankier aus Florenz. Dabei geht es nicht um die Vergebung von Sünden und den Segen des Papstes, es geht um Geschäfte, hartes Kalkül und das Abstecken von Positionen. Lorenzo will seine Familie mit kirchlichen Ämtern schmücken und damit seine von vielen Florentinern als illegitim empfundene Herrschaft untermauern. Sein Ziel ist ein roter Hut für seinen Bruder Giuliano. »Sollte es in der Stadt am Arno je zu einer echten Machtprobe kommen, würde nur solch höhere Gewalt die Medici in die Lage versetzen, ihrer verfassungswidrigen Regierung einen Anstrich von Rechtmäßigkeit zu geben«, interpretiert der Historiker Martines Lorenzos Wunsch.

Sixtus IV. hingegen braucht Geld, damit der Kirchenstaat durch den Kauf von Fürstentümern für seine Nepoten expandieren kann. Bei der ersten Begegnung ist es für den charismatischen und hochgebildeten Lorenzo ein Leichtes, die Gunst des Papstes zu gewinnen. Der fromme und gebildete Franziskaner, der vom Regieren wenig versteht, wird beeindruckt von dem wortgewandten Medici gewesen sein, der schon als Kind das Herrschen erlernte. Selbstbewusst und mit erstaunlicher Nonchalance bewegt sich Lorenzo auf dem politischen Parkett, und Sixtus IV. begegnet ihm mit väterlichem Wohlwollen. Er beschenkt den Liebhaber schöner Künste mit zwei antiken Marmorbüsten und eröffnet ihm eine Quelle neuen Reichtums: Der Pontifex überträgt der römischen Filiale der Medici-Bank die päpstlichen Geldgeschäfte.

Aber der Konflikt ist vorgezeichnet. Sixtus IV. hat längst seine Neffen für kirchliche Spitzenämter vorgesehen und macht Pietro Riario überdies zum Erzbischof von Florenz. Ein Affront gegen die Medici: Giuliano bleibt der politisch so bedeutsame Purpur verwehrt. Alles, was in seiner Macht steht, will Lorenzo nun gegen das Herrschaftsprinzip des Nepotis-

SIXTUS IV. – EIN BETTELMÖNCH AUF DEM PAPSTTHRON

mus aufbieten, damit die Neffen des Papstes nicht im Stil von Monarchen regieren können. Selbst um den Preis der Einheit der Kirche: »Für meinesgleichen ist es vorteilhaft, dass die Macht sich verteilt«, so Lorenzo später, »und wenn es ohne Anstoß möglich wäre, würden drei oder vier Päpste besser sein als ein einziger.« Ein offener Kampf entbrennt um die Stadt Imola, die Sixtus IV. dem Sforza-Herrscher in Mailand abkaufen will, damit sein Neffe Graf Girolamo Riario ein eigenes kleines Reich bekommt. Lorenzo der Prächtige aber will die Stadt aus strategischen Gründen für Florenz sichern und verweigert dem Papst im Dezember 1473 den nötigen Kredit in Höhe von 40 000 Dukaten.

Doch was Sixtus IV. nicht von den Medici erhält, gewähren ihm die Pazzi, die größten Rivalen der Medici um die Macht in Florenz. Sie werden die neuen Bankiers des Papstes und verdrängen die Medici aus dieser äußerst lukrativen Position. Schlimmer noch für den Ruf Lorenzos: Sixtus IV. lässt die Bücher der Medici-Filiale in Rom überprüfen und bringt das Bankhaus in den unbegründeten Verdacht dubioser Machenschaften.

Die Pazzi leihen dem Papst das Geld für Imola und lassen es ausgerechnet von Francesco Salviati überbringen. Ihn hat der Pontifex gegen die Interessen der Medici zum neuen Erzbischof von Pisa gemacht – ein Amt, das bis dahin ein Günstling der reichen Bankiersfamilie bekleidete. Salviati ist ein enger Freund des Grafen Riario und hat große Pläne. Der Erzbischof begehrt einen roten Hut und möchte das reiche Bistum Florenz übernehmen. Doch Lorenzo steht ihm im Weg. Niemand vermag heute mehr zu sagen, wer zuerst auf die Idee gekommen ist, die heimlichen Machthaber der Stadt am Arno durch ein Attentat zu beseitigen. Indizien deuten auf Girolamo Riario hin, der seinen Besitz in Imola gefährdet glaubt, solange die Medici in Florenz die Fäden ziehen. Seine einzige Chance, die Stadt zu behalten, sieht er darin, Lorenzo und seinen Bruder auszuschalten. Sixtus IV. ist bereits 60 und ein alter Mann. Auf den nächsten Papst will der Graf nicht setzen, denn der würde wohl kaum für den Neffen seines Vorgängers den offenen Kampf mit Florenz riskieren.

DIE HERRSCHAFT DER PAPSTKÖNIGE

So viel ist sicher: Der Deal des Papstes setzt eine verhängnisvolle Verschwörung in Gang. In den vatikanischen Gemächern des Erzbischofs von Pisa beruft Graf Girolamo Riario jenes konspirative Treffen ein, bei dem es gelingt, Sixtus IV. vom Putsch gegen die Medici zu überzeugen. Auch die Pazzi sollen für den Staatsstreich gewonnen werden. Die Aufgabe, mit ihnen zu sprechen, fällt dem Grafen von Montesecco zu. Marcello Simonetta hat den Fall vor drei Jahren erneut aufgerollt und enthüllt, dass der Papst zu den maßgeblichen Drahtziehern der Verschwörung gehörte.

Ein Zufallsfund führt den renommierten Wissenschaftler, der an der Wesleyan University in Connecticut lehrt, auf die richtige Spur. Bei seinen Recherchen in einem Privatarchiv in Urbino findet er einen codierten Brief, den Federico de Montefeltro, der mächtigste Söldnerführer von ganz Italien, am 14. Februar 1478, zwei Monate vor dem Mordanschlag in der Kathedrale, geschrieben und an seine Botschafter im Vatikan adressiert hat. Simonetta ist sich sicher, dass es sich um eine wichtige Nachricht handelt: »Sonst wäre der Brief nicht codiert worden. Aber ich war auch ein wenig frustriert, weil ich nichts entziffern konnte und die einzige nicht verschlüsselte Stelle nicht gerade auf eine Sensation hindeutete. Federico bedankt sich darin für ein Geschenk, das er vom Papst erhalten hat.«

Federico de Montefeltro ist der erfolgreichste und am besten bezahlte Condottiere seiner Zeit. Er stellt seine Truppen in den Dienst derer, die ihm die größten Gewinne und politische Macht versprechen. Lange hat er den Medici-Clan militärisch unterstützt, jetzt lässt er sich vom Papst bezahlen. Wenn er nach Rom kommt, bezieht er Gemächer im Vatikan, die unmittelbar über denen des Papstes liegen – ein seltenes Privileg.

Kein Mann der Renaissance wurde häufiger porträtiert: Federico de Montefeltro, Kunstmäzen und erfolgreichster Söldnerführer seiner Zeit.

Sein berühmtes Profil mit der markanten Kerbe an der Nasenwurzel hat der Maler Piero della Francesca für die Ewigkeit bewahrt. So oft wie der große Kunstmäzen Montefeltro ist kein Mann seiner Epoche porträtiert worden. »Federico verkörpert das Ideal des Renaissance-Menschen«, sagt Simonetta, »er ist ein

gefürchteter politischer Gegner, aber auch ein bewunderter Humanist, der einen wundervollen Palazzo und eine fantastische Bibliothek besitzt. Gut und Böse, Krieg und Frieden scheinen sich in seiner Person zu vereinigen.« Wie Sixtus IV. macht auch Montefeltro, ein illegitimer Sohn des Grafen von Urbino, eine schwindelerregende Karriere. »Sie kommen beide aus dem Nichts und schaffen es bis an die Spitze«, so Simonetta über die Ursachen für die enge Beziehung zwischen dem Papst und dem Condottiere. Sixtus IV. gelingt es im Jahr 1474, Montefeltro an sich zu binden, indem er das malerische Urbino mit der gewaltigen Festung des siegreichen Feldherrn zum Herzogtum erhebt. Mit einem zeremoniellen Kniefall, bei dem Federico dem Papst die Hände und Füße küsst, schwört er seinem Gönner den Treueeid. Verstärkt wird diese Allianz durch eine Heirat: Federicos Tochter Giovanna wird mit dem päpstlichen Neffen Giovanni della Rovere vermählt. Blut und Politik sind gewinnbringend verknüpft.

Mit kriminalistischem Spürsinn beginnt Simonetta die geheimnisvollen Zeichen zu entziffern. Mit Geheimschriften hat der Historiker Erfahrung. Montefeltros Schreiben an den Papst ist für ihn dennoch eine große Herausforderung, nächtelang jongliert Simonetta mit den Zeichen. Zuerst muss er herausfinden, ob der Brief in italienischer oder lateinischer Sprache verfasst worden ist. Ein Indiz ist das Verhältnis von Vokalen und Konsonanten. Das Italienische hat mehr Vokale. Immer wieder nummeriert und zählt der Forscher die Chiffren. Tatsächlich kommen einige proportional häufiger vor, also ist es kein Latein. Die zweite Schwierigkeit besteht darin, dass die Wörter nicht durch Leerzeichen getrennt sind und somit nicht zu erkennen ist, wo ein Wort anfängt und wo ein Wort aufhört. Symbole stehen für Namen, manche Buchstaben sind doppelt codiert. Monate vergehen, bis Simonetta eine auffällige Wiederholung von Zeichen entdeckt, die vier gleiche Vokale enthält. Endlich gelingt es ihm, das Codewort zu rekonstruieren: LA SUA SANTITA – SEINE HEILIGKEIT! Der Papst ist der Schlüssel. Jetzt

SIXTUS IV. – EIN BETTELMÖNCH AUF DEM PAPSTTHRON

kann Simonetta das rätselhafte Schreiben Wort für Wort decodieren. Doch was ist die Botschaft?

Federico de Montefeltro ist der Mann, mit dem Sixtus IV. den Staatsstreich in Florenz bis ins Detail geplant hat. Sein Name ist es, den die Medici im Geständnis des Grafen von Montesecco schwärzen lassen. Nicht einmal sie wagen es, den Condottiere an den Pranger zu stellen. Denn der Herzog von Urbino ist nicht nur ein großer General, sondern der meistgeachtete Fürst Italiens, ja ein Symbol nationaler Größe. Und er kommandiert so schlagkräftige Truppen, dass niemand ihn zum Feind haben will. In seinem Brief an Sixtus IV. drängt Montefeltro, der für den Putsch sein Heer bereitstellen will, zum schnellen militärischen Handeln. Das Komplott ist seit Langem geplant, und zu viele sind darin verwickelt. Es besteht die Gefahr, dass Informationen zu den Medici gelangen und sich ihr Zorn gegen den Papst wendet.

Auch den Lohn für das riskante Unternehmen handelt Sixtus IV. mit Federico aus. Der Papst garantiert dem Feldherrn den Fürstentitel für nachfolgende Generationen und schenkt ihm als Symbol eine goldene Kette für seinen Sohn. »Die Sprache des Briefes ist äußerst kalt und kalkulierend«, sagt Simonetta. Zum Schluss erinnert Federico den Papst noch an die Schulden, die er zu begleichen hat. »Es war ein Geschäft, und dass dabei Menschen zu Tode kommen würden, war Teil des Deals.«

Als Sixtus IV. von dem gescheiterten Putschversuch hört, schäumt er vor Wut. Der Papst erklärt den Medici den Krieg und verspricht allen, die gegen Florenz zu den Waffen greifen, einen »vollkommenen Ablass der Sünden«. In den Stunden und Tagen nach dem Attentat im Dom gleicht die Stadt am Arno einem Hexenkessel. Lorenzo mobilisiert seine Truppen und ruft zur Vergeltung auf. Seinen Agenten gelingt es, fast alle Verschwörer zu fassen. Nach dem Öffnen der Türen im Palazzo della Signoria werden die Helfer des Erzbischofs von Pisa, die dort in der Falle sitzen, sofort hingerichtet und aus den Fenstern geworfen. Der Mob, der sich auf dem großen Platz versammelt hat, reißt ihnen die Kleider vom

Leib und hackt die Leichen in Stücke. Gliedmaßen werden auf Lanzen gespießt und am Abend wie Trophäen durch die Stadt getragen. »Angesichts der christlichen Doktrin hinsichtlich Seele, Glaubensbekenntnis, Letzter Ölung und einer Bestattung auf geweihtem Boden war die Verstümmelung eines Leichnams ein skandalöser Verstoß gegen die höhere Ordnung«, weiß Lauro Martines. Es sei nicht anders denkbar, als dass das Medici-Regime dieses grausige Spektakel guthieß, weil die Taten der Verschwörer eine Bestrafung über den Tod hinaus verlangten.

Allein am Tag des Anschlags werden knapp 100 Gefangene rachsüchtig abgeschlachtet. Die beiden Geistlichen, die Lorenzo ermorden wollten, werden in einem Kloster entdeckt, verstümmelt und aufgeknüpft. Der geständige Graf von Montesecco wird verhört und noch am gleichen Abend enthauptet.

Selbst der gedungene Mörder Bandini, der den ersten Stich führte, wird von den Häschern der Medici gefasst. Zwar gelingt ihm zunächst die Flucht an den Hof des Sultans von Konstantinopel. Doch die Diplomaten von Florenz erreichen seine Ausweisung, und am 29. Dezember 1479, eineinhalb Jahre nach der Tat, hängt auch er am Fensterkreuz – zu seinem Hohn in wallenden türkischen Gewändern. Mitten unter den Schaulustigen steht Leonardo da Vinci, der am Hof der Medici ein und aus geht, und fertigt seine berühmte Zeichnung des Gehenkten an – vielleicht eine Vorlage für ein lebensgroßes Porträt des Verräters an den mächtigen Mauern des Bargello, des Florentiner Gerichts.

Was Sixtus IV. in höchstem Maße erzürnt: Diese Demütigung bleibt dem Erzbischof von Pisa nicht erspart. Der Künstler Sandro Botticelli, ebenfalls ein Protegé der Medici, erhält den Auftrag, ein Schandbild des Hingerichteten an die Fassade des Regierungspalastes zu malen. Neben dem grausamen Graffiti prangen vermutlich in großen Lettern der Name des Gehenkten und Verse, die ihn verspotten. Einen hohen kirchlichen Würdenträger in zeremonieller Tracht zu hängen ist in den Augen des Papstes ein unerhörtes Sakrileg, eine Beleidigung der Kirche.

SIXTUS IV. – EIN BETTELMÖNCH AUF DEM PAPSTTHRON

Dass Sixtus IV. einige Jahre später ausgerechnet Botticelli nach Rom holt, um die Wandfresken der Sixtinischen Kapelle zu malen, belegt das komplexe Wesen des Papstes. Gleich nach dem Massaker von Florenz aber kann von so viel Toleranz keine Rede sein.

Aufgebracht ist Sixtus IV. auch, weil die Florentiner seinen Neffen Raffaele Sansoni Riario als Faustpfand gegen mögliche Vergeltungsschläge in Geiselhaft behalten. Inwieweit der 17-jährige Kardinal von San Giorgio in die Verschwörung eingeweiht ist, ist umstritten. Er bricht nach dem Mord in der Kathedrale vor dem Hochaltar zusammen und betet inbrünstig, bis er von Geistlichen des Doms aufgefunden wird. Einige Priester, Pagen und Chorknaben aus seinem Gefolge werden von der wütenden Menschenmenge gelyncht, entblößt und brutal entstellt.

Im Juli 1478 dringen päpstliche Truppen unter dem Kommando des Herzogs von Urbino tief auf florentinisches Staatsgebiet vor – begleitet von einem geistlichen Feldzug des Papstes. Sixtus IV. exkommuniziert die Medici und brandmarkt Lorenzo als »ungeheuerlichen Missetäter«. Gläubige Christen sollen den gesellschaftlichen Verkehr mit ihm und seinen Beratern meiden, damit sich deren schändliche Gottlosigkeit nicht ausbreitet. Dem Medici ist die Teilnahme an Gottesdiensten und Sakramenten verboten und allen Geistlichen in Florenz der Vollzug liturgischer Handlungen bei Strafe untersagt. Die Exkommunikationsbulle beschuldigt Lorenzo einer ganzen Liste von Treuebrüchen und Vergehen. Aufgeführt werden darin: sein sturer Widerstand gegen die Ernennung von Salviati zum Erzbischof von Pisa, sein Veto beim Kauf von Imola, die Unterstützung papstfeindlicher Rebellen. Der Kirchenbann soll so lange in Kraft bleiben, bis Kardinal Sansoni Riario auf freien Fuß gesetzt ist und andere Forderungen erfüllt sind.

Doch als der junge Purpurträger nach seiner Freilassung totenblass in Rom auftaucht, steht der Papst nicht zu seinem Versprechen. Die Sanktionen gegen den »Ketzer« Lorenzo und seine »Komplizen« bleiben bestehen, und Sixtus IV. lässt die Banken der Medici in Rom und Neapel

DIE HERRSCHAFT DER PAPSTKÖNIGE

beschlagnahmen. König Ferrante von Neapel hat sich an die Seite des Heiligen Vaters gestellt und droht Florenz mit Krieg und völliger Zerstörung, falls Lorenzo nicht aus der Stadt verbannt wird. Ein Triumph für den Papst. Denn der Medici erklärt in leidenschaftlicher Rede, er sei um des Friedens willen bereit, ins Exil, ja sogar in den Tod zu gehen.

Doch die Florentiner wollen sich nicht beugen. Sie wählen ihren Paten am nächsten Tag in die zehnköpfige Kriegskommission und heuern zwölf bewaffnete Leibwächter für ihn an. Venedig und Mailand protestieren empört gegen seine Exkommunikation, und in Frankreich finden die Medici einen mächtigen Verbündeten: Ludwig XI. prangert den Pontifex maximus öffentlich an und beantragt ein Konzil, um seine Autorität zu unterwandern.

Lorenzo de' Medici antwortet mit einem einzigartigen Propaganda-Feldzug gegen Sixtus IV. Die gerade erst erfundene Druckerpresse macht es möglich, die Schmähschriften in ganz Europa zu verbreiten. Darin wird Sixtus IV. als »Statthalter des Teufels« diffamiert, als Zuhälter, der seine eigene Mutter, die Kirche, prostituiert, ihre Rituale und Ämter verkauft, um »Schweine mit goldenen Trüffeln« zu füttern. Die schärfste Anklage stammt aus der Feder von Gentile Becchi, dem Bischof von Arezzo und ehemaligen Lehrer Lorenzos. Seine *Florentina Synodus* deklariert er als Protokoll einer Zusammenkunft hochrangiger Kleriker im Dom von Florenz. Doch niemand weiß, ob diese Synode jemals stattgefunden hat. Das Schriftstück verhöhnt Sixtus IV. mit scharfzüngigen und sarkastischen Worten: Kein größerer Mörder auf Erden als einer, der gleichzeitig Papst und Theologe ist! Wie kann ein Simonist und Ketzer die Stimme des Heiligen Geistes verkörpern? Nun will dieser Mann seine gottlose Niedertracht mit Exkrementen abwaschen und mit Worten erreichen, was ihm mit dem Schwerte nicht gelang. Die (fiktive) Synode verurteilt Sixtus IV. zur Hölle und ruft den Herrn an, die Christenheit von dem falschen Hirten zu erlösen.

Leonardo da Vinci fertigte diese Skizze vom Mörder Bandini an, der am Attentat auf die Medici im Dom von Florenz beteiligt war.

DIE HERRSCHAFT DER PAPSTKÖNIGE

Der Krieg mit Worten und Waffen bringt Elend und Verwüstung nach Mittelitalien und zieht sich zwei Jahre hin. In Florenz bricht die Pest aus. Ernten werden von den Soldaten durch Brandstiftung vernichtet. Die Stadt verliert zwei große Festungen, und Lorenzo wird von einem hartnäckigen Fieber heimgesucht. Unerschütterlich halten Sixtus IV. und sein Neffe Girolamo Riario daran fest, dass der Medici nach Rom reisen und Vergebung erbitten müsse. In aussichtsloser Lage wagt Lorenzo einen kühnen diplomatischen Schachzug. Er reist nach Neapel, um König Ferrante für sich zu gewinnen und den Frieden zu erwirken. Zwei neapolitanische Galeeren holen den Medici und sein Gefolge ab. An Bord hat der couragierte und reiche Florentiner einen Berg von Geschenken für Ferrante und seinen Hof. Die Nachricht von Lorenzos groß inszeniertem Auftritt in Neapel überrascht ganz Italien und ruft politische Spekulationen hervor. Es hat den Anschein, als agierten der König und der Medici hinter dem Rücken aller – in einer Zeit ständig wechselnder Bündnisse scheint alles möglich. Zweieinhalb Monate hält der König Lorenzo fest – und erliegt seinem Intellekt und seinem Charisma. Ferrante will Sixtus IV. davon abbringen, den »gran maestro« zur Abbitte nach Rom kommen zu lassen.

Aus Hochachtung vor dem Medici, aus Angst vor Frankreich oder weil er die Lust am Krieg verloren hat – niemand weiß, was den als scharfsinnig und hinterhältig bekannten Regenten dazu bringt, mit dem Papst zu verhandeln. Doch am selben Tag, als Lorenzo nach einer stürmischen Seereise in Pisa wieder von Bord geht, wird in Neapel der Frieden unterzeichnet. Zwar verlangt der Papst weiterhin persönliche Abbitte von Lorenzo. Doch am Ende verlässt er seine harte Linie. Sixtus IV. gibt sich mit dem Empfang von zwölf vornehmen Bürgern aus Florenz zufrieden, die sich vor ihm auf den Boden werfen und um Vergebung für all die Irrungen und Vergehen ihres Landes bitten. Jeden von ihnen berührt der Papst mit seinem Stab, spricht sie und alle Florentiner von sämtlichen Sünden frei und nimmt sie wieder in die Kirche auf. Als die Nachricht von der Aufhebung

SIXTUS IV. – EIN BETTELMÖNCH AUF DEM PAPSTTHRON

der Sanktionen zwei Tage später in Florenz eintrifft, feiert das Volk mit großen Freudenfeuern und Glockengeläut.

Patt zwischen Papst und Medici

Der Krieg zwischen dem Papst und den Medici endet faktisch ergebnislos. Doch Sixtus IV. gibt nicht auf. Im Gegenteil, jetzt plant er den ganz großen Coup: Er will das Königreich Neapel für den Grafen Girolamo Riario gewinnen, den einstigen Gemüsehändler, der selbstsüchtig die verhängnisvolle Verschwörung gegen die Medici in Gang gesetzt hat. Als »unerträglichen Stachel« tituliert Ludwig Pastor den Emporkömmling: »Die verhängnisvolle Liebe, die der Papst zu ihm hegte, schuf seinen Umtrieben den weitesten Spielraum und ließ den schwachen Geist vergessen, was ihm seine sonst so gute Naturanlage eingab.«

Massiver Widerstand gegen die Machenschaften regt sich indessen bei Kardinal Giuliano della Rovere, der Jahre später als Julius II. den Papstthron besteigen und den Nepotismus eindämmen wird. Er beschuldigt den Grafen, die »Kirche Gottes in Brand zu stecken«, er sei »die Ursache des schlimmen Betragens, das den Papst ins Verderben stürzen« werde.

Für die Interessen des Lieblingsneffen Girolamo scheint alles erlaubt. Um Venedig gegen Neapel zu mobilisieren, verspricht Sixtus IV. der Republik das der Kirche unterstellte Ferrara. Dass in dem Herzogtum die Este regieren, stört ihn nicht. Erneut stürzt der Papst das Land in Krieg. Bedrohlich wird es auch für Federico da Montefeltro, den Herzog von Urbino. Er ist dem Papst wie dem König von Neapel gleichermaßen zu Loyalität verpflichtet. Vor die Wahl gestellt, entscheidet er sich für Neapel. Seine neuen Expansionspläne zugunsten seines Neffen kann der Papst nicht verwirklichen. Er ist gezwungen zu verhandeln und gewinnt am Ende nichts.

DIE HERRSCHAFT DER PAPSTKÖNIGE

In all den Jahren, in denen Sixtus IV. in Kriege und politische Intrigen verwickelt ist, baut er in Rom weiter an seinem Caput Mundi. Am Jahrestag seiner Wahl, am 9. August 1483, feiert er in der Sixtinischen Kapelle den ersten Gottesdienst. Dazu Pastor: »Der äußerlich ernste und schlichte, die größten Herrlichkeiten der Renaissance bergende Bau, der zugleich gottesdienstlichen Handlungen wie der Verteidigung des Vatikans diente, ist ein echtes Bildnis der merkwürdigen Zeit, in welcher im waffenklirrenden Italien die bildenden Künste in wunderbarer Blüte gediehen und die Päpste nur zu oft statt Chormantel und Tiara Panzer und Kriegshelm trugen.«

Sixtus IV. stirbt im Jahr 1484 an Fieber und Schwäche, nur wenige Tage nachdem die Waffen in Italien endlich wieder schweigen. Zeitgenössische Kommentatoren spekulieren, dass sein Herz am Frieden zerbrochen ist. »Er hat die Machtverhältnisse in Italien durcheinandergewirbelt wie kein Papst vor ihm: im Namen der Nepoten, seiner Familie«, urteilt Volker Reinhardt. »Er hat Kardinäle ernannt, die jung, ehrgeizig und politisch umtriebig sind – und damit ein Zeichen gesetzt, was einem Papst von nun an erlaubt ist.«

Sein imposantes Grabmal aus Bronze, das den Toten im Papstgewand zeigt, wird bei Pastor treffend beschrieben: »Eine untersetzte, fast kleine Figur, ja nur noch eine Handvoll Knochen mit dürren Sehnen, mit schlaffer, lederner Haut überzogen, aber fast noch mit heißblütig pulsierenden Adern und einer langen Inschrift aus tiefen Furchen und zackigen Linien in dem verwitterten Angesicht.«

Alexander Borgia – der Heilige Vater

14 Jahre nach dem päpstlichen Mordkomplott findet in Rom das skandalöseste Konklave der Papstgeschichte statt. Auf den Straßen herrschen Anarchie und Mord. Wetten werden abgeschlossen. Der Favorit ist Kardinal Giuliano della Rovere, der Neffe von Sixtus IV. und spätere Kriegerpapst. Doch diesmal macht nicht er das Rennen: Mit einer beispiellosen Manipulation gewinnt der Spanier Rodrigo Borgia die Mehrheit der Purpurträger für sich. Wagenladungen voller Gold und Geschmeide lässt er in die Kardinalspaläste schleppen, so die Legende. Sicher ist, dass er seinen Wählern das Blaue vom Himmel verspricht. Während die wenigen nicht käuflichen Kardinäle erschöpft in ihren engen Zellen schlafen, wird ein Deal nach dem anderen abgeschlossen: Der eine erhält Rodrigos Palast, ein anderer seine reichsten Abteien, es regnet Bistümer und Ämter. Niemand, der seine Stimme verspricht, soll leer ausgehen. Rodrigo Borgia weiß, dass es das neue Amt hundert-, ja tausendfach wieder einbringen wird.

Bestechung im Konklave ist in der Renaissance eine etablierte Methode, um an die Macht zu gelangen: »Jeder neu erhobene Pontifex maximus hatte sämtliche geistlichen Einkommensquellen abzutreten, um mit leeren Händen den Thron Petri zu besteigen«, erklärt Professor Volker Reinhardt in seinem Buch über Alexander Borgia. »Dieser Akt des rituellen Verzichts aber ließ sich ausgezeichnet in Wahlgeschenke ummünzen: Gibst du mir deine Stimme, erhältst du meine Pfründe.« Jetzt sind wir in den Klauen eines Wolfes, soll der erst 16-jährige Kardinal Giovanni de' Medici über Rodrigo und seine Machenschaften gesagt haben. Für den Sohn Lorenzos, der als erster Medici einen roten Hut trägt, ist es das erste Konklave, das er miterlebt. Nach anfänglichem Zögern gibt auch er dem berüchtigten Spanier resigniert seine Stimme. Am 11. August 1492 erringt Rodrigo Borgia die Papstkrone und nennt sich Alexander – nach dem großen Feldherrn der Antike.

Der Papst als Familienoberhaupt

Der neue Herrscher auf dem Papstthron hat einen Plan, der viel größer ist als alles, was ihm Gegner und Skeptiker zutrauen. Er will sich und seiner Familie im Namen der Kirche die unangefochtene Herrschaft in Italien sichern und ein Imperium aufbauen, das noch den Nepotismus seiner Vorgänger in den Schatten stellt. Dafür hat Alexander VI. vorgesorgt: Sieben Kinder hat der Papst, die er vor aller Augen stolz präsentiert. »Nach zehn Jahren Della-Rovere-Pontifikat bestand kein Grund für Hemmungen mehr«, urteilt Reinhardt. »Der Zeitgeist hat sich gründlich gewandelt; so viele jüngere Kardinäle haben eine feste Mätresse und Kinder. Ob diese vor oder nach dem Eintritt in den geistlichen Stand gezeugt wurden, solche kleinen, aber feinen Unterschiede verschwimmen jetzt im Klima des Laisser-faire.« Doch Alexander VI. geht in den Augen vieler Zeitgenossen zu weit, indem er seine Vaterschaften notariell beglaubigen lässt. Noch immer gilt das ungeschriebene Gesetz: Wenn schon sündigen, dann bitte diskret und ohne Aufsehen.

Steckbrief: Alexander VI.

Rodrigo Borgia ist 61 Jahre alt, als er am 11. August 1492 zum Papst gekrönt wird. Seinen Erfolg betrachtet er als gottgewollt, und der feste Glaube, das Schicksal habe ihn und seine Familie zu höchsten Würden bestimmt, scheint in seinem Erbgut verankert zu sein. Er stammt aus bescheidenem spanischen Adel. Doch die Geschichte der Borgia ist eng

ALEXANDER BORGIA – DER HEILIGE VATER

mit Legenden verwoben, die den Ursprung des Clans im Herrscherhaus von Aragón suchen. Der junge Rodrigo ist von seinen königlichen Wurzeln überzeugt, und präzise Prophezeiungen sagen ihm einen schwindelerregenden Aufstieg voraus. Die Zeichen dynastischer Erwähltheit verdichten sich, als sein Onkel Alonso de Borgia zum Kardinal ernannt und im Jahr 1455 als Calixtus III. zum Stellvertreter Christi gewählt wird. Sein Neffe Rodrigo, in frühen Jahren zum Kleriker bestimmt, steht ganz oben in seiner Gunst und wird im Alter von 25 Jahren mit einem roten Hut und kirchlichen Spitzenpositionen belohnt.

Reich mit Pfründen beschenkt, investiert der junge Kirchenfürst in die prestigeträchtige Selbstdarstellung. Der Palazzo Borgia in Rom wird zum Sinnbild seiner Person und Position – unverkennbar eine »gemauerte Anwartschaft auf den Thron Petri«, so der Historiker Professor Volker Reinhardt. »Ein Goldenes Haus«, soll Papst Pius II. erstaunt ausgerufen haben – in Anlehnung an das erste dieses Namens, das Kaiser Nero erbauen ließ. Die schwelgerischen Interieurs der Prunkgemächer verschlagen selbst gekrönten Häuptern den Atem: edle Gobelins mit Historienszenen, kunstvoll geschnitztes Mobiliar, Geschirr aus Gold und Silber. Geistliche kritisieren indessen das Übermaß an Pracht und Luxus, mit dem Rodrigo Borgia sich selbst verherrlicht: Statt tiefer Gläubigkeit atmet der Palazzo puren Hedonismus. Himmelbetten, mit Samt aus Alexandria bezogen, ein mit rotem Satin ausgeschlagenes Prunkbett – die erotische Abenteuerlust des Kardinals ist ja kein Geheimnis und liefert den Stoff für Skandale, die später zu schwarzen Mythen gedeihen.

Im Jahr 1460 wird der Lebenswandel des sinnenfrohen Purpurträgers von Papst Pius II. in strengem Latein getadelt: Bei einem Gartenfest habe sich der heißblütige Spanier als Galan zum Narren gemacht, seiner Angebeteten Blumen und Früchte überreicht und verliebtes Schmachten an den Tag gelegt. Durch dieses Verhalten in aller Öffentlichkeit habe Rodrigo das Ansehen der Kirche schwer beschädigt. Aber Pius II. ist selbst kein Unschuldsengel. Er hat vor seinem Eintritt in den geistlichen Stand erotische Novellen verfasst, illegitimen Nachwuchs gezeugt und gegen die erzwungene Ehelosigkeit protestiert. Jetzt aber zeichnet sich ein Gesinnungswandel ab, der einen Normenkonflikt in der Kirche widerspiegelt. Was soll erlaubt sein, was verboten?

Lange verhüllte ein Schleier des Schweigens die Tabubrüche der Kleriker, und fast immer passierten sie hinter verschlossenen Türen. Alexander VI. ist der erste (und einzige) Papst, der aus seinen zahllosen Liebschaften und seinem eheähnlichen Zusammenleben mit Vannozza de' Cattanei keinen Hehl macht. Im Gegenteil: Er gründet eine Familie und betreibt eine konsequente Dynastieplanung, damit der Name Borgia über seinen Tod hinaus in den höchsten Rängen der europäischen Aristokratie verwurzelt bleibt.

Entgegen allen Gerüchten setzt Alexander VI. alles daran, um sein Leben zu verlängern: Er hält sich nicht nur beim Essen und Trinken, sondern auch in puncto Frauen zurück. Mäßig, aber regelmäßig, lautet seine Devise. Zügellos ist der Borgia-Papst dagegen in seiner Gier nach Macht und einem eigenen Imperium. Um dieses Ziel zu erreichen, etabliert er eine Gewaltherrschaft, die in der Geschichte des Papsttums einmalig ist. Dabei erweist sich der Realo auf dem Papstthron als Meister der Manipulation, der Lüge und der Propaganda. Zeitgenossen beschreiben ihn als intelligent und listenreich, als Mann, der nur in seiner Unberechenbarkeit kalkulierbar ist. Er führt Kriege und lässt morden, bis die Menschen am Ende glauben, dass er einen Bund mit dem Teufel geschlossen habe. Auf diese Weise erobert er zusammen mit seinem Sohn Cesare die Romagna im Norden des Kirchenstaats, die künftig der Familie Borgia als Fürstentum gehören soll.

Zu diesem Zweck hat der Papst sich mit König Ludwig XII. von Frankreich verbündet. Dieser durfte sich von seiner Gattin scheiden lassen und neu verheiraten, was ihm die Provinz Bretagne sicherte; Cesare dagegen erhielt unter anderem ein Herzogtum und Truppen für seine Kriegszüge. Am Ende aber planen die Borgia, selbst diesen mächtigen Verbündeten zu verraten – und auf die spanische Seite überzuwechseln, von der sie noch mehr Gewinne erwarten.

Doch dieses Manöver durchkreuzt der Tod. Als Alexander VI. am 18. August 1503 stirbt, sind seine Kassen prall gefüllt, aber seine Familie hat Feinde in ganz Italien, die Revanche fordern. Das Borgia-Imperium wird zerschlagen, und Alexander VI. bleibt für alle Zeit als Schreckensbild in der kollektiven Erinnerung zurück. In vieler Hinsicht hat er den Bogen überspannt. Ein Papst, der einen Kardinal vergiften lässt, um sich dessen Reichtümer anzueignen; ein Papst, der seine leibliche Tochter dreimal verheiratet, um damit die Macht der Familie zu vergrößern; ein Papst, der Kardinalate meistbietend verkauft: Das alles verletzt nicht nur Normen, sondern auch tiefe religiöse Gefühle der gesamten Christenheit.

Auf diese Weise ist Alexander VI. zum Gegenbild, ja zum Feindbild des Papsttums selbst geworden. Mit anderen Worten: Alle nachfolgenden Päpste waren bestrebt, sich von diesem Pontifikat so weit wie möglich abzuheben, und zwar bis heute. Und mit Erfolg.

Was bei Sixtus IV. Gerücht bleibt, ist bei Alexander VI. für jeden sichtbare Realität – seine leiblichen Nachkommen sollen die Macht in Kirche und Kirchenstaat mit ihm teilen. Vier seiner Kinder stammen von seiner Mätresse Vannozza de' Cattanei: Giovanni verschafft er ein spanisches Herzogtum. Jofré, den Jüngsten, vermählt er mit einer aragonesischen Prinzessin. Die Machtpfeiler seines Imperiums aber sind seine schöne Tochter Lucrezia und der intelligente wie skrupellose Cesare, sein Ein und Alles.

Noch im Amt als Kardinal hat der Heilige Vater die Weichen gestellt, damit der Karriere seiner Sprösslinge auch kirchenjuristisch nichts im Wege steht. Deshalb trifft er im Jahr 1480, bereits zwölf Jahre vor seinem Pontifikat, Papst Sixtus IV., seinen Gönner. Rodrigo macht keinen Hehl daraus, mit seiner Geliebten Kinder zu haben. Zwar ist der Weg in hohe Kirchenämter für unehelich Geborene verschlossen, doch dem

DIE HERRSCHAFT DER PAPSTKÖNIGE

Borgia schwebt ein Kardinalshut für Cesare vor. Der ist zwar erst fünf Jahre alt, aber sein Aufstieg soll manifestiert werden. Und Papst Sixtus IV. findet Mittel und Wege, den Wunsch des stolzen Vaters zu erfüllen: Der Pontifex erlässt eine Bulle, die auch Bastarden erlaubt, das Purpurgewand zu tragen. Der erste Schritt ist getan: Wenn Rodrigo selbst eines Tages die Tiara trägt, soll seine Familie ihm den Erhalt der päpstlichen Macht garantieren.

Mit jedem seiner Kinder hat Alexander VI. große Pläne. Cesare wird Kardinal. Und Lucrezia muss heiraten, wen der Vater mit dynastischer Taktik auserwählt. Nach ihrer Zustimmung fragt der Heilige Vater nicht. Alexander VI. begreift sein Papsttum als Willen Gottes. Die »Familie« ist das Instrument, das der Allmächtige ihm an die Seite stellt, um über die Christenheit zu regieren. »Wir sind die Kirche«, das ist seine feste Überzeugung. Ein Anspruch, der allerdings schon seine Zeitgenossen ratlos macht und den er ideologisch legitimieren muss. Auch Alexander VI. ist gezwungen, im zersplitterten Italien eine kühl kalkulierende Machtpolitik zu betreiben. Zu viele Potentaten haben ein Auge auf den Kirchenstaat geworfen und warten nur darauf, jedes Machtvakuum ohne Rücksicht auf Glaubensinteressen zu füllen. Deshalb braucht auch er absolut loyale Verbündete in einem oft feindlich gesinnten kurialen Apparat. Reinhardt hingegen hält das Argument, dass sich dafür Nepoten am besten eignen, für »geschickt konstruierte Propaganda«. Denn gerade mit heiklen diplomatischen Missionen beauftragen die Päpste meist hochkompetente Karriereprälaten, mit denen sie weder verwandt noch verschwägert sind und die keine lästigen Ansprüche stellen.

ALEXANDER BORGIA – DER HEILIGE VATER

Der Pontifex liebt die Frauen und den Luxus

Der Aufbau des päpstlichen Imperiums beginnt mit kühl kalkulierter Heiratspolitik. Lucrezia ist 13 Jahre alt, als Alexander VI. sie mit Giovanni Sforza vermählt – ein machtpolitisches Arrangement, das den Bund des Papstes mit dem Mailänder Herrscherhaus besiegelt. Wie kein anderes Ereignis spiegelt die Hochzeit die Rituale wider, mit denen sich Alexander VI. am liebsten inszeniert. Wie einst Jesus im Kreis seiner Jünger stehen ihm zwölf Kardinäle zur Seite. Der Papst höchstpersönlich spendet dem Brautpaar den Segen. Das nachfolgende Hochzeitsbankett aber hat nichts von einem frommen Abendmahl, und die zeremonielle Heiligkeit weicht bald der ausschweifenden Sinnenfreude. Der Abend vergeht mit Tänzen und Komödien, erlesenen Speisen und edlem Wein – und den schönsten Frauen der Stadt. »Seine Anziehungskraft auf Frauen gleiche der eines Magneten auf Eisenspäne«, so ein römischer Gelehrter über Alexander VI. Der Pontifex liebt Frauen, besonders, wenn sie blond sind. Ganz Rom weiß, dass er eine leidenschaftliche Affäre mit der 44 Jahre jüngeren Giulia Farnese hat. Auf dem Hochzeitsfest seiner Tochter amüsiert sich der Papst erstmals offen und ungeniert mit »La Bella«, wie man sie nennt. Bis in den Morgen dauert die Feier, und am nächsten Tag erzählen sich die Römer von unglaublichen Ausschweifungen. 150 Frauen aus der höchsten Gesellschaft habe man zur allgemeinen Belustigung aus 150 Silberpokalen, dem Hochzeitsgeschenk Alexanders VI., Wein ins Dekolleté gegossen – während die braven Ehemänner vor der Tür warten mussten.

Von Anfang an ist die Herrschaft der Borgia umrankt von Legenden und Skandalen. Ihr Lebensstil ist Top-Thema von Klatsch und Tratsch – nicht nur in Rom. In ganz Europa sprechen sich die Schandtaten des Papstes wie ein Lauffeuer herum. Der Vatikan scheint einem Tollhaus zu gleichen. Von wilden Orgien in den päpstlichen Gemächern ist die Rede, von Luxus, der den Römern die Sprache verschlägt. Hinzu kommt, dass es unter der Gewaltherrschaft der Borgia zu einer Serie rätselhafter Todesfälle kommt. Alexander VI. und sein Sohn Cesare geraten in den Verdacht, ihre politischen Gegner kaltblütig vernichten zu lassen. Das erregt Wut und Angst, die Mythen gedeihen lassen. Diesem Papst und seiner Brut glaubt man nichts und traut ihnen dafür alles zu. Doch was ist wahr und was erfunden?

»Selbst mit den Zeitzeugen ist angesichts der Vorkommnisse im Vatikan die Fantasie durchgegangen. Alexander hatte sehr viele Feinde, die ihm Böses unterstellten. Und eigentlich müsste man jede Geschichte erst einmal einem Lügendetektor-Test unterziehen.« Für seine Biografie über den »unheimlichen Papst« hat Reinhardt mit detektivischem Spürsinn in Archiven in ganz Italien recherchiert und viele Dokumente aus der Zeit Alexanders VI. als Fälschungen enttarnt. »Nicht einmal Schriftstücke, die der Pontifex mit seinem Namen und Siegel unterzeichnet hat, sind über den Verdacht erhaben, gefälscht zu sein«, weiß Reinhardt. Auch Lebensabrisse dienen von Anfang an dazu, den Papst und damit die Kirche entweder zu verteufeln oder freizusprechen. »Ein Pontifex Maximus, der ein ausschweifendes Sexualleben führt und in Bullen nachweislich lügt – das sind Argumente, von denen Gegner der Kirche glauben, dass sie sich gegen die beanspruchte Unfehlbarkeit des Papsttums in Lehrentscheidungen zu Glauben und Moral ins Feld führen lassen«, so Reinhardt. Andererseits werde bis heute immer wieder der Versuch gemacht, Alexander VI. zu rehabilitieren und seine Verfehlungen als reine Erfindungen abzutun. »Eine solche Reinwaschung wäre nur durch vielfältige Vertuschungs- und Verfälschungsmanöver zu bewerkstelligen.« Dem renommierten Historiker Reinhardt geht es nicht darum, ein Werturteil über Alexander VI. zu fällen. Er möchte die »harte« historische Wahrheit ans Tageslicht bringen und den Blick dafür schärfen, warum es zu Grenzüberschreitungen kommen konnte, die selbst Zeitgenossen fassungslos machten.

Die pikantesten Details über das Leben Alexanders VI. überliefert der päpstliche Zeremonienmeister Johannes Burckard in seinem »Notizbuch«. In dem handgeschriebenen *Liber notarum* gibt es rätselhafte Stellen. Offenbar sind einige Passagen von fremder Hand nachgetragen, und Burckard selbst hat realen Ereignissen wie hinter vorgehaltener Hand zirkulierenden Skandalgeschichten noch einige Einzelheiten hinzugedichtet – zum Beispiel über zügellose Exzesse im Vatikan.

Als »Sprengstoff in neun Zeilen« bezeichnet Reinhardt den berühmten Bericht des päpstlichen Protokollchefs über den sogenannten Kastanienball: »Am Abend speisten zusammen mit dem Herzog von Valence, und zwar in dessen Räumen im Vatikanischen Palast, 50 ehrenhafte Prostituierte, Kurtisanen genannt. Diese tanzten nach dem Bankett mit den Dienern und mit anderen, die zugegen waren, zuerst in ihren Kleidern, dann nackt. Und nach dem Essen wurden die gewöhnlichen Tischleuchter mit brennenden Kerzen auf den Boden gestellt; vor die Leuchter wurden dann Kastanien geworfen, welche die Kurtisanen auf allen vieren umherkriechend auflasen. Dabei sahen ihnen der Papst, der Herzog und seine Schwester Lucrezia zu. Darauf wurden Ehrenpreise ausgelobt – und zwar Seidenstoffe, Stiefel und Mützen und anderes – für diejenigen, die am häufigsten mit den Kurtisanen fleischlich zu verkehren vermochten. Und so geschah es auch, und zwar öffentlich, worauf dem Urteil der Anwesenden gemäß die Geschenke an die verteilt wurden, die diesen Verkehr am häufigsten vollzogen hatten.«

Die Skandal-Szene in Burckards Notizen folgt einer umständlichen Schilderung kirchlicher Zeremonien, eine abrupte Gegenüberstellung, die auf Zeitgenossen wie ein Schock gewirkt haben muss. »Durch die lakonische Knappheit wird suggeriert, dass diese unerhörte Begebenheit zum Alltag gehört, als eine regelmäßige Verrichtung, ja als eine Art Borgia-Liturgie«, urteilt Reinhardt. Indizien sprechen dafür, dass die Story vom Kastanienball das Gespinst einer überbordenden Fantasie ist. »Und doch sind in diesem schillernd ausgemalten Tableau Virtualität und Realität psychologisch intelligent miteinander vermischt«, analysiert der

Historiker. Alexander VI. zeigt in seinem engsten Zirkel seine unverhohlene Neugier, schönen jungen Frauen beim Kämmen zuzusehen. Der gesteigerte Voyeurismus der Kurtisanenszene sei nur der nächste Schritt, den man dem Borgia zutraue.

Johannes Burckard, der für die Inszenierung großer Empfänge und Prozessionen, Hochzeiten und Beerdigungen verantwortlich ist, hat den Drang zu wissen, was geschieht, wenn sich die Türen der päpstlichen Gemächer vor ihm verschließen – und hat dabei ein Faible für Sex and Crime. Seine Informanten sind Kardinäle und Botschafter, die an den Feierlichkeiten teilnehmen und denen er als Gegenleistung bei nächster Gelegenheit einen prominenten Platz reserviert. »Fazit: Immer dann, wenn Burckard Nachrichten aus dritter Hand nachschreibt, ist Vorsicht geboten«, sagt Reinhardt. »Doch auch Gerüchte haben ihren Aussagewert. Sie spiegeln getreulich wider, welche unerhörten Ausschweifungen man sich am Tiber mit wollüstigem Kitzel ausmalt.«

Am Ende unterstellt man dem Heiligen Vater sogar, er habe Blutschande mit seiner Tochter Lucrezia getrieben – eine Legende, die nicht mehr aus der Welt zu schaffen ist und für deren Entstehung der Borgia-Experte eine plausible Erklärung hat. Die Inzest-Geschichte verbreitet sich unmittelbar nach der Scheidung von Lucrezias erster Ehe mit Giovanni Sforza.

Weil sich die Machtverhältnisse geändert haben und der Mailänder Fürst nicht mehr die richtige Partie für seine kinderlos gebliebene Tochter ist, will Alexander den Weg für den nächsten Heiratskandidaten bahnen. Er lässt Giovanni öffentlich für impotent erklären und behauptet, die Ehe mit Lucrezia sei nie vollzogen worden. Das verlangt nach einer Gegenoffensive, um die verletzte Ehre wieder aufzupolieren. Lucrezias Ex-Ehemann rächt sich am Papst mit der ungeheuerlichen Anschuldigung, Alexander VI. habe die Ehe aufgelöst, weil er selbst nicht die Finger von seiner schönen Tochter lassen könne.

ALEXANDER BORGIA – DER HEILIGE VATER

Der Krieg mit Frankreich

Politisch beginnt die Herrschaft dieses Papstes mit Krieg: Karl VIII., König von Frankreich, marschiert nach Italien ein, um das neapolitanische Erbe der Anjou zurückzuerobern. Alexander VI. sieht der Invasion mit Schrecken entgegen. Denn am französischen Hof sitzen seine schlimmsten Feinde, und deren Einflüsterungen sind nicht ohne Wirkung auf den Monarchen geblieben. Karl VIII. droht Alexander VI. mit Konzil und Absetzung. Neapel ist der mächtigste Bündnispartner des Papstes, doch Alexander VI. laviert aus Angst vor den Franzosen zwischen allen Parteien. Ungehindert wälzt sich die gewaltige Armee durch das Land. Am 1. Januar 1494 zieht der Franzose in die Ewige Stadt ein. Zunächst sieht es so aus, als hätte der Papst völlig die Kontrolle verloren. Alexander VI. muss in die Engelsburg flüchten. Denn bereits acht Kardinäle sind zu Karl VIII. übergelaufen und fordern die Absetzung des korrupten Kirchenfürsten. Alexanders VI. Geliebte, Giulia Farnese, ist samt Gefolge in die Hände der Franzosen gefallen, und die Tage des Stellvertreters Christi scheinen gezählt. Im Gefühl des sicheren Triumphs schicken die Franzosen die Frauen gegen 3000 Golddukaten zum Papst zurück. Sie schließen den Belagerungsring um Rom. Doch was dann geschieht, kann die Welt nicht fassen.

Der Papst empfängt den feindlichen König aus Frankreich und gestattet ihm die Kontrolle über die Tore von Rom. Er verspricht ihm sogar freies Geleit: Sein Sohn Cesare werde als Geisel mit ihm nach Neapel reiten. »Da bliebe noch eines, Euer Heiligkeit, in aller Bescheidenheit«, sagt Karl VIII. »Um künftigen Missverständnissen vorzubeugen, empfehlen wir Euer Heiligkeit, die Bischöfe von Saint-Mal und Le Mans zu Kardinälen zu ernennen.« Der Heilige Vater willigt ein und verleiht den beiden Kandidaten des Königs als Zugabe den roten Hut.

Dazu Reinhardt: »Karl VIII. hatte eine Zeit lang erwogen, Alexander absetzen und ihm den Prozess machen zu lassen. Doch am Ende siegen politische Erwägungen über diese Absichten. Was hatte man davon, einen neuen, eventuell moralisch einwandfreien Papst wählen zu lassen? Ein Papst mit schmutzigen Händen wie Alexander war erpressbar – diese Überlegung war entscheidend. Doch am Ende gelingt es dem mit allen Wassern gewaschenen Papst, den Spieß umzudrehen. Das zeigt sich schon beim Abschied: Als treuer Sohn der Kirche muss der König dem Stellvertreter Christi im wahrsten Sinne des Wortes Steigbügeldienste leisten und ihm in den Sattel helfen.«

Kardinal Cesare Borgia zieht tatsächlich als Edelgeisel mit Karls Armee. Doch kaum bietet sich die Gelegenheit, da greift er sich ein Pferd, entflieht im Sturmritt zurück nach Rom. Die Flucht Cesares scheint von langer Hand vorbereitet. 30 000 französische Soldaten können ihn nicht finden. Und im Rücken der königlichen Streitmacht schmiedet Alexander VI. im Bund mit dem Kaiser des Heiligen Römischen Reiches eine Heilige Liga gegen die Eindringlinge aus dem Norden. Es ist ihm gelungen, den König zu überlisten. Fast hätte das machtpolitische Duell mit dem König von Frankreich den Papst um die Krone gebracht. Danach schwören sich die Borgia: Von nun an wird die Macht mit allen Mitteln gesichert – und nie mehr losgelassen.

Ein Papst weint um seinen Sohn

Die letzten Hemmungen verliert Alexander VI. durch einen schmerzlichen persönlichen Verlust. Sein Sohn Giovanni, 21, den er über alles liebt, ist am Morgen nach einem ausgelassenen Fest im Weinberg seiner Mutter spurlos verschwunden. Die Unruhe des Papstes steigt, als er hört, dass Unbekannte nachts einen Toten in den Fluss geworfen haben. Tatsächlich wird Giovannis Leichnam wenig später aus dem Tiber gezogen. Seine Kehle ist aufgeschlitzt, sein Körper von Dolchstößen zersiebt. Sofort ist klar: So tötet nur ein hasserfüllter Mörder. Verdächtigt wer-

ALEXANDER BORGIA – DER HEILIGE VATER

den viele, denn die Borgia haben fast nur noch Feinde. Nach einiger Zeit kommt das unheimlichste aller Gerüchte auf: Cesare ist der Mörder. Er hat ein Motiv: Der machthungrige Kardinal will die Purpurrobe ablegen und Fürst werden. Dabei war ihm Giovanni, dem Alexander VI. die weltliche Rolle zugeschrieben hat, als Favorit des Vaters im Weg. Doch für den Kain-und-Abel-Plot am Tiber fehlt bis heute der Beweis. Indizien lassen vermuten, dass der lebenslustige Giovanni nach einem Liebesabenteuer der Eifersucht eines betrogenen Römers zum Opfer gefallen ist.

Alexander VI. ist zerrüttet und gebrochen. Er schließt sich in sein Zimmer ein und weint bitterlich, weiß Protokollchef Burckard, er isst nichts und trinkt nichts und findet nächtelang keinen Schlaf. Sieben Pontifikate würde er hergeben für sein geliebtes Kind. Er verspricht, sich zu bessern, alles, um den Himmel wieder zu versöhnen. Tatsächlich regt der Papst Reformen an und predigt eine neue Bescheidenheit. Seine Prälaten aber setzen Himmel und Hölle in Bewegung, um den Umsturz ihrer Lebensverhältnisse zu verhindern. Und schon nach wenigen Tagen schlägt die Verzweiflung bei Alexander VI. in Aggression um: Wer sich den Borgia in den Weg stellt, wird vernichtet. »Giovannis Tod ist der Wendepunkt im Leben Alexanders. Er sieht seine Familie als sakral, als unantastbar an. Dass jemand es wagt, sein eigenes Fleisch und Blut zu töten, ist für ihn ein Schock«, urteilt Reinhardt. »Von nun an fallen alle Hemmungen, ist alles erlaubt. Dass ein Papst so denken und handeln kann, ist nur in der Renaissance möglich. Die Mächtigen rücken sich ins Zentrum der Welt, die Idee der Staatsräson rechtfertigt, was der Macht nützt – ohne Rücksicht auf die überlieferte christliche Moral.«

Nach Giovannis Tod tauscht Kardinal Cesare Borgia den Purpur gegen die Rüstung eines Condottiere – eine Tat, die in den Augen seiner Zeitgenossen eine schwere Sünde ist und Empörung heraufbeschwört. »Die Farbe Purpur kann man nicht abwaschen, einmal Kardinal, immer Kardinal«, sagt Reinhardt über die unumstößlichen Regeln der Zeit. Doch die Borgia brechen auch dieses Tabu, damit sich Cesare seiner wahren

DIE HERRSCHAFT DER PAPSTKÖNIGE

Leidenschaft widmen kann: dem Krieg und der Macht. Im Namen des Heiligen Vaters will er ein Fürstentum in der Romagna erobern und den Borgia unvergängliche Größe verleihen. Cesare ist die gefährlichste Waffe des Papstes. Er hat ein Faible für schwarze Gewänder und verbirgt sein von Syphilis-Narben gezeichnetes Gesicht in der Öffentlichkeit mit einer Maske. Auf jede echte oder vermeintliche Beleidigung seiner Person steht der Tod, vorher wird den Lästerern die Zunge herausgerissen. »Mögen sie mich hassen, wenn sie mich nur fürchten«, lautet Cesares Devise.

»Sein Verhalten lässt tief blicken«, so Reinhardt. »Der Sohn Alexanders fühlt sich als echter Fürst, muss sich aber oft Schimpfworte wie Bastard oder Schandmal vor Gott und den Menschen anhören. Ehre ist für ihn kein sicherer Besitz, sondern muss immer wieder aufs Neue verteidigt werden.« Blutrache scheint dem Emporkömmling als probates Mittel.

List, Intrige, Mord, Krieg

Für die Feldzüge, die er führen will, müssen die Kriegskassen des Vatikans gefüllt werden. Im Jubeljahr 1500 kommen 200 000 Pilger in die heilige Stadt. Es gibt Ablässe zu kaufen, Gnade, Messen – die Borgia brauchen Geld. Wer ihm zur Last fällt, den lässt Cesare ohne Skrupel ermorden. Stirbt ein Kardinal, bemächtigen sich die Borgia seiner Besitztümer. Aus Angst um ihr Leben fliehen viele Purpurträger aus Rom. Die Nachrichten von mysteriösen Todesfällen unter wohlhabenden Klerikern häufen sich. Zumindest ein Mord ist durch spätere Prozessakten und Prozessbeobachter sicher bezeugt. »Papst Alexander und Cesare Borgia haben mir diesen Auftrag erteilt«, soll der für 1000 Dukaten angeheuerte Killer bei dem Verfahren wiederholt ausgerufen haben. Zweimal habe er Gift erhalten, um den reichen venezianischen Kardinal Giovanni Michiel zu töten, und es wie befohlen dem Koch des Geistlichen ausgehändigt. Nach dem vergifteten Mahl sei Michiel von furchtbaren Magenkrämpfen befallen worden und habe unentwegt erbrechen müssen. Über die Ereignisse nach dem Mord berichtet ein Gesandter Venedigs in einem Eilbrief an die Lagunenstadt: Noch bevor Michiel sein Leben aushauchte, umstellten Agenten des Papstes seinen Palast. Er war kaum erkaltet, da trugen sie schon seine Besitztümer in den Vatikanischen Palast. Dort saßen der Papst und Cesare zusammen, um das erbeutete Geld des Kardinals zu zählen. Doch der misstrauische alte Kirchenfürst hatte Vorsorge getroffen und den Hauptteil seines riesigen Vermögens nach Venedig in Sicherheit gebracht. In seiner Hinterlassenschaft fanden Alexander VI. und Cesare weniger als erhofft – der Mord hatte sich nicht wirklich gelohnt.

Die Borgia schufen den Boden, auf dem dunkle Legenden wachsen konnten. Bis heute zirkuliert die Behauptung, ein geheimnisvolles weißes, süßlich riechendes Pulver habe den Borgia zur Verfügung gestanden, mit dem sie ihre Feinde auf raffinierte Weise umgebracht hätten. Erst drei Monate nach der Einnahme soll das Gift seine tödliche Wirkung entfaltet haben. So lassen sich auch Morde erklären, für die die Borgia gar nicht infrage kommen. Der wahre Sachverhalt ist für die Zeitgenossen, die keine Kriminalisten sind, nicht erkennbar – aber dass es ein Muster gibt, nach dem Feinde der Familie verschwinden, hat jeder begriffen. Feinde müssen nicht nur sterben, sondern ihr Tod soll Schrecken einflößen. »Regelmäßig werden jetzt Widersacher der Borgia leblos aus dem Tiber gezogen, so wie Giovanni Borgia«, so Reinhardt. »Nichts ist vergessen, nichts vergeben.«

Die Borgia wollen mit aller Macht ein großes Fürstentum, durch das sie das Papsttum kontrollieren können. Doch aus eigener Kraft können sie die Romagna nicht erobern. Sie brauchen Truppen und mächtige Verbündete. Eine einmalige Chance bietet sich im April 1498, als der französische König Karl VIII. nach einer scheinbar banalen Kopfverletzung im Alter von 28 Jahren an einem Schlaganfall stirbt. Papsttreue Chronisten sehen höhere Gewalt im Spiel: Gott selbst habe den König für seinen Ungehorsam gegenüber dem Stellvertreter Christi strafen wollen.

Alexander VI. wittert ein kolossales Tauschgeschäft, als Ludwig XII. zum König von Frankreich gekrönt wird. Der neue Herrscher macht unmissverständlich klar, dass er ein Auge auf Mailand geworfen hat – und er hat ein Problem, das dem Papst wie gerufen kommt. Aus politischer Notwendigkeit ist Ludwig auf die Auflösung seiner kinderlosen Ehe mit Jeanne de France angewiesen. Er will die Witwe seines Vorgängers heiraten, um ihr Erbe, das Herzogtum Bretagne, weiter an die französische Krone zu binden.

Für Ehe-Annullierungen ist der Papst zuständig, und in diesem Fall verlangt er dafür einen hohen Preis: Alexander VI. fordert für Cesare ein einträgliches französisches Fürstentum, militärische Unterstützung für die Eroberung der Romagna sowie eine Braut aus höchstem französischen Adel. Es folgt ein machtpolitisches Manöver, das wie kein anderes den Charakter des Papstes enthüllt, sein Denken und Fühlen, seine Ziele und seine Motive. Mit allen Winkelzügen der Diplomatie ist der Heilige Vater vertraut, »schwer durchschaubar, listenreich und vielschichtig«, so der Bericht eines Zeitgenossen. Er wisse meisterhaft zu heucheln, sei sprunghaft und unberechenbar – außer dass sich alles Trachten auf die Größe seines Sohnes richte. In einem Schreiben an Ludwig XII. bezeichnet er Cesare als »das Teuerste, was Wir auf Erden besitzen«. Das geplante Bündnis mit Frankreich dient einzig und allein der Errichtung eines Borgia-Staates, »per l'amor porta al nostro duca«, aus Liebe zu unserem Herzog, Cesare, wie Alexander mit provokativer Offenheit zugibt.

Beide Parteien begegnen einander mit Misstrauen. Jede Seite will die andere über den Tisch ziehen. Dem Papst eilt der Ruf voraus, nicht zu seinen Versprechen zu stehen. Der König gilt als notorisch geizig. Alexander VI. pokert hoch, scheint mit der Ehe-Auflösung nur einen Trumpf in der Hand zu halten. Ludwig XII. hingegen kann mit seinen Zugeständnissen eine Karte nach der anderen ausspielen. Der Papst setzt deshalb ein klares Signal: Eine schnelle Entscheidung wird es nicht geben. Die Ehe ist ein Sakrament, und es ist eine tiefernste Angelegenheit, ja eine Gewissenssache, sie außer Kraft zu setzen. Um jeden Verdacht der Bestechung von sich weisen zu können, setzt Alexander VI. eine Kommission von Experten ein, die das Urteil fällen sollen. König Ludwig XII. sieht darin einen Erpressungsversuch, denn alle Eingeweihten wissen, dass die Annullierung einer Ehe ein rein politisches Geschäft ist. Doch der Regent versteht auch die Botschaft zwischen den Zeilen zu lesen. Alles väterliche Entgegenkommen, welches der Papst dem Monarchen jetzt schon erweise und ihm auch für die Zukunft verheiße, verdanke dieser der Fürsprache Cesare Borgias – so formuliert es Alexander VI. in einem Schreiben an Ludwig XII.: Wenn es dem Emporkommen Cesares diene, ließe sich was machen.

Ludwig XII. verleiht dem Papstsohn also ein nobles Herrschaftsgebiet, das Valentinois, und der Heilige Vater zögert nicht mit dem nächsten Schachzug: In einem Breve erteilt er dem König die Lizenz zur Wiederverheiratung. Doch solange die erste Ehe nicht annulliert ist, kann der Franzose damit nichts anfangen. So geht das Taktieren weiter, bis Cesare auch den geforderten Herzogstitel erhält und damit zum Duca Valentino wird. Der Papst hat ihn inzwischen an den französischen Hof entsandt, wo er seine Bewährungsprobe bestehen muss. Cesare tritt wie ein König auf, mit einem prominenten Gefolge, majestätisch und streng in schwarzen Samt gekleidet, ausgestattet mit edlen Pferden und glänzenden Waffen.

»Mit höchster Erwartung und geradezu wahnsinniger Inbrunst«, so Zeitgenossen, harrt der Papst in Rom der Nachrichten aus Frankreich. Dabei quält ihn das lange Warten in einer Zeit weiter Nachrichtenwege. Monatelang schwankt er so sehr zwischen Hoffen und Bangen, dass sich Ohnmachtsanfälle, Zornausbrüche und allzu freimütige Geständnisse häufen. »Alexander ist ein Menschenfischer der besonderen Art, er fängt mit dem Netz des Scheins«, urteilt Reinhardt. Wo aber liegen Grenzen von Sein und Schein? Die Quellen, die über den Deal mit Frankreich berichten, scheinen zu offenbaren, dass Alexander VI. immer dann er selbst ist, wenn die Zukunft seiner Lieben auf dem Spiel steht. »Dann hat es mit Scherz, Satire und Ironie ein plötzliches Ende«, so Reinhardt, »und der ansonsten so scharfsinnige Papst zeigt sich nicht selten von einer schier unbegreiflichen Naivität.« Keine Post aus Frankreich, das bedeutet Verstimmung und Ungeduld. Schlechte Nachrichten rufen abgrundtiefen Pessimismus bis hin zum Verfolgungswahn hervor. Jede positive Botschaft provoziert plötzliche Vertraulichkeit und überströmende Dankbarkeit. Jeder Triumph erzeugt neue Begehrlichkeiten. Dazu Reinhardt: »Seine zutiefst menschlichen Reaktionen werfen Licht auf das, was das Pontifikat im Innersten zusammenhält: die Familie.«

Als sich der stolze Cesare in Frankreich eine brennende Demütigung einhandelt, verfällt Alexander VI. in tiefe Melancholie. Der unehelich geborene Papstsohn will die Tochter des Königs von Neapel heiraten. Hartnäckig beharrt er auf seinem Wunsch, bis ihm ein Botschafter des Brautvaters knallhart erklärt, dass sein Herr seine geliebte Tochter für nichts in der Welt an den Bastard des Papstes verschachern werde. Cesare fühlt sich düpiert, Alexander VI. reagiert beleidigt, will die Fronten wechseln und einen Pakt mit Mailand gegen Frankreich schließen. Doch am Ende werden sich die Parteien einig: Cesare, der Herzog von Valence, gibt sich mit der 16-jährigen Tochter des Königs von Navarra zufrieden. Als Zugabe erhält er französische Truppen zur Eroberung der Romagna.

Unter deren Ansturm fallen die Städte des begehrten Fürstentums, und das Ziel der Borgia ist zum Greifen nah: ein eigenes Imperium. Als Militäringenieur in Cesares Diensten steht das größte Universalgenie aller Zeiten: Leonardo da Vinci. Er hat sich am Mailänder Fürstenhof der Kriegskunst gewidmet und futuristische Waffen konzipiert: aus Mörsern abgefeuerte Sprenggeschosse, die inmitten von feindlichen Truppen explodieren sollen; Schleudern, die acht Steinkugeln gleichzeitig katapultieren können; auf ein rotierendes Holzrad montierte Armbrüste, die Belagerer in schneller Schussfolge auf Distanz halten sollen. Gebaut und zum Einsatz gebracht hat da Vinci seine Kriegsmaschinen nie. Auf

ALEXANDER BORGIA – DER HEILIGE VATER

Cesares Feldzug betätigt sich der begnadete Künstler als Kriegstechniker beim Bau von Festungsanlagen.

Bei seinen Eroberungen begegnet der berüchtigte Borgia auch einem zweiten großen Geist der Epoche: Niccolò Machiavelli, Politiker und Philosoph, Geschichtsschreiber und Dichter. Cesare ist das lebende Abbild des »Fürsten«, den der in seinem gleichnamigen Traktat *Il Principe* als Ideal des Machtpolitikers beschreibt. Im Herzogspalast von Urbino trifft Machiavelli den gefürchteten Kriegsfürsten zum ersten Mal. Seine Mission ist heikel: Auf Cesares Territorium sind kostbare Tuche aus Florenz beschlagnahmt worden. Als Botschafter der Medici-Metropole soll Machiavelli um Herausgabe der Ware und Schutzbriefe für die Textilindustrie bitten. »Ich weiß sehr wohl, dass mir Eure Stadt nicht wohlgesinnt ist«, beginnt der Borgia. »Mir gefällt diese Regierung nicht, und ich kann ihr nicht trauen. Ihr müsst sie ändern.« Cesare bleibt unerbittlich, und Machiavelli kapituliert vor dem Eroberer. »Dieser Herr ist wahrhaft wunderbar und prächtig«, meldet er an die Stadtväter von Florenz – und erfleht als Diplomat seine Abberufung. »Wenn Ihr mich nicht zum Freund haben wollt, werdet Ihr mich zum Feind haben«, droht Cesare mit solcher Unverfrorenheit, dass Machiavelli nichts anderes übrig bleibt, als den Rückzug anzutreten. Zugleich aber ist der große Denker fasziniert vom grausamen Regiment des Borgia-Fürsten: »Messer Remiro ist heute in zwei Stücken auf dem Markt aufgefunden worden«, berichtet er über die Ermordung von Cesares Militärgouverneur in der Romagna, weil »es dem Fürsten so gefallen hat, der zeigt, dass er die Männer nach Gutdünken zu erheben und zu vernichten weiß, je nach ihren Verdiensten«.

Ganz im Sinne Cesares ruft Machiavelli in seinen Schriften zum gezielten Mord auf, wenn es der Stärkung des Staates dient. Da der Mensch schlecht ist, muss untergehen, wer der überlieferten Moral folgt, so seine düstere These. »Cesare Borgia galt als grausam«, so Machiavelli, »und doch hat seine Grausamkeit die Romagna zum Frieden und zur Ergebenheit gebracht.« Denn »ohne den Ruf der Grausamkeit habe noch nie jemand ein Heer einig und schlagkräftig erhalten«. Von Machiavelli stammt auch der berühmteste Bericht über die Ereignisse von Senigallia. Im siebten Kapitel seines Werks über den Fürsten berichtet er, wie Cesare Borgia seine eigenen Söldnerführer in eine Falle lockt. Wie ein Fuchs und Löwe zugleich sei der Sohn des Papstes vorgegangen, listig und mit gezielter Grausamkeit – in den Augen von Machiavelli das Vorbild des vollendeten Staatsmanns. Was ist in Senigallia geschehen?

Cesare ist bei der Eroberung der Romagna auf loyale und erfahrene Generäle angewiesen. Ihr Lohn ist die Kriegsbeute. Doch als die Borgia alles für sich behalten, beginnen die Condottieri zu rebellieren. Der Papst verspricht ihnen besseren Lohn und Vergebung – und die Generäle glauben dem Ehrenwort des Heiligen Vaters. Sie nehmen das Angebot Cesares an, in Senigallia ein großes Versöhnungstreffen abzuhalten, und unterschreiben damit ihr Todesurteil. Am 31. Dezember 1502 empfängt der »Fürst« seine Generäle vor den Toren der Stadt, umarmt sie herzlich und reitet im angeregten Gespräch mit ihnen stadteinwärts. Jeder seiner Truppenführer wird von einigen schwer bewaffneten Soldaten eskortiert – doch niemand schöpft Verdacht. Der Sinn der »Ehrengarde« zeigt sich erst, als Cesare die Männer in sein Quartier bittet. Dort stehen Schergen bereit, welche die schutzlosen Feldherren blitzschnell überwältigen und gefesselt abführen. »Eine bewundernswerte Tat«, kommentiert Machiavelli. Zwei der Gefangenen werden noch in derselben Nacht kaltblütig erwürgt.

»Judaskuss oder legitimer Verrat an den Verrätern – darüber wurde in ganz Italien heiß diskutiert«, so Reinhardt. Cesare legitimiert die Tat mit Notwehr – die abtrünnigen Condottieri hätten einen Anschlag auf sein Leben geplant, dem er in letzter Minute entkommen sei. Alexander VI. ist in alles eingeweiht, liefert dieselbe Rechtfertigung und nutzt sie, um sich eines unliebsamen Purpurträgers zu entledigen. Während der Papst der erlösenden Nachricht aus Senigallia harrt, spielt er Karten mit Kardinal Orsini, einem Angehörigen von General Francesco Orsini, der in die

ALEXANDER BORGIA – DER HEILIGE VATER

Fänge von Cesare geraten ist. Alexander VI. beschuldigt den Geistlichen der Mitwisserschaft, und als der Bericht über das »Versöhnungstreffen« eintrifft, hat es mit dem Kartenspiel ein Ende. Kardinal Orsini wird am nächsten Tag eingekerkert und stirbt sieben Wochen darauf. An Kummer, so Alexander VI. – die Römer glauben an Gift.

Ganz Rom duckt sich vor dem Terror der Borgia – und der Vatikan wird zur Superfestung ausgebaut. Alexander VI. lässt die Engelsburg mit vier neuen Bastionen verstärken. 600 Bewaffnete patrouillieren rund um die Uhr, um den Papst und seinen Clan vor möglichen Anschlägen zu schützen. Denn die Zahl der Neider, Opfer und Empörten wächst unaufhörlich. Dem Stellvertreter Christi und Meister des Scheins werden schier übernatürliche Kräfte zugetraut. So weiß Anfang August 1503 niemand, ob sich hinter seiner plötzlichen Krankheit ein neuer Schachzug verbirgt. Erst nach und nach spricht sich herum, dass auch Cesare, sein »Augapfel«, nach einem gemeinsamen Festmahl mit dem Tode ringt. Gerüchte von Gift machen die Runde. Der »unheimliche Papst« stirbt am 18. August 1503, nach heutigen Erkenntnissen an Malaria. Der Leichnam des Papstes sei sofort nach seinem Tod unmäßig aufgequollen, habe sich tiefschwarz verfärbt und eitrige Flüssigkeiten ausgeschieden – seine Seele sei vom Teufel geholt worden. Der Körper des toten Pontifex maximus, der sich in der Augusthitze schnell zersetzt, wird zum Spiegel für den Schrecken der Borgia.

Kaum hat Rodrigo Borgia seinen letzten Atemzug getan, beginnt im Sterbezimmer die Suche nach Geheimpapieren und Goldvorräten. Als sämtliche Kisten fortgeschleppt sind, verschwinden alle. Der tote Papst bleibt allein im Vatikanpalast zurück. Aus Angst vor dem Teufel, der seine Leiche angeblich holen wird, werden nicht einmal die vorgeschriebenen Totenwachen abgehalten. Nach seinem Tod bricht die Macht der Borgia wie ein Kartenhaus zusammen. Cesare tritt ohnmächtig von der politischen Bühne ab. »Ein letzter Beweis, dass er nur der Exekutor des päpstlichen Willens war«, folgert Reinhardt. »Wer nicht mehr die Autorität des Amtes geltend machen kann, steht in Rom auf verlorenem Posten. Alexander VI. war die Spinne in der Mitte des Netzes, ohne sie wird es weggefegt.« Für Reinhardt lässt sich die Geschichte von der Herrschaft der Borgia wie ein Lehrstück lesen: »Es handelt von der Verführung und Verblendung durch unbeschränkte Macht.«

Julius II.
Cäsar auf dem Papstthron

Nach Alexander VI. übernimmt ein Mann die Regie, der als »Retter des Papsttums« in die Geschichte eingehen will: Kardinal Giuliano della Rovere. Seine kirchliche Spitzenposition verdankt er seinem Onkel Papst Sixtus IV., der ihm im Alter von 28 Jahren den roten Hut verliehen hat. Bereits im Konklave von 1492 war er der große Favorit, doch gegen die korrupten Machenschaften der Borgia blieb er chancenlos. Jetzt, nachdem der Clan enthauptet ist, schlägt seine Stunde, und er besteigt nach elf Jahren beharrlichen Wartens als Julius II. den Papstthron – und zwar mit denselben Methoden: Auch er erkauft sich seine Wahl durch üppige Geschenke an die Kardinäle. Sein Hass auf die Borgia ist grenzenlos, und sein Ziel ist es, sie als Sündenböcke zu brandmarken, den völlig außer Kontrolle geratenen Nepotismus einzudämmen und den Kirchenstaat zu festigen.

Das Ende der Borgia

Kaum im Amt, lässt der neue Papst, der selbst als Günstling zu Macht und Würden gekommen ist, Cesare verhaften und verspricht, alle Gebiete, die der Borgia in seine Hände gebracht hat, zurückzuerobern. Cesare wird nach Rom gebracht, und Julius II. droht ihm mit lebenslanger Kerkerhaft. Nach zähen Verhandlungen gibt Cesare sein Reich in der Romagna preis, doch er betreibt gemeinsam mit seinen Befehlshabern ein doppeltes Spiel. Am 20. August 1504 lässt Julius II. ihn nach Spanien überführen, wo der König ihn im Schloss Medina del Campo in einem Turmgemach gefangen hält. »Niemand hatte Zutritt zu ihm«, schreibt Ludwig Pastor. »In der Qual dieses Lebens, als alle seine Pläne gescheitert, aller Frevel, alle Ruchlosigkeit, alle Mordtaten vergeblich unternommen waren, beschäftigte sich Cesare damit, seine Falken steigen zu lassen, und erfreute sich, wenn sie wehrlose Vögel mordeten.« Trotz strenger Bewachung gelingt ihm die Flucht. Ein Jahr später stirbt der einst so gefürchtete Feldherr mit 31 Jahren in einem unbedeutenden Scharmützel in den Pyrenäen. Der neue Papst muss die Borgia nicht länger fürchten, wohl aber deren Günstlinge im Vatikan. Da er dort seines Lebens nicht sicher ist, beruft er eine neue Leibgarde, auf die er sich verlassen kann: die Schweizer, die bis heute diese Funktion erfüllen.

Steckbrief: Julius II.

Giuliano della Rovere erblickt das Licht der Welt am 5. Dezember 1443 in der Nähe von Savona und wächst in bescheiden begüterten Verhältnissen auf. Er tritt als junger Mann in den Franziskanerorden ein und wird als Günstling seines Onkels im Jahr 1471 zum Kardinal erhoben. Papst Sixtus IV. vertraut auf die charakterfeste Natur seines Neffen, der wie er selbst in der Strenge und Askese der Bettelmönche erzogen wurde. In seinem Verhalten unterscheidet Giuliano sich auffallend von den übrigen, von Habgier geprägten Nepoten des Papstes, die er – vergeblich – kritisiert. Doch all das hindert den Kardinal nicht, sich selbst zu einem Machtpolitiker großen Stils zu entwickeln, der nicht selten »va banque« spielt.

Unter dem Pontifikat Alexanders VI., der ihm mehrfach nach dem Leben trachtet, durchzieht Giuliano della Rovere mit seinem Hofstaat Europa, immer auf der Suche nach Verbündeten gegen seinen mit der Tiara gekrönten Todfeind. Sein Einfluss trägt wesentlich dazu bei, dass

JULIUS II. – CÄSAR AUF DEM PAPSTTHRON

König Karl VIII. mit dem lange geplanten Zug nach Neapel Ernst macht und so die »splendid isolation« Italiens zerstört.

Als er im Jahr 1503 nach dem drastischen Amtsmissbrauch der Borgia selbst zum Stellvertreter Christi gewählt wird, sind seine Verwandten noch immer bestens versorgt, vor allem als Erben des Herzogtums Urbino. Julius II. kann sich deshalb höheren Aufgaben widmen. Als Papst ist er einer der größten Mäzene der Renaissance, der die Vision seines Onkels von einem neuen römischen Haupt der Welt verwirklichen will. Er legt den Grundstein für den Bau der Peterskirche, beauftragt Michelangelo mit der Vollendung der Sixtinischen Kapelle und lässt von Raffael ein Bildprogramm erschaffen, das das Papsttum als Kristallisationspunkt für das gesamte Wissen der Welt verherrlicht.

Raffael hat von Julius II. das wohl intimste Porträt gemalt, das es je von einem Papst gegeben hat: ein betagter Mann, der sich kraftvoll an seinem Stuhl festhält und in Gedanken versunken ist. Tief liegende, feurige Augen mit nach innen gekehrtem Blick, fest geschlossene Lippen und ein langer weißer Bart versinnbildlichen seine Weisheit und zeugen von einer hoheitsvollen Persönlichkeit und einem ungewöhnlichen Leben. Raffael hat Julius II. als besonnenen Weltenlenker porträtiert.

Doch wie war er wirklich, der Stellvertreter Christi, der als Einziger Harnisch und Schwert trug? »Il Papa terribile«, so nennen die Zeitgenossen den mächtigen und gewaltigen Kriegerpapst, der selbst an der Spitze seiner Truppen ins Feld zieht.

Seine Mitmenschen zeichnen ein beeindruckendes Charakterbild von ihm: Julius II. imponiert durch seine gewaltige Willenskraft und durch unbezwingbaren Mut. Er ist sehr klug, aber extrem jähzornig. Das macht ihn unberechenbar. Oft ändert er seine Entschlüsse von Stunde zu Stunde.

»Der Energie seines Willens musste sich alles beugen, auch sein namentlich von Gicht heimgesuchter Körper«, heißt es bei Ludwig Pastor. »Alles an ihm überschreitet das gewöhnliche Maß, seine Leiden-

JULIUS II. – CÄSAR AUF DEM PAPSTTHRON

schaft wie seine Entwürfe. Sein Ungestüm verletzte seine Umgebung, doch weckte er keinen Hass, nur Furcht. Denn nichts Selbstsüchtiges war an ihm zu bemerken. Ein Gedanke, den er einmal gefasst hatte, beschäftigte ihn ganz und gar. Man sah ihn in seiner Miene, er murmelte ihn zwischen den Zähnen. Er müsse vergehen, bekannte er, wenn er ihn nicht sage. Was er sich in den Kopf gesetzt hat, muss er mit »vulkanischer Heftigkeit« kundtun und zu Ende führen – auch wenn er selbst darüber fast zugrunde geht. Er ist ein Mann der Tat mit einem ungewöhnlichen strategischen Talent. In seiner »titanischen Natur« liegt mehr »Stoff zu einem Könige und Feldherrn als zu einem Priester«, zitiert Ludwig Pastor aus einer zeitgenössischen Quelle.

Fundierte Analysen aus der Gegenwart über die Herrschaft von Julius II., über sein Denken und Fühlen, seinen Glauben und seine politischen Motive gibt es kaum. Als Stellvertreter Christi hätte er überhaupt keinen Krieg führen dürfen, stellte Ludwig Pastor schon Ende des 19. Jahrhunderts in seinem Schlussurteil über ihn fest. Doch diese Anschauung sieht völlig von der Doppelrolle ab, die der Papst als weltlicher und geistlicher Herrscher zu spielen hat. Den Kirchenstaat mit Waffen schützen und verteidigen zu wollen hält die Welt der italienischen Renaissance »für ein rühmliches Unternehmen, sie fand es selbst religiös« (Pastor). Ohne weltliche Macht wäre auch die geistliche Gewalt vernichtet worden, so die damalige Legitimation für die Feldzüge der Päpste. Ihr wird allerdings ebenso heftig widersprochen, vor allem nördlich der Alpen, wo sich die geradezu apokalyptische Wahrnehmung des Papsttums unter Julius II. fortsetzt und verstärkt.

Nachdem »Il Papa terribile« die Bedrohung des Heiligen Stuhls durch die französische Übermacht in Italien abgewendet hat, schrieb Machiavelli: »Einst glaubte selbst der kleinste Baron die päpstliche Macht missachten zu dürfen. Jetzt flößt sie sogar dem König von Frankreich Respekt ein.«

Raffael hat Julius II. als besonnenen Weltenlenker porträtiert. Als »Kriegerpapst«, der selbst das Schwert führte, schrieb er Papstgeschichte.

DIE HERRSCHAFT DER PAPSTKÖNIGE

Die weltliche Macht des Papsttums hat Julius II. ohne Zweifel gestärkt, doch keineswegs auf Dauer – schon unter seinem dritten Nachfolger Clemens VII. (1523–1534) ist die zurückgewonnene Reputation wieder verspielt. Und auch die »vertriebenen« Franzosen gewinnen schon 1515 Mailand zurück. Kirchliche Reform aber ist für Julius II. ein Machtmittel, und die Beschlüsse des von ihm aus rein politischen Gründen einberufenen Laterankonzils bleiben Makulatur.

So fällt das Urteil der Nachwelt so zwiespältig aus wie das der Zeitgenossen. Reformorientierte Kräfte wünschen sich einen Seelsorgerpapst, der den mächtigen Frömmigkeitsbedürfnissen der Zeit Ausdruck zu verleihen vermag, während römische Humanisten den »zweiten Julius Cäsar« verherrlichen, der die Welt unter seinem Imperium vereinen würde.

Nach dem Ende der Borgia will Julius II. sich höheren Aufgaben widmen. Er will den großen Plan verwirklichen, den Papst Sixtus IV., sein Onkel und Förderer, begonnen hat: Rom soll wieder zum Caput Mundi, zum Haupt der Welt, werden. Julius II. engagiert die größten Künstler seiner Zeit, um eine grandiose Imagekampagne ins Leben zu rufen, die dem Papsttum neuen Glanz verleihen soll.

Das erste Projekt ist ein kolossales Grabmal, mit dem er sich selbst ein Denkmal setzen will. Michelangelo richtet sich auf dem Petersplatz eine Werkstatt ein, erfüllt von brennendem Ehrgeiz. Sein Entwurf für das Monument ist so gigantisch, dass in der alten Peterskirche der Platz für das Bauwerk fehlt. Das bringt den Papst auf den Gedanken, das berühmte Gotteshaus ausbauen zu lassen und seiner Herrschaft einen noch triumphaleren Rahmen zu geben – eine Idee, die mit einer Kraftprobe zwischen ihm und dem genialen Künstler beginnt.

JULIUS II. – CÄSAR AUF DEM PAPSTTHRON

Eigenwillige und zornige Künstler

Den Winter 1505/1506 hat Michelangelo in den Marmorbrüchen von Carrara verbracht, um das beste Material für seinen großen Wurf auszuwählen. Doch die Lieferung der 2000 Tonnen schweren Steinblöcke verzögert sich, und die Interessen des Papstes richten sich immer stärker auf die Erweiterung der Peterskirche. Im April 1506 beschließt Julius II., kein Geld mehr in das Grabmal zu investieren, und verweigert dem Bildhauer mit dem jähzornigen Ego das persönliche Gespräch. Stattdessen steigt der Architekt Donato Bramante zum künstlerischen Favoriten des Papstes auf und beginnt mit der Planung der neuen Kathedrale. Eine Demütigung für Michelangelo, der mit der mühevollen Ausmalung der Decke in der Sixtinischen Kapelle beschäftigt werden soll.

Im Zorn verlässt Michelangelo Rom – mit dem festen Vorsatz, nie mehr zurückzukehren. »Sage dem Papst«, soll er ausgerufen haben, »wenn er mich in Zukunft brauche, möge er mich suchen, wo ich zu finden sei.« Die Boten des Papstes holen ihn ein, doch das Genie bleibt störrisch: Er habe es nicht verdient, wie ein schlechter Kerl aus dem Palast verwiesen zu werden, und keine Lust, neue Verpflichtungen einzugehen, da der Papst von seinem Grabmal nichts mehr hören wolle. Der eigenwillige »Superstar« der Renaissance flüchtet nach Florenz, und die Depeschen fliegen hin und her: Julius II. will ihn mit aller Macht zurück.

»Du bist mit dem Papst auf eine Weise umgegangen, wie es der König von Frankreich nicht gewagt haben würde«, wettert das Staatsoberhaupt der Stadt am Arno. »Jetzt hat es mit dem Sich-bitten-Lassen ein Ende, wir wollen deinetwegen keinen Krieg anfangen.« Alles vergebens. Erst am 27. November kommt es auf einer Reise des Papstes in Bologna zur Versöhnung der beiden Giganten. Michelangelo kniet vor Julius nieder und bittet mit lauter Stimme um Vergebung. Er sei nicht aus bösem Willen fortgegangen, sondern im Zorn. Mit erregtem Antlitz senkt der Papst den Kopf und erwidert nichts, sodass ein anwesender Prälat das Wort

DIE HERRSCHAFT DER PAPSTKÖNIGE

ergreift: Seine Heiligkeit möge den Fehler Michelangelos nicht zu wichtig nehmen – wie alle Künstler sei er ein Mensch ohne Erziehung. »Du wagst es«, braust Julius II. auf, »diesem Mann Dinge zu sagen, die ich selbst nicht gesagt haben würde? Du selber bist ein Mensch ohne Erziehung, du elender Kerl, und er nicht!«

Der Papst vergibt dem eigensinnigen Bildhauer gnädig und voller Respekt – und »nötigt den Händen, die nur Marmor zu bearbeiten begehrten, den Pinsel auf«, schreibt Ludwig Pastor. Michelangelo beginnt sein Meisterwerk, die Fresken im Gewölbe der Sixtina. Sechs Jahre malt er an den Szenen aus der Schöpfungsgeschichte und dem Alten Testament. Mit fast übermenschlicher Anstrengung vollbringt der schon über 60-Jährige das »neunte Weltwunder« – Tag für Tag

Das »neunte Weltwunder«: Michelangelos Fresken illustrieren die göttliche Schöpfung und machen die Sixtinische Kapelle zu einem der größten Heiligtümer des Vatikans.

JULIUS II. – CÄSAR AUF DEM PAPSTTHRON

auf dem Rücken liegend auf einem Gerüst arbeitend, sodass ihm die Farbe ins Gesicht tropft. Als das Werk im Jahr 1512 endlich enthüllt wird, ruft es einen Begeisterungssturm hervor.

Der Architekt Bramante hat den Papst inzwischen überredet, die alte Peterskirche, das größte Heiligtum der Christenheit, durch ein neues, prächtigeres Gotteshaus zu ersetzen. In ihm brennt das Feuer eines Besessenen. Das Mausoleum des armen Fischers vom See Genezareth soll einem Kirchenpalast weichen, der die weltliche und geistliche Macht eines Papstkönigs widerspiegelt. Die Idee des Papsttums verlangt einen Zentralbau mit einer Kuppel, die sich über das Grab des Apostelfürsten Petrus erhebt. Doch im Zentrum der neuen Kirche soll das Grab des Papstes stehen – so wird die Kirche des Apostelfürsten zu seinem ganz persönlichen

Der Architekt Bramante schuf den ersten Entwurf zum Bau der Peterskirche. Sein Plan war so gewaltig, dass die alte Basilika abgerissen werden musste.

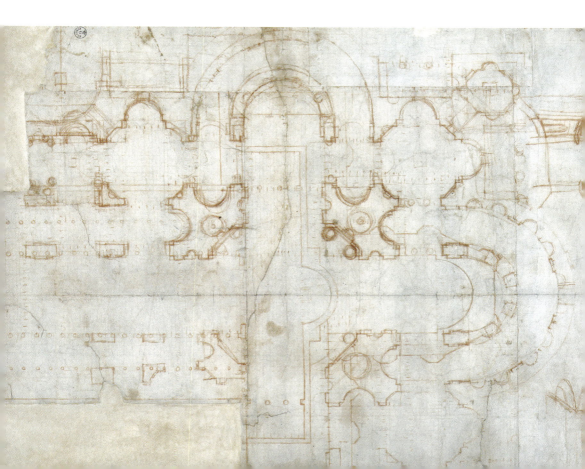

DIE HERRSCHAFT DER PAPSTKÖNIGE

Mausoleum. Von Anfang an dreht sich alles um die gewaltige Kuppel, größer als jede, die je erschaffen wurde. Sie soll das Herz der neuen Kirche werden, die große Vision, die es zu verwirklichen gilt. Wäre die Kathedrale tatsächlich nach Bramantes Vorstellungen gebaut worden, hätte sie eine Fläche von über 24 000 Quadratmetern bedeckt – noch ein Drittel mehr als der heute vollendete Bau.

Am 18. April des Jahres 1506 erfolgt die feierliche Grundsteinlegung für die neue Kathedrale. Astrologen haben den angeblich günstigsten Zeitpunkt sorgfältig berechnet. In feierlicher Prozession schreitet Julius II. in Begleitung von Kardinälen und Prälaten zur sechs Meter tiefen Fundamentgrube. Höchstpersönlich steigt er hinein und segnet den Grundstein aus weißem Marmor. »Papst Julius hat diese sehr verfallene Basilika im dritten Jahre seiner Regierung wiederherstellen lassen«, lautet die Inschrift. Aus der Fundamentgrube wird später einmal der Pfeiler der heiligen Veronika aufragen, eine der vier gewaltigen Stützen für die Kuppel. 2500 Arbeiter werden beschäftigt, um die hochfliegenden Pläne in die Tat umzusetzen. Mit Gerüsten, Seilwinden, Schmiedefeuern und Bergen von Steinen und Holzbalken verwandelt sich der Vatikanische Hügel in die größte Baustelle Europas. Doch um das Neue zu errichten, muss das Alte zerstört werden. Für das Papsttum, das auf unveränderlichen Fundamenten zu ruhen und jedem Wesenswandel durch Überzeitlichkeit entrückt zu sein beansprucht, ist die rücksichtslose Zerschlagung der altehrwürdigen Basilika ein Vorgang von riskanter symbolischer Aussagekraft.

So gerät der Papst mit dem Abriss des Weltheiligtums ins Kreuzfeuer der Kritik. Doch an einmal gefassten Entschlüssen hält Julius II. unbeirrbar fest. Nur eines geht ihm entschieden zu weit: Bramante will das Petrusgrab verlegen, damit der vatikanische Obelisk am Haupteingang des neuen Doms steht. Die religiöse Stimmung der Gläubigen werde erhöht, wenn sie vor dem Eintritt in die Kirche vom Anblick eines so ungeheuren Werkes erschüttert würden, argumentiert der Architekt. Doch Julius II. untersagt ihm, das Grab des ersten Papstes anzutasten.

JULIUS II. – CÄSAR AUF DEM PAPSTTHRON

Unterdessen betreibt Bramante die Zerstörung der alten Peterskirche mit so großem vandalistischem Furor, dass man ihn »Maestro Ruinante« nennt. Antike Säulen, die man bei sachter Niederlegung hätte erhalten können, lässt er gedankenlos umstürzen und zertrümmern. In der aufgerissenen Basilika voller Schutt und Schmutz zelebriert der Papst die heilige Messe. Über dem Hochaltar mit dem Papstthron klafft ein Loch, sodass Wind und Regen immer wieder die Kerzen löschen. Die Ruine der alten Basilika und die Fragmente der neuen bilden einen so dramatischen Gegensatz, dass Zeitgenossen zweifeln, dass der Bau jemals vollendet wird. Doch es gelingt noch unter Julius II., die vier 50 Meter hohen Pfeiler zu errichten, die viele Jahre später die Kuppel tragen sollen.

Mit größtem Eifer lässt der Papst die neue Hauptstadt der Christenheit entstehen – lange bevor seine Kriege gewonnen sind. Nach der Vertreibung der Borgia sieht er die nächste große politische Aufgabe darin, die päpstliche Vorherrschaft in Italien wiederherzustellen und das Land von der französischen Fremdherrschaft zu befreien. Julius Cäsar II. Pontifex maximus, wie er sich auf einer Medaille nennt, sieht im Heiligen Stuhl den Thron eines Eroberers und Monarchen. Unter ihm soll das Papsttum die unter den Borgia verloren gegangene Majestät zurückgewinnen. Majestät aber setzt er gleich mit politischer Macht, militärischer Schlagkraft und gewaltigen, alle bekannten Dimensionen sprengenden Bauten. Dass die Größe des Papsttums nicht von dieser Welt, sondern spirituell, ja wie es der Humanistenfürst Erasmus von Rotterdam in seiner Satire über Julius II. schreibt, durch Beten, Nachtwachen und Selbstaufopferung für die Christenheit begründet ist, tritt demgegenüber völlig zurück. Im Gegenteil: Aufgrund seines Selbstverständnisses als weltumspannender zweiter Cäsar, der das Erbe des römischen Imperiums antritt, schreckt der Papst nicht einmal davor zurück, seine eigenen militärischen Talente zu erproben. Als Papst will er selbst das Schwert führen und gegen die Franzosen ins Feld ziehen.

Ludwig XII., der lange auf der Seite der Borgia stand, hat kühne Pläne: Einen »neuen Himmel und eine neue Erde« wolle er in Italien erschaffen, berichtet Machiavelli. Der König habe vor, selbst mit einem Heer nach Rom zu ziehen und den Papst abzusetzen.

Julius II. gelingt es, eine starke Liga gegen den französischen Feind zu schmieden: Maximilian, den römisch-deutschen Kaiser, Heinrich VIII. von England und Ferdinand von Spanien gewinnt er für seine politischen Interessen. Militärische Unterstützung findet er bei den Schweizer Eidgenossen, die den Schutz der Kirche und des Heiligen Stuhls übernehmen. Sie verpflichten sich, dem Papst gegen jeden Feind 6000 schlagkräftige Krieger zu stellen.

Ein Papst als feuriger Truppenführer

Julius II. ist ein Mann mit enormer Willenskraft und großem Mut. Sein Plan ist es, die Franzosen an allen Punkten gleichzeitig anzugreifen. Der Feldzug wird für den »feurigen Greis«, wie man ihn nennt, zur härtesten Prüfung seines Lebens. Bei wolkenbruchartigen Regengüssen zieht der Papst ins Feld und wird unterwegs von heftigen Fieberanfällen heimgesucht. Schlaflos soll er sich nachts auf seinem Lager gewälzt und in seinen Fieberfantasien davon gesprochen haben, dass er der französischen Gefangenschaft den freiwilligen Tod vorziehe. »Als er hörte, dass das bewaffnete Volk beständig seinen Namen rief«, schreibt Papstbiograf Ludwig Pastor, »sprang er von seinem Krankenlager auf und ließ sich auf den Balkon des Palastes tragen«, von wo aus er den Soldaten seinen Segen erteilte. »Jetzt haben wir über die Franzosen gesiegt«, soll Julius II. angesichts der Beifallsstürme ausgerufen haben.

»Am 2. Januar des Jahres 1511 erlebte die Welt das ungewohnte Schauspiel, dass der 67-jährige Greis, ohne Rücksicht auf seine päpstliche Würde wie seine Gesundheit, trotz der strengsten Winterkälte sich zu

JULIUS II. – CÄSAR AUF DEM PAPSTTHRON

der Belagerungsarmee begab«, erzählt Pastor. Das Erstaunen sei grenzenlos gewesen.

»Julius II. ist den Franzosen feindlicher gesinnt denn je«, überliefert ein venezianischer Gesandter. »Heute hielt der Papst mitten auf den Schneefeldern Truppenschau. Er hat eine Riesennatur.« Während der Belagerung der Festung Ferrara quartiert der Stellvertreter Christi in einer Klosterküche und überlebt unerschrocken den Einschlag von Kanonenkugeln. Er droht, die Stadt plündern zu lassen, und erreicht nach drei Wochen die Kapitulation der Festung. »Seine Ungeduld, den eroberten Platz zu betreten, war so groß«, so ein Bericht, »dass er die Öffnung der verrammelten Tore nicht abwartete, sondern auf einer hölzernen Leiter durch die Bresche hinaufstieg. Schon am folgenden Tage sprach er davon, dass er nun auch in Person gegen Ferrara ziehen werde.«

Ein Papst, der selbst in den Krieg zieht und befiehlt, seine Bildnisse nicht mit einem Buch, sondern mit einem Schwert zu schmücken, erregt Anstoß in ganz Europa – und liefert dem König von Frankreich Munition für einen geistlichen Feldzug. Ludwig XII. droht dem Pontifex, den er mit Waffen nicht besiegen kann, mit einem Konzil und erreicht ein Schisma im Kardinalskollegium. In Pamphleten lässt der König Stimmung gegen den Papst machen. Darin ist von einem Kirchenoberhaupt die Rede, das »ganz martialisch und widerborstig in seinem Harnisch vom Krieg nicht lassen will, obwohl er ihm ansteht wie einem gestiefelten Mönche das Tanzen«. Schmähbilder zeigen den Pontifex mit zu Boden gesunkener Fahne inmitten von Leichen. Neben ihm steht der leere Papstthron, über den Ludwig XII. in Gestalt eines gekrönten Kriegers wacht.

Im Juni des Jahres 1511 scheint alles verloren. Bologna, eine der schönsten und reichsten Städte des Kirchenstaates, wird verwüstet und dabei auch die bronzene Ehrenstatue, die Michelangelo von Julius II. geschaffen hat, vom Sockel gestoßen. Kaiser Maximilian ist auf die französische Seite übergetreten und unterstützt die abtrünnigen Kardinäle. Krank und machtlos kehrt der Papst nach Rom zurück, das er neun Monate zuvor in

DIE HERRSCHAFT DER PAPSTKÖNIGE

der Hoffnung, die Invasoren ganz aus Italien zu vertreiben, verlassen hat. Nun sind die päpstlichen Truppen zerstreut, und der Feind kann sich des ganzen Kirchenstaates bemächtigen. Der Cäsar auf dem Papstthron muss damit rechnen, gestürzt zu werden. Sein einziger Schutz ist die Majestät seines hohen Amtes.

»War es nun religiöse Scheu oder die Furcht, die ganze Welt gegen sich aufzuregen«, fragt Ludwig Pastor, »der französische König entschloss sich, nicht bis zum Äußersten vorzugehen.« Er tritt mit Friedensangeboten vor den Papst und verspricht sogar, das Konzil aufzulösen. Julius II. verhandelt und kontert mit einem überraschenden Schachzug: Er pocht auf seine Pflicht, den gefährlichen schismatischen Tendenzen entgegentreten zu müssen, und erklärt das Edikt der abtrünnigen Kardinäle für null und nichtig.

Der Papst beruft selbst eine Kirchenversammlung ein, die am 19. April des Jahres 1512 im Lateran eröffnet werden soll. Es scheint, als wäre es ihm gelungen, seine Gegner mit ihren eigenen Waffen zu schlagen. Doch die Übermacht der Franzosen in Italien bleibt eine Bedrohung für das Papsttum, und Julius II. plant ein Bündnis mit Spanien. Die Verhandlungen sind in vollem Gange, als der Pontifex mit der starken Natur eines Riesen von so heftigen Fieberanfällen heimgesucht wird, dass die Ärzte seinen Tod voraussagen. Wie ein Lauffeuer verbreitet sich die Nachricht, und in Rom bricht das Chaos aus. »Niemals herrschte beim Tod eines Papstes ein solcher Waffenlärm«, schreibt ein venezianischer Gesandter, »niemals war die Gefahr größer als jetzt. Gott der Herr möge uns beistehen.« Adelige lehnen sich gegen die geistliche Herrschaft auf und fordern die republikanische Freiheit. Das Kardinalskollegium tritt zusammen, um das Begräbnis und das Konklave zu planen. Wieder einmal werden Wetten abgeschlossen, wer als Nächster die Tiara erlangt.

Vier Tage verschmäht der todkranke Papst jede Speise, bis ein Arzt ihm alles zu essen erlaubt, wonach ihm der Sinn steht. Was dann geschieht, beschreibt der päpstliche Zeremonienmeister Paris de Grassis: »Der

JULIUS II. – CÄSAR AUF DEM PAPSTTHRON

Kranke begehrte Pfirsiche, Nüsse, Pflaumen und andere Früchte, aß diese jedoch nicht, sondern kaute sie nur. Darauf fragte er begierig nach kleinen Zwiebeln und Erdbeeren, die er gleichfalls nur kaute. Endlich aber verzehrte er mehrere Pfirsiche und Pflaumen und trank auch, worauf er in einen leichten Schlummer verfiel. Dieser Zustand hielt zwei Tage an.« Hoffnung und Verzweiflung wechseln – bis der tot geglaubte Papst wie durch ein Wunder aus seiner Ohnmacht erwacht. Wenig später vollendet er die »Heilige Liga« für die Einheit der Kirche und den Schutz des Kirchenstaates. Neben Spanien gewinnt er Venedig, Mailand und England für das Bündnis gegen Frankreich. Den abtrünnigen Kardinälen droht er mit Bann und Absetzung, wenn sie nicht in den Gehorsam der rechtmäßigen Kirche zurückkehren.

Das Konzil gegen den Kriegerpapst, das dennoch im November 1511 im Dom von Pisa in Gegenwart von vier Kardinälen und kaum 20 Bischöfen und Äbten stattfindet, scheitert kläglich. Nur 50 Prälaten finden sich ein, und nach wenigen Tagen kommt es zu einem blutigen Tumult zwischen französischen Soldaten und den Dienern der Kardinäle, bei dem auch Pisaner und florentinisches Militär mitmischen. »Das Volk stürmte vor die Wohnung des Konzilspräsidenten, wo die Schismatiker versammelt waren, und schrie: Schlagt sie tot«, heißt es in einer Depesche. Für Julius II. ein Triumph. Doch Frankreich ist militärisch nicht zu besiegen, und der Krieg wird bis zum Ende seiner Regentschaft anhalten. Das Credo seiner Herrschaft formuliert der Dominikanergeneral Cajetan in seiner Rede auf dem päpstlichen Laterankonzil am 17. Mai 1912: »Der Papst soll Gottes Macht, Vollkommenheit und Weisheit nachahmen; die Macht, indem er sich mit seinem Schwerte gürtet, da er zwei Schwerter besitzt: eines, das ihm mit den weltlichen Fürsten gemein, und ein anderes, das ihm allein eigentümlich ist. Dies ist das Schwert der kirchlichen Gewalt gegen Irrtümer und Schismen.«

Julius II. ist ein Mann, der niemals aufgibt. Mehr noch: Er lässt seinen Sieg malen, bevor er errungen ist. In Raffaels Meisterfresko der *Vertreibung des Heliodor aus dem Tempel* wird die Geschichte vorweggenommen, wie sie sich nach dem Wunsche des Papstes ereignen soll. Die biblische Episode ist dafür nur ein Gleichnis. Heliodor soll im Dienste des syrischen Königs den Tempel berauben. Doch er wird von einem Engel mit dem Schwert vertrieben und gezüchtigt. Genauso sollte es nach Julius' II. Wunsch dem französischen König ergehen, der es gewagt hat, durch ein frevlerisches Gegenkonzil die Kirche zu entweihen. Damit dieser Bildsinn allen einleuchtet, lässt sich Julius II. am linken Bildrand als ebenso grimmigen wie optimistischen Zuschauer selbst malen – zusammen mit Schweizer Offizieren. Und er hat Glück: Das Bild wird Wirklichkeit. Mithilfe seiner Schweizer Elitetruppen gelingt es ihm, die Franzosen aus Italien zu vertreiben. Von der Engelsburg donnern die Kanonen, und am Himmel leuchtet ein Feuerwerk, als Julius II. sich am 27. Juni 1512 in einem feierlichen Fackelzug von den Römern feiern lässt. »Überall begrüßte ihn der Ruf: Julius, Julius!«, so ein Gesandter. »Nie ist ein Kaiser oder Heerführer bei seinem Einzug in Rom so geehrt worden wie heute der Papst.«

Doch darft ein Stellvertreter Christi das Schwert führen? Diese Frage bewegt Historiker und Theologen bis heute. Für Julius II. gehört die gewaltsame Verteidigung des Papsttums zu seinem göttlichen Auftrag. Seine Regierung sei so überreich an Kummer und Sorgen gewesen, spricht er noch im Angesicht des Todes, dass er mit einem Märtyrer verglichen werden könne. Und so stirbt er auch. Als sein Leichnam nach seinem Tod am 20. Februar 1513 in Sankt Peter ausgestellt wird, versammeln sich »ungeheure Menschenmengen«, so der päpstliche Zeremonienmeister, die »trotz des Widerstandes der Wachen die Füße des Toten küssen« wollen. »Unter Tränen flehten sie um das Heil der Seele dessen, der in Wahrheit Papst und Statthalter Christi gewesen, ein Hort der Gerechtigkeit und Bändiger der Tyrannen.« Viele der Gläubigen rufen: »Dieser Papst hat uns alle, ganz Italien und die gesamte Christenheit vom Joche der Franzosen und Barbaren errettet.«

Im Abstand eines halben Jahrtausends fällt das Urteil der Historiker

JULIUS II. – CÄSAR AUF DEM PAPSTTHRON

über Julius II. zwiespältig aus. Ohne Zweifel hat er durch die Verhinderung unmoralischer Exzesse, die Eindämmung des Nepotismus und vor allem durch die Konzentration auf die Aufgaben des Amtes dem Papsttum in Italien Ansehen zurückgewonnen, das dieses nach der Zerstörung aller Normen und jeglichen Vertrauenskapitals durch die Borgia dringend benötigte. Auf der anderen Seite ist seine Auffassung von seinen Aufgaben und Pflichten als Pontifex maximus ganz überwiegend politisch und zudem von Personenkult nicht frei. Eine solche Interpretation des Amtes mag den Vorstellungen italienischer Humanisten entgegenkommen, die in der äußerlichen Größe des Papsttums dessen übergeschichtliche Macht und geistliche Erhabenheit widergespiegelt sehen.

Für viele europäische Intellektuelle aber ist Julius II. der Kriegerpapst, eine groteske, ja grauenvolle Fehlbesetzung, die den Verdacht nährt, dass in Rom der Antichrist residiert.

Doch Julius Cäsar II. Pontifex maximus ist nicht als sündiger Mensch in die Geschichte eingegangen, sondern als »Retter des Papsttums«. Er festigt die Macht des Kirchenstaates und legt den Grundstein für ein neues Rom. Er ahnt nicht, dass er mit dem Prachtbau der Peterskirche die Spaltung der Christenheit riskiert.

DIE HERRSCHAFT DER PAPSTKÖNIGE

Zeittafel: Die Herrschaft der Papstkönige

9. August 1471 Wahl des Franziskanermönchs Francesco della Rovere zum Papst Sixtus IV.

1475 Gründung der Vatikanischen Bibliothek

1477 Erstmals verzeichnen Quellen den Bau eines »neuen Heiligtums« – die Sixtinischen Kapelle.

26. April 1478 Attentat auf Giuliano und Lorenzo de' Medici in der Kathedrale von Florenz. Lorenzo überlebt den Anschlag.

1478–1480 Krieg zwischen dem Papst und den Medici

1481 Beginn der Gestaltung der Wandfresken in der Sixtinischen Kapelle durch Botticelli und Ghirlandajo

12. August 1484 Tod Sixtus' IV.

29. August 1484 Wahl Giovanni Battista Cibos zum Papst Innozenz VIII.

vom 25. auf den 26. Juli 1492 Tod Innozenz' VIII.

11. August 1492 Wahl Rodrigo Borgias zum Papst Alexander VI. nach einem korrupten Konklave

1492 Entdeckung Amerikas durch Kolumbus. Mit der Entsendung der ersten Missionare beginnt der Aufstieg der katholischen Kirche zur Weltkirche.

1493 Cesare Borgia wird Kardinal. Elf weitere Kardinalate werden verkauft.

1494 Um seine Erbansprüche auf Neapel geltend zu machen, fällt Karl VIII. mit einem Heer von 30 000 Mann in Italien ein und bedroht auch den Kirchenstaat.

ZEITTAFEL

31. März 1495	»Heilige Allianz« des Papstes gegen Karl VIII., der sich wenig später aus Neapel zurückzieht
1495	Savonarola predigt in Florenz gegen Alexander VI.
23. Mai 1498	Savonarola wird in Florenz hingerichtet.
17. August 1498	Cesare Borgia tauscht den Purpur gegen die Rüstung eines Feldherrn.
1499–1502	Cesare Borgia erobert mit Truppenhilfe des französischen Königs Ludwig XII. die Romagna und begründet den »Borgia-Staat«.
18. August 1503	Tod Alexanders VI.
22. September 1503	Wahl Francesco Todeschini Piccolominis zum Papst Pius III.
31. Oktober 1503	Wahl Giuliano della Roveres, eines Neffen von Sixtus IV., zum Papst Julius II.
1506	In einem verborgenen Raum unter einem Weinberg nahe dem Kolosseum wird die Laokoongruppe entdeckt. Julius II. begründet die Skulpturensammlung im vatikanischen Belvedere.
18. April 1506	Grundsteinlegung für den Bau der neuen Peterskirche in Rom
11. März 1507	Cesare Borgia stirbt bei einem Gefecht in den Pyrenäen.
1508	Michelangelo Buonarroti beginnt sein Meisterwerk, die Fresken in der Sixtinischen Kapelle.
1510	Schweizer Söldner übernehmen den Schutz der Kirche und des Heiligen Stuhls. Damit wird die Schweizergarde begründet, die heutige Leibwache der Päpste. Papst Julius II. stellt sich an die Spitze eines Feldzugs, um die Franzosen aus Italien zu vertreiben.

DIE HERRSCHAFT DER PAPSTKÖNIGE

27. Juni 1512 Michelangelo Buonarrotis Fresken in der Sixtinischen Kapelle werden enthüllt.

31. Oktober 1512 Rom feiert das Ende der französischen Fremdherrschaft in Italien.

Dezember 1512 Mit einem Konzil beendet Julius II. die schismatischen Bestrebungen abtrünniger Kardinäle und des französischen Königs.

20. Februar 1513 Tod Julius' II.

1513

1590

Das Jahrhundert der Entscheidung

Michael Gregor

Leo X.
Dieser Papst kennt keine Selbstzweifel

Das 16. Jahrhundert beginnt in Rom mit einer lange nicht gesehenen Prachtentfaltung. Ein Goldenes Zeitalter scheint angebrochen zu sein, als Papst Julius II. die bedeutendsten Künstler der Zeit mit dem Bau einer gigantischen Kathedrale und mit der Ausschmückung des Vatikans beauftragt. Doch bereits wenige Jahre später erlebt das Papsttum seine größte Herausforderung. Obwohl die Päpste am Abgrund ihrer Macht stehen und immer mehr Menschen im Abendland das Vertrauen in sie verlieren, erkennen sie die Gefahr nicht.

Im Jahre des Herrn 1517 ist aus römischer Sicht in Deutschland etwas Ungeheuerliches geschehen. Ein Mönch namens Luther hat behauptet, das Papsttum sei keineswegs himmlischer Herkunft. Nach anfänglichem Ignorieren der ketzerischen Traktate des Theologieprofessors aus dem provinziellen Wittenberg beginnt Papst Leo X. zögerlich Notiz von der Woge des Aufbegehrens gegen sich und die Autorität der Amtskirche zu nehmen. Ausgehend von Deutschland und der Schweiz, erfasst sie immer mehr Länder. Selbst Kaiser Karl V. zeigt sich zunehmend beunruhigt, denn nur allzu leicht kann der religiöse Aufruhr die Grundfesten seiner Herrschaft erschüttern. Doch kurzen Prozess kann er nicht machen, denn einige der Mächtigen des Reiches sympathisieren mit den Antipapisten. Einigen ist die ständige Einmischung des Vatikans in die inneren Belange ihrer Regierung mehr als lästig, andere lockt allein der Kirchenbesitz. Trotzdem glaubt der noch unerfahrene Imperator aus dem Herrscherhaus Habsburg, die Probleme schnell in den Griff bekommen zu können. Falls nötig, würde wohl ein energisches Machtwort reichen, um den aufbegehrenden Augustinermönch Bruder Martin gebührend in die Schranken zu weisen. Und dann gibt es ja auch noch »außerordentliche« Mittel und Wege zur Unterdrückung von Aufruhr. Doch der Kaiser hat keine Polizeigewalt in deutschen Landen; er ist noch nicht einmal Deutscher. Zwar hat der Papst Martin Luther, den Führer der Protestbewegung, exkommuniziert, doch um dem Kirchenbann die Reichsacht folgen zu lassen, bedarf es der Zustimmung der kirchlichen und weltlichen Reichsstände.

Der Kaiser, der zugleich König von Spanien ist, sichert dem Aufrührer freies Geleit zu. Doch kaum einer der auf dem Reichstag in Worms versammelten Fürsten rechnet mit der Einhaltung des Versprechens; schon einmal ist ein berühmter Papstkritiker trotz aller Garantien auf dem Scheiterhaufen geendet. Aber Luther zeigt sich unbeeindruckt: »Hus ist verbrannt worden, nicht aber die Wahrheit mit ihm. Ich will hinein, und wenn so viel Teufel auf mich zielten, wie Ziegel auf den Dächern sind.«

Wie ein Triumphator zieht der Kopf der Rebellion an den Rhein. Das Volk jubelt ihm überall offen zu; Flugzettel mit seinem durch einen Heiligenschein gekrönten Konterfei machen die Runde. Nach dem Willen von Papst und Kaiser soll er vor dem Tribunal der Fürstenversammlung seinen ketzerischen Thesen abschwören. Das Leben des Reformators aus Sachsen scheint keinen Pfifferling mehr wert, wenn er seine Lehre nicht widerrufen und seine Papstkritik nicht bereuen würde. Luther ist im Angesicht der geballten Front seiner Gegner durchaus nicht ohne Furcht. Man schreibt den 17. April 1521, als er vor die Granden des Reiches und die Abgesandten des Vatikans tritt, Aug in Aug mit dem zu diesem Zeitpunkt mächtigsten Mann des Abendlandes. Kaiser Karl V. ist erst 20 Jahre alt, ein blasser und fast schüchtern wirkender junger Mann, der nicht erkennen lässt, ob er sich ein eigenes Urteil bildet oder allein den Einflüsterungen seiner Ratgeber und Übersetzer folgt. Obwohl Herrscher über deutsche, spanische, italienische und niederländische Untertanen, spricht und versteht er vorwiegend Französisch, die Sprache seines größten Widersachers, des Königs von Frankreich. Gegen den wird er bald in den Krieg ziehen, das scheint sicher; Zankapfel ist wieder einmal Italien. Für den Waffengang braucht der Kaiser die Unterstützung des Papstes – und das Geld der deutschen Fürsten. Karl weiß, dass er vorsichtig agieren muss, um keine Seite zu verprellen.

Das Verhör beginnt. Er solle sich zu seinen Schriften bekennen, fordert der kirchliche Chefankläger von Luther. Als der sich für die Antwort zur Überraschung aller Bedenkzeit erbittet, spottet der Kaiser, so einer könne ihn sicher nicht zum Ketzer bekehren. Doch am nächsten Tag ist Luther nicht mehr zu bremsen und bekennt sich vehement zu seinen aufrührerischen Ideen. Abschaffung der Ohrenbeichte, des Zölibats, der Klostergelübde, der Heiligenverehrung und Wallfahrten – aber vor allem des Sündenablasses. Das sind keine Forderungen allein zur Reformierung der römisch-katholischen Amtskirche, es ist eine Revolution mit dem Ziel ihrer Abschaffung. »Hier stehe ich! Ich kann nicht anders!«, soll Luther der erregten Versammlung erklärt haben. Später wird er in den Gassen von Worms umjubelt, nur wenige wollen ihn auf dem Scheiterhaufen sehen. Nicht einmal der mächtigste Mann im Reiche wagt es, ihm ein Haar zu krümmen. Die Furcht vor einem neuen, ausufernden Unruheherd im Imperium mag ihn vor direkter Gewaltanwendung gegen den vermeintlichen Ketzer zurückschrecken lassen.

Luthers standhaftes Auftreten vor Kaiser und Reichstag ist das endgültige Startsignal für die Reformation. Sie kann aber nur gelingen, weil viele der beim Reichstag versammelten Fürsten ihre eigenen Interessen durch Luthers Rebellion gefördert sehen. Europas Machtgefüge wird sich in den kommenden Jahrzehnten radikal verändern, auch weil der Heilige Vater in Rom den protestantischen Aufrührern über einen langen Zeitraum kaum Aufmerksamkeit schenkt. Dessen einzige Furcht ist, dass der grüblerische Jungkaiser sich auf die Seite der Papstgegner schlägt. Doch dafür ist Karl V. nicht zu haben. Er bleibt zeitlebens ein zutiefst gläubiger Anhänger der römisch-katholischen Kirche. Ihm gilt Luther als »Teufel in Mönchskutte«.

LEO X. – DIESER PAPST KENNT KEINE SELBSTZWEIFEL

Trotzdem ist Leo X. enttäuscht vom Ausgang des Tribunals von Worms. Zwar verhängt der Kaiser über den Reformator die Reichsacht und erlässt ein Edikt, welches seine Thesen verdammt und seine Schriften den Flammen überantwortet. Aber die Volksmeinung erkennt nur einen großen Verlierer, den Papst. Im fernen Rom muss dieser hilflos mit ansehen, wie sein gefährlichster Feind durch das vermeintlich eng geknüpfte Fangnetz entweichen kann. In Worms wird nur allzu deutlich, dass annähernd die Hälfte der im Ständesaal versammelten Machtelite mit Luthers Ideen sympathisiert oder sich ihnen zumindest nicht entgegenstemmen will.

Noch heute streiten die Historiker, ob und wie der Papst die katastrophale Entwicklung hätte aufhalten können. Ihr Disput gerät schnell zu einer Abrechnung mit den Medici, einem der reichsten und mächtigsten Familienclans Italiens, dem auch Papst Leo X. entstammt.

Als nach dem Tod von Papst Julius II. im Jahr 1513 das Konklave zur Wahl des Nachfolgers einberufen wird, scheint der erst 37-jährige Giovanni de' Medici allein aufgrund seines Alters keine Chance zu haben. Auch heutzutage sei ein jüngerer Kandidat mit Aussicht auf eine lange Amtszeit dem Wahlkollegium ungenehm, wissen Eingeweihte, weil sich dadurch die jeweils eigenen Chancen der Kardinäle zur Erlangung der allerhöchsten Würde verringern.

Doch als der anfangs Chancenlose wegen einer Fistel operiert werden muss, verbessern sich seine Aussichten erheblich. Denn nun gilt Giovanni als gesundheitlich angeschlagen. Das Konklave wählt ihn als ersten Medici und Florentiner zum Papst – angeblich in der Hoffnung auf sein baldiges Ableben. Tatsächlich wird das Pontifikat kaum zehn Jahre dauern. Leo X. nutzt die Zeit für eine glanzvolle Hofhaltung. Wie zu erwarten, fördert er das Haus Medici, wo er nur kann. Sein Vetter Giulio wird zum Kardinal ernannt und bleibt nicht der Einzige, der in dieser Weise profitiert. Einer von ihnen, Kardinal Innocenzo, der Sohn von Giovannis Schwester Maddalena, erringt als Vater von vier unehelichen Kindern mehr Aufmerksamkeit als mit seinen theologischen Kenntnissen.

DAS JAHRHUNDERT DER ENTSCHEIDUNG

Steckbrief: Leo X.

Papst Leo X. wird als Giovanni de' Medici 1475 in Florenz geboren. Sein Vater Lorenzo der Prächtige beherrscht die reiche Stadt am Arno mithilfe vieler ihm gefügiger Menschen wie ein Autokrat, obwohl sie sich offiziell weiterhin als Republik bezeichnet. Das Familienoberhaupt entgeht nur knapp dem Tod, als 1478 eine Handvoll gut organisierter Verschwörer die führenden Mitglieder der Medici-Familie durch ein Attentat im Dom von Florenz beseitigen will. Aber dann gelingt es Lorenzo durch sein großes Geschick, gepaart mit der familieneigenen Rücksichtslosigkeit, die fast aussichtslose Lage zu seinen Gunsten zu wenden und die Zukunft der Medici zu retten. Bereits kurz nach dem Verbrechen machen Gerüchte die Runde, dass Papst Sixtus IV. Mitwisser, wenn nicht sogar der wahre Anstifter des Mordkomplotts gewesen sei. »Allein gegen den Papst«, diesen machtpolitischen Albtraum will kein Medici mehr erleben. Das beste Gegenmittel ist, selbst Papst zu werden, so lautet von nun an die Devise Lorenzos und seiner Erben.

Die Interessen der Dynastie stehen auch für Giovanni de' Medici an erster Stelle, als er zum Papst Leo X. gewählt wird. Um seiner Familiengruft ein angemessenes Ambiente zu verleihen, beauftragt er keinen Geringeren als Michelangelo mit dem Entwurf der Grabkapelle, der Sacristia nuova. Zwei monumentale Grabfiguren stellen einen Kämpfer und einen Denker dar, Symbole für den Prototyp des Renaissance-Menschen, wie er von den Medicis verkörpert sein will.

Noch seine Grabfigur lässt erkennen, welch verschwenderische Hofhaltung Papst Leo X. im Vatikan zelebrierte – ein Auslöser der protestantischen Rebellion.

Papst Leo X. sieht sich als Oberhaupt einer Kirche, die die Gläubigen mit äußerem Glanz zu den unsichtbaren Werten des Glaubens führen will. Dementsprechend fällt seine Selbstdarstellung aus, die von kritischen Geistern der Zeit als Personenkult im heidnischen Stil missbilligt wird. Vor allem soll die Hauptstadt Rom zum glanzvollen Mittelpunkt der Welt wer-

den und so die Würde des Papstes als Statthalter Christi widerspiegeln. Um sich den kostspieligen Traum zu erfüllen, verkauft er ohne Skrupel Würden und Ämter; Hauptsache, es bringt Geld.

»Da Gott uns das Papsttum verlieh, lasst es uns denn genießen!«, so soll er ohne Gewissensbisse verkündet haben. Dieser Papst kennt keine Selbstzweifel. Er entstammt der reichsten Familie Italiens, sein neuer Petersdom soll die prächtigste Kirche des Abendlandes werden, und er allein ist Stellvertreter Gottes auf Erden.

Am 31. März 1515 verkündet er einen Plenarablass, um mit den daraus resultierenden Einnahmen den Neubau des Petersdoms zu finanzieren. Dieses Dekret, mit dem Sündern gegen eine Geldzahlung ihre »göttliche Strafe« erlassen wird, trägt entscheidend dazu bei, die Einheit der römisch-katholischen Kirche zu zerstören. Es ermöglicht aber auch die Finanzierung großartiger Kunstwerke. So kann Raffael mit seinen Fresken in den vatikanischen Stanzen, die schon unter Julius II. begonnen worden waren, regelrechte Manifeste päpstlichen Machtanspruchs in Farbe schaffen. So schildert die Stanza dell'Incendio den verheerenden Brand des dem Vatikan benachbarten Borgo-Viertels und das Wunder, dass Papst Leo IV., dem der Maler die Gesichtszüge Leos X. verleiht, das Feuer mit einem einfachen Kreuzzeichen löscht. Auch Leo X. würde sicher gerne die Probleme seines Pontifikats durch ein solches Wunder lösen, doch die Zeiten haben sich geändert.

Jenseits der Alpen stellen vor allem in Deutschland und der Schweiz Kritiker das Papsttum generell infrage. Der Augustinermönch und studierte Theologe Martin Luther verkündet am 31. Oktober 1517 in der deutschen Provinzstadt Wittenberg 95 Thesen für die umwälzende Reformierung der Amtskirche: gegen den unmoralischen Zustand des Klerus, den Ablasshandel und die Käuflichkeit von Kirchenämtern.

Doch der Führer der Christenheit ignoriert die Ereignisse im fernen Norden. Zweifel an seinem Amt und seiner Person nimmt Leo X. prinzipiell nicht zur Kenntnis. »Damit hat er die Spaltung der römischen Kirche mitverschuldet!«, lautet der schwerwiegende Vorwurf vieler Historiker. Ludwig Pastor fällt ein letztendlich vernichtendes Urteil: »Leichten und heitern Sinnes gab er sich sorglos auch dann noch sehr weltlichen Vergnügungen hin, als der gewaltige Sturm bereits losgebrochen war, der ein Drittel Europas vom römischen Stuhle losreißen sollte. Sein Hof mit dem unangemessenen Aufwand für gänzlich weltliche Dinge, für Spiel, Theater und Jagd, stand in schneidendem Widerspruch mit dem Berufe eines kirchlichen Würdenträgers.«

Leo führt mit seiner Verschwendungssucht die Kirche an den Rand des Abgrunds. Er handelt in erster Linie wie ein sinnenfroher Renaissancefürst und erst an zweiter Stelle als Oberhaupt des christlichen Abendlandes. Lebenslust und Freigebigkeit gelten als seine herausragende Charaktereigenschaft, Gottesfurcht dagegen ist kaum zu erkennen. Darüber hinaus führt er einen moralisch mehr als zweifelhaften Krieg, um seinen Nepoten das Herzogtum Urbino zu erobern.

Am ersten Advent 1521 stirbt der zehnte Papst Leo, einige Monate nachdem es nicht gelungen ist, sich Martin Luthers und seiner Thesen auf dem Reichstag in Worms ein für alle Mal zu entledigen. Zu Grabe getragen wird der erste Medici auf dem Heiligen Stuhl nicht in seiner geliebten Heimatstadt Florenz, sondern in der Kirche Santa Maria sopra Minerva in Rom.

Die Medici sind Papst

In Florenz sind die Medici seit etwa 1400 zum bedeutenden Bank- und Handelshaus aufgestiegen. In der Stadt am Arno haben sie viele noch heute zu bewundernde Prachtbauten errichtet. Doch ihr Reichtum und ihre Macht erregen Neid; der offen zur Schau getragene Prunk führt zur Rebellion. Ein Aufstand unter Führung des Mönches Savonarola vertreibt die Medici Ende 1494 ins Exil. Viele bittere Jahre dürfen sie ihre

DAS JAHRHUNDERT DER ENTSCHEIDUNG

Heimatstadt nicht betreten. Ihre Paläste werden geplündert, die unvergleichliche Kunstsammlung in alle Winde zerstreut.

Leo X. setzt alles daran, damit solch eine Schmach sich nicht wiederholen kann. Er selbst ist ein unermüdlicher Mäzen und Kunstsammler.

Getauft auf den Namen Giovanni de' Medici, beginnt seine kirchliche Karriere schon in jungen Jahren. Der Vater ist Lorenzo der Prächtige, der sein finanzielles Gewicht und seinen ganzen Einfluss dafür einsetzt, einem Familienmitglied auf den Heiligen Stuhl zu helfen. Als Siebenjähriger erhält Giovanni die Priesterweihe und wird vom Papst umgehend zum Protonotar ernannt; das Einstiegsamt in die höhere kirchliche Laufbahn. Ein Heiratsgeschäft tut 1489 ein Übriges. Giovannis 14-jährige Schwester Maddalena muss den laut Urteil der Zeitgenossen in jeder Hinsicht schlecht geratenen Sohn Innozenz' VIII. heiraten. Als Gegenleistung verleiht der Papst ihrem Bruder das heiß ersehnte Kardinalat.

Als Giovanni selbst den Heiligen Stuhl besteigt, ist er mit großem Ehrgeiz darum bemüht, die Menschen für sich einzunehmen. Prachtvolle Kirchen sollen die Sinne überwältigen und zum Glauben führen: Eindrucksvolle Gemälde, kostbare Geräte, prunkvolle Inszenierungen gewinnen so eine pädagogische Aufgabe. Mit der Schlichtheit der Urkirche, so die päpstliche Annahme, könne man im 16. Jahrhundert keine Seelen mehr gewinnen.

Raffaels Porträtgemälde von Papst Leo X. zeigt den Sprössling der Bankiersdynastie Medici als unumschränkten Herrscher über die Christenheit. Links hinter ihm assistiert sein Vetter, der spätere Papst Clemens VII.

Doch viele Gläubige empfinden den verschwenderischen (und unsittlichen) Lebensstil als Verrat. Und da sie durch Luthers Übersetzung in die deutsche Sprache die Heilige Schrift nun selbst lesen können, wird auf der Basis des Neuen Testaments das Versagen des hohen Klerus immer deutlicher.

Der bildliche Eindruck von Papst Leo X. ist vor allem durch ein Gemälde des Malers Raffael geprägt. Als Standort seiner Staffelei ist unschwer das päpstliche Privatgemach im Vatikan zu erkennen. Der Papst

thront auf einem schweren Holzsessel. In der rechten Hand hält er eine Leselupe, die andere liegt auf einer prächtigen Bibel, die heute im Kupferstichkabinett in Berlin aufbewahrt wird. Jedes Detail der Ausstattung hat eine tiefere Bedeutung. So soll das aufgeschlagene Johannesevangelium Leo X. aufwerten. Auch die goldene Kugel an der Sessellehne ist stolzes Symbol; sie verweist auf die Kugeln im Wappen der Familie Medici. Und sie spiegelt das einfallende Tageslicht mit dem zum Gottessymbol stilisierten Fensterkreuz.

Hinter Leo X. haben sich zwei Kardinäle aufgestellt. Besonders der junge Mann zu seiner Rechten bemüht sich auffällig um den Papst. Es ist Vetter Giulio. Leo X. hat den engen Verwandten zu seinem Nachfolger auserkoren; und das, obwohl Giulio den für dieses Amt nicht zu unterschätzenden Makel der außerehelichen Herkunft hat. Doch für Leo X. scheint die Hauptsache, dass Medici-Blut in ihm fließt.

Die Szene strahlt ungebrochenes Selbstbewusstsein aus, obwohl sie im für die Kirche so schicksalsträchtigen Jahr 1517 auf die Leinwand gebannt wird.

Mönchsgezänk

»Zwischen Gott und den Menschen gibt es keinen Platz für einen Papst!« Diese These Luthers verbreitet sich nördlich der Alpen wie ein Lauffeuer.

Zwar erklärt Leo X. seinen Hauptkritiker zum »Sohn der Bosheit und Verächter Gottes«, aber ansonsten nimmt er die aufrührerischen Thesen nicht zur Kenntnis; sie seien offenbar nur »Mönchsgezänk«.

Ob es zu diesem Zeitpunkt noch irgendeine Möglichkeit zur Verständigung zwischen Vatikan und den Protestanten gibt, kann nur gemutmaßt werden. Immerhin schreibt Luther ein halbes Jahr nach der Thesen-Verkündigung von Wittenberg im Oktober 1517 einen erstaunlich untertänigen Brief an Leo X.: »Billige mein Werk oder verwirf es nach Deinem Gefallen. Deine Stimme will ich als Christi Stimme erkennen, der in Dir herrscht und redet.«

Doch ob die Zeilen von Herzen kommen oder nur taktischer Schachzug sind, bleibt ungeklärt. Luther erhält aus Rom jedenfalls keine Antwort, so wie er es vielleicht auch insgeheim gehofft hat. Denn hätte der Pontifex den Dialog gesucht und bei der Unterwerfungsofferte die Probe aufs Exempel gemacht, wäre der mit noch nicht allzu großem Rückhalt handelnde Reformator in eine Zwickmühle geraten. Sich aus ihr zu befreien hätte zu einem erheblichen und möglicherweise endgültigen Vertrauensverlust bei den protestantischen Anhängern führen können.

Papst Leo X. lässt die letzte, wenn auch noch so geringe Chance zur Verhinderung des offenen Bruchs mit seinen Fundamentalkritikern aus Luthers Sicht glücklicherweise ungenutzt. Von der hohen Warte des Heiligen Stuhls aus mögen die eifernden Rebellen auch anfangs nicht allzu bedrohlich gewirkt haben. Oft schon gab es antipapistische Bewegungen, die zumeist von selbst wieder verschwanden. Warum sollte es jetzt anders sein?

Doch diesmal ist die Woge der Entrüstung nicht zu bremsen, und der wütende Ruf nach radikaler Veränderung wird immer lauter: »Purga Romam, purgatur mundus!« – Miste den römischen Saustall aus, dann wird auch die ganze Welt sauber!

Vor allem das Streben des Vatikans nach weltlicher Macht sehen seine Kritiker als Ursache allen Übels an. Die Interessenlage des römischen Bischofs ist tatsächlich verzwickt: Einerseits soll er als religiöses Oberhaupt der Christenheit über allen weltlichen Dingen stehen, anderseits ist er Herrscher eines eigenen Staates.

DAS JAHRHUNDERT DER ENTSCHEIDUNG

Der Kirchenstaat

Sein Rom ist die Hauptstadt eines Herrschaftsgebietes, das sich über weite Teile Italiens erstreckt. Im Norden wird der Kirchenstaat von der Republik Florenz begrenzt, für Leo X. eigenes Territorium. Denn nur noch dem Namen nach ist die Stadt am Tiber Republik, regiert wird sie aber von der Familie Medici. Das Fürstentum Mailand, dessen nördlicher Nachbar, wird zwar titularisch von einem Herzog aus der Familie Sforza beherrscht, doch die eigentliche Macht üben die Schweizer aus. Sie haben die französischen Truppen 1512 aus der Stadt vertrieben und 1513 nochmals vernichtend geschlagen, ohne aber damit das zähe Tauziehen um die Metropole der Lombardei endgültig zu entscheiden.

Im Nordosten Roms erstreckt sich der Machtbereich der Republik Venedig, deren glanzvolle Herrschaft für die Ewigkeit errichtet schien. Doch 1508 hat die stolze Serenissima durch eine schwere militärische Niederlage mit einem Schlag fast alles verloren und kämpft seitdem darum, das Verlorene zurückzugewinnen. Die vorher stärkste Macht Italiens bleibt aber auf Dauer geschwächt; kaum kann sie ihre Besitzungen auf dem Balkan gegen die vorrückenden Osmanen verteidigen.

Im Süden Roms ist das ehemals unabhängige Königreich Neapel inzwischen, wie auch Sizilien, eine spanische Kolonie geworden. Hier herrscht der spanische König (der als Karl V. ab 1519 gleichzeitig deutscher Kaiser ist), wie auch darüber hinaus über die heutigen Gebiete Belgiens und der Niederlande, Österreichs, Ungarns und die größten Teile Mittel- und Südamerikas.

Doch weder Frankreich, Venedig noch der Papst unterstützen Kaiser Karls Kreuzzüge gegen die Muslime im Mittelmeergebiet oder die Protestanten in Deutschland: Alle fürchten jeglichen Machtzuwachs des übermächtigen Habsburgers. Vor allem die französische Krone stemmt sich ihm mit aller Kraft entgegen, da sie sich durch die kaiserlichen Territorien wie in einem Würgegriff fühlt.

LEO X. – DIESER PAPST KENNT KEINE SELBSTZWEIFEL

Während sich die anderen streiten, setzt der Papst mit Erfolg alles daran, die Einnahmen des Kirchenstaates zu erhöhen. Am 31. März 1515 verkündet er den Plenarablass. Dieses Dekret, mit dem Sündern gegen eine Geldzahlung ihre »göttliche Strafe« erlassen wird, soll eigentlich mit den daraus resultierenden Einnahmen den Neubau des Petersdoms finanzieren. Doch mit dem nach Rom fließenden Münzstrom finanziert der Heilige Vater auch erstaunlich Unheiliges, wenn denn zeitgenössische Berichte der Wahrheit entsprechen.

Berüchtigt ist Leos grotesker Privatzirkus: Speziell trainierte Männer sollen bei seinen Banketten ungeheure Mengen Eier und Fasane in sich hineingeschlungen haben, gewissermaßen »bis zum Platzen« – eine Art Gladiatoren des Speisesaals.

Eine Farce sind wohl auch die sogenannten Dichterwettkämpfe, bei denen trunkene Gäste einen mit Goldschmuck behängten Elefanten aus dem Vatikanzoo erklimmen müssen und dann dem Spott der Festgesellschaft preisgegeben werden. Was von den Berichten antipapistische Propaganda ist und was den historischen Tatsachen entspricht, ist aus heutiger Warte nicht immer klar zu erkennen.

Unzweifelhaft glaubwürdig sind die Berichte über die Buffoni, professionelle Spaßmacher, die für Unterhaltung an der päpstlichen Tafel sorgen. Der berühmteste ist Fra Mariona, ein Dominikaner, der mit seinen Witzen und besonders dem Parodieren von Predigten kirchlicher Würdenträger großen Erfolg hat. Leo X. ernennt ihn als Belohnung zum Piombator, demjenigen, der die päpstlichen Bullen mit Blei zu verschließen hat und dafür Gebühren – und manchmal vielleicht auch von dritter Seite Bestechungsgelder für nachträgliche Veränderungen des Inhalts – kassieren kann.

Im Vatikan gebieten die Päpste besonders in der Renaissance über unzählige Amtsträger, deren Posten äußerst lukrativ sind. Da drängeln sich Prälaten, Protonotare, Archivare und viele andere dienstbare Geister mit exotischen Titeln. So hat der Heilige Vater in dieser Zeit schier

DAS JAHRHUNDERT DER ENTSCHEIDUNG

unbegrenzte Möglichkeiten, einen ihm hörigen Zirkel um sich zu scharen, Freunde und Verwandte zu versorgen und an sich zu binden. Mit Fragen des christlichen Glaubens sind diese Nutznießer päpstlicher Gnade selten beschäftigt.

Aber es sind nicht nur Verschwendung und Prunksucht, die Widerspruch unter den Gläubigen erregen, es sind auch die Leitbilder, an denen sich die Amtsträger im Vatikan orientieren. Dabei sollte ihr Lebenswandel doch »den Christenmenschen Vorbild sein«, wie es nicht nur der deutsche Augustinermönch Martin Luther fordert.

Bereits die prächtige Festarchitektur der Feier zur Papstwahl Leos X. wird zum Auslöser heftiger Kritik: Ein hölzerner Triumphbogen zeigt auf der einen Seite eine Abbildung des heiligen Petrus und auf der anderen den altgriechischen Gott Apollon. Die Gleichsetzung muss jedem traditionell denkenden Christenmenschen als ein schwerer Verstoß gegen die Glaubensregeln vorkommen. Stein des Anstoßes ist auch die päpstliche Kunstsammlung. Sie besteht neben anderen Preziosen auch aus den auf dem Boden des Vatikanstaates entdeckten antiken Kunstwerken. Im Mittelpunkt steht seit ihrer Auffindung die Laokoongruppe. 1506 ist das Meisterwerk aus Marmor im Beisein Michelangelos ausgegraben worden. Die dem Künstler der Antike überaus gelungene dynamische Darstellung menschlicher Körper hat den Künstler der Renaissance zutiefst beeindruckt und beeinflusst entscheidend sein zukünftiges Schaffen.

Aber auch der Apoll von Belvedere oder die Venus von Milo zählen zu den stolz präsentierten Schätzen. Noch für den heutigen Betrachter symbolisieren diese Meisterwerke »ewige Schönheit«, aber sie weisen aus der Sicht vieler nichtitalienischer Intellektueller einen entscheidenden Makel auf. Sie stellen heidnische Götter dar, nackte und sinnenfrohe Gestalten. Für viele italienische Humanisten aber ist das keine Entweihung. Sie sehen die heidnischen Religionen als Vorläufer des Christentums, in dem sich die vorher stückweise enthüllte Wahrheit Gottes vollständig offenbart. Aus diesem Blickwinkel betrachtet, sind die griechischen und römischen

LEO X. – DIESER PAPST KENNT KEINE SELBSTZWEIFEL

Götter also zugleich Vorläufer und Symbole des allein verbindlichen christlichen Glaubens.

Die im Rom der Renaissance allgegenwärtige Vermischung der Symbole des christlichen Glaubens mit heidnischen Elementen erregt besonders das Misstrauen der Reformatoren und ihrer Anhänger. Martin Luther wettert in seinen Universitätsvorlesungen: »Heute ist Rom zurückgekehrt zu dem alten heidnischen Zustand. Sie haben sich dort die schrankenlose Freiheit des Fleisches genommen.«

Aber auch unter den papstfreundlichen Zeitgenossen ruft die römische Zurschaustellung der antiken oder antik geprägten Kunstwerke allerorts erregte Diskussionen hervor: Wie viel Heidnisches kann eine christliche Kirche vertragen?

In seiner Schrift *Discorsi* stellt Machiavelli einen geradezu ketzerischen Vergleich an: »Das Christentum predigt als höchstes Gut Demut, Entsagung, Verachtung des Irdischen. Die heidnisch-antike Religion fordert Mut, Leibesstärke und alles, was den Menschen kraftvoll macht.« Zudem habe das Papsttum dadurch, dass es das Gegenteil vom dem vorlebe, was es lehre, in Italien jegliche Religiosität erstickt – eine Voraussetzung für einen funktionsfähigen Staat. Einige Jahrzehnte später kann man für solche Sätze auf dem Scheiterhaufen landen.

Doch in der Hochzeit der Renaissance entsprechen solche Formulierungen dem humanistischen Zeitgeist. Es ist anzunehmen, dass sie auch bei den Mitgliedern der führenden Fürstenhäuser wie den Medici zur Verringerung der Ehrfurcht vor dem Papsttum führen. Ob allerdings auch die Medici-Sprösslinge auf dem Heiligen Stuhl solche Ansichten teilen, ist nicht zu belegen.

DAS JAHRHUNDERT DER ENTSCHEIDUNG

Kirche und Kunst

Papst Leo X. sind solche Überlegungen wohl völlig fremd. Den von ihm bevorzugten Maler Raffael beauftragt er mit der Gestaltung der Loggien im zweiten Stock des Vatikanpalastes. Bald schmücken die Deckengewölbe Stuckengel, die sich abwechselnd auf das Medici-Wappen und ein Ochsenjoch mit dem Motto »Suave est« stützen; ein Hinweis auf die angeblich besonders milde Herrschaft dieses Papstes über die Kirche.

Der Heilige Vater stattet seinen aus Urbino stammenden Liebling Raffael mit immer umfassenderen Befugnissen aus. So ernennt er ihn sowohl zum Generalinspekteur der Künste als auch zum Hüter des Kulturerbes. Rom soll sich auf Wunsch Leos X. zu seiner großen und glänzenden Vergangenheit bekennen, die unter dem Schutt der Jahrhunderte und Jahrtausende verborgen liegt. Begeistert stürzt sich der junge Künstler in die Erforschung des antiken Roms und leistet archäologische Pionierarbeit.

Besonders die damals gerade wieder zugänglich gewordenen grottenartigen Räume der Domus Aurea, der Residenz von Kaiser Nero, üben eine unwiderstehliche Faszination auf Raffael aus. Hier findet der päpstliche Chefkünstler im Schutt der Antike die Motive für die Wanddekorationen im Vatikan.

Die im Vatikan in der »Stanza della Segnatura« von Raffael gemalten Wand- und Deckenfresken gelten als Höhepunkt der Renaissancekunst – den zeitgenössischen Papst-Kritikern sind sie Beweis für das Eindringen heidnischer Symbole in christliche Heiligtümer.

»Und es scheint, dass die Alten das, was sie sich vorstellten, mit unbegrenztem Aufwand hervorbrachten, und dass dabei allein ihr Wille jede Schwierigkeit überwand.« Raffaels Schreiben an seinen Auftraggeber lässt die Begeisterung des Künstlers über die entdeckten Kunstwerke deutlich erkennen: »Ich möchte die schönen Formen der antiken Bauten wieder zum Leben erwecken, aber ich weiß nicht, ob das nicht ein Ikarusflug sein wird.«

LEO X. – DIESER PAPST KENNT KEINE SELBSTZWEIFEL

◄ *Michelangelo und Raffael finden in den im päpstlichen Auftrag frisch ausgegrabenen Ruinen von Kaiser Neros »Goldenem Palast«, dem Domus Aurea, Anregungen für ihre Kunstwerke.*

Raffaels Deckengemälde in der Villa Farnesina bildet einen prachtvollen Rahmen für die berühmten Bankette des reichen Bankiers Agostino Chigi. Über den ausgelassen Feiernden hat der Künstler einen nachdenklich blickenden Rat zumeist nackter Götter versammelt.

Es gilt Anfang des 16. Jahrhunderts als letzter Schrei, Feste nach dem Vorbild der Antike zu veranstalten, als Gottesdienst auch Freudendienst sein konnte, wie es auf alten Malereien zu bestaunen ist. Wo Roms Schickeria wahre Bacchanale feiert, fehlen auch die Purpurträger aus dem Vatikan nicht. Lockere Reden zu führen gehört zum guten Ton, auch beim Klerus. Als

Die freizügigen Gemälde im Stil der Antike sind den protestantischen Landsknechten ein Dorn im Auge – während der Plünderung Roms beschädigen sie Raffaels Werk »Amor und Psyche« mit ihren Waffen.

DAS JAHRHUNDERT DER ENTSCHEIDUNG

Höhepunkt des Gelages, so wird geraunt, dürfen die Gäste ihr wertvolles Geschirr in den nahen Fluss Tiber werfen. Am nächsten Tag fischt man die goldenen Teller und Becher wieder diskret aus den zuvor heimlich aufgespannten Netzen; hinter der öffentlich zur Schau gestellten Verschwendung verbirgt sich der Geiz von Krämerseelen.

Im Vatikan schmückt Raffael auch die Privatgemächer des Kardinals Bibbiena gezielt mit solchen Motiven aus der antiken Mythologie, die mit dem Thema der Liebe in Verbindung stehen. So bestätigen die sinnenfrohen Dekorationen alle Vorurteile der protestantischen Kritiker. Kardinal Bibbiena ist vielen auch innerhalb der Kirche ein Dorn im Auge. Er ist Autor einer Komödie mit zweideutigen erotischen Passagen, die er für Leo X. in seinem Palast zur Aufführung bringt.

Der von Raffael voller Verehrung wie ein Renaissancefürst porträtierte Bibbiena wird von dem zeitgenössischen Literaturstar Baldassare Castiglione in seinem Hauptwerk *Il Libro del Cortegiano* als idealer Höfling und Vertreter der weltmännischen Lebensart gewürdigt; für einen hohen kirchlichen Würdenträger ein mehr als zwiespältiges Lob.

Der Tod seines Lieblingsmalers ist nicht nur für den Papst ein äußerst schmerzlicher Verlust. Möglicherweise hat dem Leben des begnadeten Künstlers die nicht zu bremsende Begeisterung für römische Altertümer ein plötzliches Ende gesetzt. Wahrscheinlich hat er sich bei Ausgrabungen in sumpfigem (und von Anopheles-Mücken bevölkertem) Ruinengelände »durch giftige Bodenausdünstungen« mit Malaria infiziert. Er stirbt an einem Karfreitag, dem 6. April 1520, seinem 37. Geburtstag.

Es heißt, im Vatikan hätten sich im Moment seines Todes Risse gebildet und der Papst habe bitterlich geweint.

Eine letzte Ruhestätte findet Raffael im römischen Pantheon, dem einst allen Göttern geweihten Tempel. Das Grab ziert eine überschwängliche Inschrift eines Verehrers: »Dies ist Raffael, durch den selbst Mutter

Kardinal Bernardo Dovizi, genannt Bibbiena, ist in seiner Zeit der Prototyp eines Kirchenfürsten: mehr den schönen Künsten zugetan als der theologischen Lehre.

Natur gefürchtet hatte, besiegt zu werden; als er starb, hatte sie geglaubt, sterben zu müssen.«

Während das Rom der Renaissance einen seiner größten Künstler betrauert, erhält die protestantische Bewegung immer mehr Zulauf.

Ein Höllenwesen verschlingt den prassenden Klerus

Erfolg haben die Vatikankritiker vor allem mit der Forderung: Weg mit dem Ablasshandel! Das Himmelreich soll käuflich sein? Für Luther ist das die schlimmste aller Sünden, und umgehend organisiert er den Widerstand. Bald verschärft der Reformator den Tonfall und predigt von der Kanzel der Wittenberger Schlosskirche, dass »der wahrhaftige Antichrist im Tempel Gottes sitzt und in Rom regiert« und »dass der römische Hof die Schule Satans sei«. Damit trifft er den Ton des Volkes.

»Der Papst besitzt heute ein fürstlicheres Vermögen als der reichste aller Geldfürsten. Warum baut er dann nicht wenigstens diese eine Basilika Sankt Peter mit seinem eigenen Geld statt mit demjenigen von armen Sündern?«, heißt es in seinen Thesen. Von solch harscher Kritik unbeirrt, schwärmen die Ablasshändler im Abendland aus; vor allem in Deutschland fahren sie reiche Ernte ein. Andere Länder verweigern sich der nicht genehmen »Geldschneiderei«, weil sie der eigenen Obrigkeit Mittel entzieht. Venedig verbietet sofort nach dem vatikanischen Ablasserlass im März 1515 die Sammeltätigkeit der päpstlichen Gesandten.

Das raffinierte Finanzierungssystem beruht auf einem Grundpfeiler kirchlicher Machtausübung: Die Kirche verhängt bei Sünden eine zeitlich begrenzte Strafe zur Buße wie die Exkommunizierung, die Verbannung aus der christlichen Gemeinde. Seit dem 11. Jahrhundert kann jeder Bischof, später nur der Papst, diese Strafen verkürzen, wenn der reuige Sünder stattdessen fromme Werke verrichtet; dann auch, wenn er Geld spendet. Schließlich erklären Theologen, dass Ablass sogar den Aufent-

LEO X. – DIESER PAPST KENNT KEINE SELBSTZWEIFEL

Der Buchdruck fördert die massenhafte Verbreitung der Antipapstpropaganda Martin Luthers: Das Spottbild zeigt den Kirchenfürsten in Teufelsgestalt.

halt im Fegefeuer zu verkürzen vermöge; den zukünftigen der Lebenden, aber auch den gegenwärtigen der bereits Verstorbenen. Dass man also als gute Tochter oder guter Sohn verpflichtet sei zu zahlen, um den eigenen Eltern die Strafen des Purgatoriums zu ersparen. Diese Theorie zieht, und sie zieht den Leuten das Geld aus der Tasche.

Einhellig akzeptiert wird diese Auffassung von den seriösen Theologen, auch in Rom, nie. Aber das tut wenig zur Sache. Die Parolen der Ablasshändler mögen theologisch betrachtet noch so verwegen sein, finanziell erfüllen sie ihren Zweck. Dabei drehen international agierende Bankhäuser das ganz große Rad und mischen die Karten der Kredite und Investitionen neu. Als der deutsche Erzbischof Albrecht große Summen benötigt, um sie zum Teil als Kaufpreis für seine kirchlichen Ämter an Papst Leo X. weiterzuleiten, stellt ihm das Augsburger Bankhaus Fugger dafür die Mittel zur Verfügung. Als Sicherheit verpfändet Albrecht die Einnahmen aus dem Ablasshandel, die eigentlich allein dem Papst zuständen. Das Geschäft beinhaltet eine Art Rückvergütungsklausel. Weil dem Heiligen Stuhl in Folge der Kreditgewährung an Albrecht auf einen Schlag eine große Geldsumme zufließt, zeigt sich der Papst im Gegenzug dankbar. Er verfügt, dass die Hälfte der deutschen Ablassgelder, eigentlich für den Bau des Petersdoms bestimmt, Erzbischof Albrecht zukommen soll. Dieser kann damit unverzüglich seine Schulden beim Haus Fugger bedienen. Ein Riesenhandel jenseits christlicher Moral, die eine solche Zweckentfremdung nicht legitimiert, aber ganz auf der Höhe des von Finanztransaktionen faszinierten Zeitalters.

Auslöser für das Finanzkarussell ist die Geldnot Albrechts von Brandenburg. Der 23-jährige Markgraf aus dem Hause Hohenzollern lässt sich zuerst zum Erzbischof von Magdeburg wählen, dann zum Bischof von Halberstadt und schließlich zum Erzbischof von Mainz. Damit ist er einer der mächtigsten Männer in Deutschland. Doch seine steile Karriere hat einen entscheidenden Schönheitsfehler: Sie entspricht nicht den gesetzlichen Vorschriften. Nach kirchlichem Recht darf niemand Inhaber mehrerer Bischofsämter sein, wenn der Papst keine Ausnahme zulässt. Solch einen Dispens kann man während des Pontifikats von Leo X. für viel Geld käuflich erwerben. Wer über ausreichende finanzielle Mittel verfügt, darf unter mehr als 2000 käuflichen Kirchenämtern wählen. Die Simonie ist eine für den Papst äußerst einträgliche Geldquelle.

Albrechts Mehrfachamt erfordert aber so enorme Dispenszahlungen, dass selbst ein Markgraf und Erzbischof sie nicht ohne Weiteres aus sei-

LEO X. – DIESER PAPST KENNT KEINE SELBSTZWEIFEL

nen wohlhabenden Bistümern finanzieren kann. Die findige Finanzkonstruktion mit der Einbeziehung der deutschen Ablasszahlungen macht das Unmögliche möglich, steht aber auch am Anfang einer zuvor undenkbaren Kirchenspaltung.

Denn die landesweite Tätigkeit des von Albrecht bestellten Oberablasseintreibers bleibt auch dem Theologieprofessor Luther an seiner brandenburgischen Provinzuniversität nicht verborgen. Inquisitor Johann Tetzel, Prior des Dominikanerordens, zieht wie ein Eroberer durch die Lande und verkauft den sündigen Menschen ihr Seelenheil: Bunte Wimpel und ein großes rotes Kreuz tauchen hinter einem Hügel auf, dann wird der prächtig gekleidete Dominikanermönch hoch zu Ross sichtbar; über ihm flattert das Banner des Papstes. Ein Tross aus bewaffneten Reitern und Karren folgt ihm. Die Karren sind mit eisenbeschlagenen Truhen beladen. Wenn der Zug das Stadttor einer mittelalterlichen Stadt durchquert, eilen die Ratsherren ihm beflissentlich entgegen. Die Ablasstarife sind je nach Stand genau geregelt: Fürsten zahlen 25, Barone zehn, bessere Bürger sechs, geringere einen und Arme einen Viertelgulden.

Viele Zehntausend Goldgulden werden auf diese Weise in Deutschland gesammelt. Ein nicht abreißender Münzstrom fließt nach Rom und füllt auch Papst Leos X. berühmte Geldschatulle, aus der er seine Lieblingskünstler mit Goldstücken belohnt.

1511, einige Jahre zuvor, hatte ein einfacher Augustinermönch aus Deutschland namens Bruder Martin die heilige Stadt besucht. Er fand Unterschlupf bei seinen Ordensbrüdern im Kloster; glücklicherweise, denn er war so arm, dass er sich nicht einmal eine neue Kutte leisten konnte. Niemand beachtete den unscheinbaren Pilger, auch nicht, als er die seit Jahren verwaiste Großbaustelle der neuen Papstbasilika Sankt Peter aufsuchte. Sie erschien als architektonische Katastrophe: Die ehrwürdige Vorgängerkirche war abgerissen worden, wenige gigantische Pfeiler neu errichtet; dann ging Papst Julius II. das Geld aus. Jahrzehnte später, in den

Tischgesprächen mit seinen engsten Vertrauten, behauptet Luther, dass ihm schon damals das teuflische Wesen des Papsttums aufgegangen sei.

Sechs Jahre später predigt der inzwischen zum Reformator Luther gewandelte Mönch unbeirrbar, dass der Papst nur die von ihm selbst verhängten Strafen aufheben, nicht aber das göttliche Urteil vorwegnehmen könne. Ablässe können daher weder den Seelen der Lebenden noch denen der Verstorbenen helfen. Stattdessen verweist Luther die Menschen darauf, die Gnade Gottes im Gebet und im Glauben zu suchen.

Seine tiefgründige und komplizierte Theologie können die Massen nicht verstehen. Doch einige besonders griffige Parolen zünden: dass der Papst ein Verschwender sei; dass Rom seit Langem eigennützig die Wahrheit verdunkele; dass die Reformation die reine evangelische Lehre wiederhergestellt habe und damit der Zorn Gottes besänftigt sei.

Luther verkündet im historisch richtigen Augenblick etwas, auf das viele gewartet haben. Und er hat eine neue revolutionäre Technik zum Verbündeten: den wenige Jahre zuvor erfundenen Buchdruck. Die Druckerpressen vervielfältigen die ketzerischen Thesen und Pamphlete millionenfach. Bald bricht der gewaltige Aufstand los: die Reformation. Dass sie gerade in Deutschland so viel Unterstützung findet, ist auch durch die damaligen Besitzverhältnisse an Grund und Boden erklärbar. Mehr als ein Drittel aller deutschen Gebiete steht unter der Herrschaft von 50 Bischöfen und 40 Äbten. So ist die Wut bei Arm und Reich über die Macht des Klerus unaufhaltsam gewachsen. Während die Bauern auch ohne Ablasszahlung unter den Abgaben und Steuern leiden, die sie an die kirchlichen Boden- und Landesherren abzuführen haben, blickt der Adel voller Neid auf die prosperierenden Besitztümer der Konkurrenten. Obwohl die verschiedenen gesellschaftlichen Schichten also durchaus unterschiedliche Motive haben, treten sie gemeinsam in den Kampf gegen Rom ein. Auch wenn diese Einheit in den folgenden Jahren aufbricht und es während der Bauernkriege zu erbittert geführten Schlachten zwischen beiden Parteien kommt, verlieren sie den Hauptfeind in Rom nicht aus dem Blick.

LEO X. – DIESER PAPST KENNT KEINE SELBSTZWEIFEL

Wie seine großen Vorfahren in Florenz, so will Papst Leo X. der Ewigen Stadt am Tiber seinen Stempel aufdrücken. Der neue, bereits unter Julius II. begonnene Bau des Petersdoms soll unvergleichlich werden; ein grandioses Symbol für den Triumph des Papsttums und den Bedeutungsgewinn seiner Hauptstadt! Doch die Wirklichkeit sieht anders aus: Die Bauarbeiten am neuen Petersdom machen keine Fortschritte. Gerüchte sind zu hören, dass der Papst die für die Bauarbeiten reservierten Gelder lieber für seinen verschwenderischen Lebensstil verwendet oder sie gar seiner Schwester Maddalena schenkt.

»Allem Unangenehmen ging er möglichst aus dem Wege, denn ein Grundzug seines Wesens war eine unersättliche Vergnügungssucht. Dieser Zug war seiner Familie eigen; er wurde noch ausgebildet durch das Milieu, in dem er sich befand.« So benennt Biograf Ludwig Pastor die verhängnisvollste Charaktereigenschaft des ersten Papstes aus dem Hause Medici. Doch das ist nur die eine Seite – und nicht zuletzt ein Image. Darüber hinaus ist Leo X. ein skrupelloser Machtpolitiker, der in einem schon für die Zeitgenossen schmutzigen Krieg das Herzogtum Urbino erobern lässt. Nach seinem Tod geht es rasch wieder verloren; wie auch das öffentliche Ansehen der Familie Medici immer geringer wird.

So gelingt es nach Leos X. Tod seinem Vetter Giulio wider Erwarten vorerst nicht, Papst zu werden. Nachfolger wird stattdessen 1522 der niederländische Kardinal Adriaan Florisz Boeyens, ein gebürtiger Utrechter. Der Vertraute von Kaiser Karl V. ist Verfechter religiöser Prinzipienfestigkeit und bescheidener Hofhaltung. Er ist ein Asket und will die Amtskirche reformieren, um sie von Nepotismus und Verweltlichung zu befreien. Aber dazu kommt er nicht; zu viele Pfründe und Privilegien stehen auf dem Spiel, zu viele Machtinteressen sind bedroht. Als Hadrian VI. bereits ein Jahr später stirbt, wird allseits über die Gründe des plötzlichen Ablebens spekuliert. Doch ernst zu nehmende Hinweise auf einen gewaltsamen Tod, etwa durch Gift, gibt es nicht. Jetzt ist der Weg frei für Kardinal Giulio de' Medici.

Clemens VII.
Zauderer zwischen allen Stühlen

Als nach Hadrians VI. plötzlichem Tod das Konklave einberufen wird, zieht Kardinal Giulio alle Register. Noch immer muss er fürchten, als uneheliches Kind nicht »papabel«, nach Kirchengesetz nicht zum Papst wählbar zu sein. Darum verspricht er den einflussreichen Wahlmännern große Summen und lukrative Ämter, wohl wissend, dass er nach der Wahl nicht alle Zusagen wird halten können.

Der im Staatsarchiv von Florenz aufbewahrte persönliche Schriftverkehr aus der Zeit des Konklave, während dessen die Kardinäle offiziell überhaupt keinen Außenkontakt haben sollten, und die Rechnungsbücher des frisch erkorenen Papstes belegen Geldzahlungen im Zusammenhang mit seiner Wahl.

Nach 50 Tagen des Ringens und Schacherns triumphiert Giulio de' Medici als neuer Papst und nimmt den Namen Clemens VII. an. Schon einmal hatte es einen Papst gleichen Namens gegeben. Er hatte vor seiner Wahl als grausamer Kriegsherr gewütet und sich dabei den unrühmlichen Namen »Schlächter von Cesena« erworben. Doch dieser Gegenpapst amtierte von 1378 bis 1394 in der Zeit des Schismas, als durch rivalisierende Kardinalsfraktionen sowohl in Rom wie auch in Avignon Päpste gewählt wurden. Da die römische Amtskirche die Nominierung der Gegenpäpste jedoch nicht anerkannte, ist der Name frei verfügbar, als Giulio de' Medici gekürt wird.

CLEMENS VII. – ZAUDERER ZWISCHEN ALLEN STÜHLEN

Steckbrief: Clemens VII.

Als Giulio de' Medici am 24. Mai 1478 in Florenz zur Welt kommt, ist er nicht nur unehelich geboren, sondern bereits Halbwaise. Sein Vater Giuliano I. de' Medici stirbt einen Monat vorher bei dem Attentat gegen die führenden Mitglieder der Medici-Familie im Dom von Florenz. Vetter Papst Leo X. erteilt ihm wegen seiner unehelichen Geburt Dispens und definiert, dass er das Kind einer »heimlichen Ehe« sei. So kann Giulio Bischof von Narbonne und Erzbischof von Florenz werden.

Es heißt, dass wer ihm persönlich gegenüberstand, ihn, besonders im Vergleich zu den übrigen sonst eher hässlichen Medici, als einen sehr schönen Mann von zierlicher Gestalt, vornehmen Gesichtszügen und löblichen Sitten empfand. Als aus dem illegitimen Medici-Spross dann Papst Clemens VII. geworden ist, mangelt es nicht an Vorschusslorbeeren, gerade auch nicht vonseiten neutraler Beobachter. Ihnen ist nicht verborgen geblieben, mit welch unermüdlicher Arbeitskraft und größter Treue er seinem Vorgänger Leo X. diente. Der Diplomat und Schriftsteller Baldassare Castiglione berichtet von der glänzenden Papstkrönung: »Es scheint, dass hier jeder das Allerbeste von diesem Papst hofft.« An der Festtribüne kann die riesige Menschenmenge lesen: »Clemens VII., dem Wiederhersteller des Weltfriedens und stetigen Verteidigers des christlichen Namens«. Es wird alles anders kommen.

Der venezianische Botschafter beim Vatikan Marco Foscari konnte während seines dreijährigen Aufenthaltes Clemens VII. genau studieren. Er hebt besonders seine Gerechtigkeit und Frömmigkeit hervor: »Er verkauft keine Benefizien, noch vergibt er sie durch Simonie. Im Gegensatz zu Leo X. und anderen Päpsten verlangt er keine Dienste, wenn er Gnaden verteilt, sondern wünscht, dass alles rechtmäßig zugehe.«

Ein anderer Venezianer hebt hervor, dass der Papst ein sehr kaltes Herz habe und deswegen sehr langsam in seinen Entschlüssen sei, obwohl er im Grunde ein gutes Urteilsvermögen besäße.

DAS JAHRHUNDERT DER ENTSCHEIDUNG

Der Papstbiograf Ludwig Pastor schreibt: »Stets zaudernd, gehörte Clemens VII. zu jenen unglücklichen Naturen, bei denen die Überlegung nicht die Gedanken klärt und den Willen stärkt, sondern unaufhörlich neue Zweifel und Bedenken hervorruft. Des Papstes Unschlüssigkeit und Wankelmut mussten umso mehr zu seinem Verderben ausschlagen, als ein hoher Grad von Zaghaftigkeit sich hinzugesellte.«

Pastor fasst das kritische Urteil der ernüchterten Chronisten zusammen: »Die Zeitgenossen übersahen im ersten Augenblick die bedenklichen Charaktereigenschaften Clemens' VII. fast vollständig. Umso peinlicher war dann das Erstaunen, als aus dem großen und hochgeehrten Kardinal ein kleiner, gering geschätzter Papst wurde.«

Der Countdown Richtung Abgrund beginnt kurz nach der Besteigung des Heiligen Stuhls: 1525 erleidet der französische König bei Pavia eine vernichtende Niederlage, wird gefangen genommen und nach Spanien gebracht. Realpolitiker Clemens VII. schließt umgehend ein Bündnis mit dem siegreichen Kaiser. Franz I. muss 1526 im Frieden zu Madrid auf alle Ansprüche in Italien verzichten.

Angesichts der drohenden Übermacht Karls V. in Europa, speziell im machtpolitisch zersplitterten Italien, gründet der Papst kurz darauf mit Franz I., Mailand, Venedig und Florenz die Liga von Cognac gegen den Kaiser. Zwangsläufig bricht ein Krieg aus, der im Mai 1527 in der furchtbaren Plünderung Roms durch die kaiserlichen Truppen, dem »Sacco di Roma«, gipfelt. Clemens VII. flüchtet aus dem Vatikan und wird in der Engelsburg belagert. Trotz erbitterter Gegenwehr seiner Schweizergarde wird er zur Aufgabe gezwungen. Hilflos muss der nach Orvieto Verbannte auch mit ansehen, wie die Medici aus Florenz verjagt werden.

Doch bereits im Herbst 1527 gibt der Kaiser dem Papst gegen das Versprechen der Neutralität die Freiheit und die Regierung des Kirchenstaates zurück. Zwei Jahre später gelingt auch die Wiederherstellung der Medici-Herrschaft in Florenz.

CLEMENS VII. – ZAUDERER ZWISCHEN ALLEN STÜHLEN

Während seines Pontifikats hatte Clemens VII. mindestens so viel Angst vor einem Konzil wie vor der Reformation. Nie mehr solle sich wie bei den Konzilien von Konstanz und Basel ein Papst dem Mehrheitswillen einer Kirchenversammlung unterwerfen müssen, lautet seine Devise, ein Konzil würde angeblich die Macht des Kaisers stärken. So blockiert Clemens VII. die Erneuerung der Kirche und fördert ungewollt den Protestantismus.

Der spanische Kardinal Garcia de Loaysa, Beichtvater Karls V., gesteht seinem Herrscher: »Dieser Papst ist der geheimnisvollste Mensch der Welt, wie ich niemals jemand gesprochen habe.«

Clemens VII. stirbt am 25. September 1534 in Rom und wird in derselben Kirche Santa Maria sopra Minerva begraben wie sein enger Verwandter und Förderer Leo X.

Der Papst hat viele erbitterte Gegner

Als Medici wird Clemens politisch zur Fraktion der Kaisertreuen gerechnet, besonders die Parteigänger der französischen Krone haben alles darangesetzt, seine Wahl zu verhindern. Dazu spielen über politische Fraktionskämpfe hinweg die individuellen Interessen mächtiger Familien eine wichtige Rolle. Besonders das alte römische Adelsgeschlecht Colonna, obwohl ebenfalls kaiserfreundlich, kämpft gegen die neureichen Medici aus Florenz.

Aber auch Giulios persönlicher Charakter, vor allem die chronische Entscheidungsunfähigkeit, ist eine Eigenschaft, die in den Augen vieler den Anforderungen des heiligen Amtes nicht entspricht. Besonders in solch schwierigen Zeiten sind politischer Weitblick und Fingerspitzengefühl gefordert.

Als persönlicher Sekretär folgt ihm der hochgebildete Spross einer florentinischen Patrizierfamilie in den Vatikan. Francesco Guicciardini wird zum nüchternen Chronisten der kommenden Ereignisse, der sein im Laufe der Zeit immer kritischeres Urteil auf das eigene Erleben stützt. Bereits die Machenschaften im Umfeld der Papstwahl stoßen ihn ab: »Der Heilige Geist lässt sich in den unreinen Seelen der heutigen Kardinäle gewiss nicht nieder.« Am Ende seiner Laufbahn im Vatikan beurteilt Guicciardini illusionslos die eigene Rolle im Umfeld des Papstes: »Ich habe anders geraten, aber die blinde Gier der Mächtigen nicht bezwingen können!«

Der frisch gewählte Papst sieht sich in einem zerstrittenen Europa als Friedensstifter und gegenüber den Heiden als energischer Vertreter des christlichen Glaubens. Mit großem Elan geht er ans Werk, um das Abendland neu zu ordnen. Von seinen Chefberatern ist der eine Verbündeter des Kaisers, während der andere dem französischen König zuneigt. In der Mitte sitzt Clemens VII., der sich zumeist nicht zwischen den beiden Seiten entscheiden kann.

Dabei ist die politische Lage im Abendland hochkompliziert und auch für einen fähigeren Kopf als Clemens VII. schwer zu durchschauen. 1516 ist der spanische Thronfolger als Karl V. Erbe der Kronen Kastiliens und Aragons geworden. Als Habsburger wählen ihn die deutschen Fürsten 1519 auch zum deutsch-römischen Kaiser. Damit diese Deklamation die letztgültige Weihe erhält, muss der Amtsinhaber allerdings noch vom Papst gekrönt werden. Diesen salbungsvollen Akt zögert der Vatikan hinaus, um den politischen Preis dafür in die Höhe zu treiben.

Der junge Regent Karl V. bezeichnet die geografische Distanz seiner Herrschaftsgebiete voneinander als »meinen größten Feind«. Er ist fast ständig unterwegs, kann es aber trotzdem keinem wirklich recht machen. Seine Regierung wird zeitlebens unter der Zersplitterung des von ihm nominell verkörperten Imperiums leiden.

Seine spanischen Minister formulieren das daraus resultierende latente Machtvakuum mit der ihrem Berufsstand eigenen Überheblichkeit: »Obedezco, pero no cumpleo!« – Ich gehorche, aber ich befolge nicht!

CLEMENS VII. – ZAUDERER ZWISCHEN ALLEN STÜHLEN

Karl V. erzielt geringe Steuereinnahmen, darum ist er bei Bankhäusern wie den Fuggern in Augsburg hoch verschuldet und von ihrer Gunst abhängig. Sein politischer Handlungsspielraum ist somit eingeschränkt. Tatsächlich verlässt er sich ganz auf sein schlagkräftiges Landheer und die Erfolge der Konquistadoren in der Neuen Welt, Amerika. Dort ist 1521 mit der Eroberung des Aztekenreiches in Mexiko der entscheidende Schritt zur Errichtung eines mächtigen Kolonialreiches gelungen.

Als König von Spanien vernachlässige er aus Geiz die maritime Sicherheit des Landes, wirft ihm der erboste Landesadel vor. Die Türkei könne mit ihrer Flotte und der Hilfe nordafrikanischer Verbündeter fast das gesamte Mittelmeer beherrschen. Seine Ehefrau Isabella fordert von Karl I., dem Kampf gegen den »Piratenfürsten« von Algier namens Barbarossa Vorrang einzuräumen.

Der Humanist Erasmus von Rotterdam, die wohl am meisten respektierte Persönlichkeit unter den europäischen Intellektuellen seiner Zeit, kommentiert: »Sie, Karl und Suleiman, sind in einem Kampf um den größten aller Preise: Ob nun Karl Herrscher der ganzen Welt sein wird oder der Türke. Die Welt kann nicht zwei Sonnen am Himmel ertragen.«

Der spanische Chronist Francisco López de Gómara, der den gescheiterten Angriff Karls V. auf die muselmanische Piratenhochburg Algier miterlebt, zeigt sich enttäuscht von der Kampfkraft der eigenen Seite: »Beide, Sultan und Kaiser, haben sich gleichermaßen dem Krieg verschrieben, aber die Türken sind erfolgreicher im Verwirklichen ihrer Ziele als wir Spanier, denn sie wahren die Ordnung und die Disziplin des Krieges besser, beraten sich besser und setzen ihr Geld besser ein.«

Der katholische König Franz I. von Frankreich sucht im Konflikt um die Kaiserkrone mit dem ebenfalls katholischen Kaiser Karl V. Unterstützung bei den heidnischen Türken, dem damaligen Hauptfeind des Abendlandes. Die osmanische Flotte nimmt sogar Winterquartier im französischen Hafen Toulon. Kurz darauf greift Sultan Suleiman mit seinem Heer Ungarn an, tötet in der Schlacht von Mohács den ungarischen

DAS JAHRHUNDERT DER ENTSCHEIDUNG

König Ludwig und marschiert auf Wien. Niemand eilt der Witwe Ludwigs, Maria, einer Schwester Kaiser Karls V., zu Hilfe.

Zwar ist das christliche Abendland nun in höchster Gefahr, doch Frankreich und Venedig, obwohl jetzt selbst von Suleiman bedroht, greifen stattdessen den Kaiser an. Auch der Papst wechselt die Seite und wendet sich gegen Karl V., anstatt die Christenheit gemeinsam mit Kaiser und Königen gegen die Türken zu verteidigen.

So unterstützt der Papst Karls V. »Kreuzzüge« gegen Ungläubige im Mittelmeer oder die Protestanten in Deutschland nur halbherzig, weil er jeden Machtzuwachs des Kaisers fürchtet. Karl V. versteht das nicht. Doch sein Sohn Philipp spekuliert in einem Brief an einen Minister über die Beweggründe: »Ich versichere Euch, dass ich der Gleichgültigkeit des Papstes allmählich müde bin und nahe davor, meine ansonsten große Geduld zu verlieren ... Ich glaube, wenn die Niederlande nur einem anderen gehörten, hätte der Papst Wunder gewirkt, um den Untergang des Katholizismus dort zu verhindern. Da es aber meine Länder sind, so glaube ich, nimmt er dies in Kauf, denn sie wären ja dann für mich verloren.«

Am 24. Februar 1525 kommt es im Schlosspark der norditalienischen Stadt Pavia zur Entscheidungsschlacht zwischen den katholischen Machtblöcken. Das kaiserliche Heer siegt auf der ganzen Linie. Viele französische Ritter fallen, Franz I. von Frankreich wird gefangen genommen und nach Spanien gebracht. Der Papst sieht sich in die Enge getrieben. Er hat wieder einmal auf die falsche Karte gesetzt.

Doch Clemens VII. hofft immer noch, die Mächtigen Europas gegeneinander ausspielen zu können. Aber er verirrt sich immer mehr in den Fußangeln der Intrigen. Oft ändert er von Stunde zu Stunde seine Meinung, eine Katastrophe besonders für die diplomatische Korrespondenz.

CLEMENS VII. – ZAUDERER ZWISCHEN ALLEN STÜHLEN

Misstrauen macht sich breit

Francesco Guicciardini schreibt als unbestechlicher Beobachter des päpstlichen Verhaltens aus seiner Sicht der Dinge: »Clemens ist chronisch entscheidungsunfähig. Hat er einen Entschluss gefasst, überkommt ihn postwendend die tiefste Reue, sich so und nicht anders entschieden zu haben, woraufhin alles wieder rückgängig gemacht wird und die qualvolle Prozedur von vorne beginnt. Wie sollte es auch anders sein, wenn ein Eilbote dem anderen nachjagt, um eben ausgesandte Briefe wieder einzuziehen? Manchmal ist der erste Kurier so schnell, dass er nicht mehr eingeholt werden kann. Dann bekommen gekrönte Häupter sich widersprechende Botschaften des Papstes zu lesen – mit äußerst abträglichen Folgen für dessen Reputation.«

Widersprüchlich wie seine Bündnispolitik. Nach der Gefangennahme des französischen Königs bei Pavia schließt der Papst schleunigst ein Abkommen mit Kaiser Karl V. Doch hinterrücks beginnt Clemens VII. ein hochriskantes Spiel: Im Geheimen entbindet er den französischen König von allen dem Kaiser als Gegenleistung für seine Freilassung unter Eid gegebenen Zusagen.

Als Karl V. seinen Rivalen dann tatsächlich freilässt, behält er dessen Söhne als Geiseln. Bereits kurze Zeit später tritt der Papst mit Frankreich, Mailand, Venedig und Florenz einem antikaiserlichen Bündnis bei, der Liga von Cognac. Ihr Ziel: Freilassung der französischen Königssöhne und Wiedereinsetzung der vertriebenen Herrscherfamilie Sforza in Mailand. Bei Nichterfüllung der Forderungen plant der Verbund ein gemeinsames militärisches Vorgehen gegen den Kaiser. Als der von der Verschwörung erfährt, fühlt er sich natürlich besonders vom Papst hintergangen und um den Siegerlohn von Pavia betrogen. Er wird sich grausam rächen.

Karls V. Botschaft an Clemens VII. ist trotz der freundlichen Worte mit kaltem Herzen diktiert: »Hochverehrter Heiliger Vater! Seien Sie unserer unverbrüchlichen Liebe und untertänigsten Treue versichert!« Doch mit der ihm eigenen Gutgläubigkeit gegenüber Nachrichten, die er sich genauso erhofft hat, zeigt sich der Herr der Christenheit über die Schmeicheleien erfreut. »Sieh an, Karl wünscht mir alles Gute zum neuen Jahr! Er ahnt nichts, er will unbedingt das Bündnis mit uns! Der Kaiser scheint mir ganz zu vertrauen«, so überliefert der Privatsekretär die Reaktion des Papstes auf das Schreiben vom spanischen Hof. Guicciardini selbst durchschaut die doppelbödigen Sätze, ohne sich mit seiner Einschätzung durchsetzen zu können. Sein Urteil: Das Besondere an Clemens VII. ist, dass er wirklich glaubt, die anderen würden seine Lügen glauben! Und noch seltsamer: Er glaubt die Lügen der anderen.

Immer wieder tragen die Unterhändler der Cognac-Liga die gleiche Forderung vor: Mit dem Papst im Rücken will Franz die Prinzen freibekommen, ohne allerdings sein gegebenes Ehrenwort zu halten.

Karl V. habe kühl mit einem Zitat des römischen Staatsmanns und Gelehrten Cicero geantwortet, berichtet die Chronik: »Sich einmal zum Narren machen zu lassen ist unerfreulich; beim zweiten Mal ist es beschämend und beim dritten Mal einfach nur dumm!«

Einem der Gesandten lässt er eine persönliche Botschaft an Franz I. mitgeben: »Ich werde niemanden unter Drohungen freigeben, denn ich bin für meinen Teil nicht gewohnt, unter Zwang zu handeln. Euer König solle auf seine Ehre achten, sofern er noch welche besitzt.« Den päpstlichen Legaten würdigt der Kaiser bei den Verhandlungen keines Blickes.

Als das Intrigenspiel des Papstes offensichtlich wird, versucht der als Schuldigen den jüngst verstorbenen Marqués de Pescara zu denunzieren, im leichtfertigen Vertrauen darauf, dass Tote sich nicht wehren können. Der treue Gefolgsmann hatte aber den Kaiser über die heimlichen Verhandlungen zwischen Venedig, Herzog Sforza von Mailand, Papst Clemens VII. und ihm ständig genauestens unterrichtet. Davon ahnt wiederum der Papst nichts. So scheitern seine diplomatischen Winkelzüge wieder einmal auf der ganzen Linie. Ein englischer Gesandter berichtet über den päpstlichen Gemütszustand, der sich infolge der immensen Anzahl schlechter Nachrichten immer mehr verdüstert: »Er ist bedrückt und hängt einsam seinen Gedanken nach, manchmal drei oder vier Stunden lang. Er hat keinen Trost und keine Freude mehr.«

In Italien spitzt sich die Situation dramatisch zu. Der Beginn des Jahres 1527 steht unter keinem guten Stern. Die Pest bricht wieder aus und fordert unzählige Opfer. Ein Zeuge des Massensterbens berichtet aus der Lombardei: »Nie zuvor hat die Christenheit ein ähnliches Schauspiel von Verwüstung und Zerfall gesehen.«

Die stinkende Mördergrube

Von allem heraufziehenden Unheil unbeeindruckt, ficht der Papst inzwischen mit der römischen Adelsfamilie Colonna unter Führung seines Erzfeindes Kardinal Pompeo Colonna eine erbitterte Fehde aus. Bei Kämpfen innerhalb der Stadtgrenzen Roms muss Clemens VII. sogar um sein Leben fürchten. So entgeht ihm offensichtlich, dass sich in der Zwischenzeit nördlich der Alpen Bedrohliches zuträgt. Der Landsknechtführer Georg von Frundsberg hat nach dem Ende des Bauernkrieges arbeitslos gewordene Veteranen gesammelt und stellt sie in den Dienst des Kaisers. Obwohl seit Monaten ohne Lohn, bleibt das Söldnerheer zusammen; ein höchst ungewöhnlicher Vorgang. Dafür gibt es eine Motivation, die den Papst in Alarm versetzen sollte: Hass der vielen protestantisch gesinnten Soldaten auf Kirche und Vatikan. Auch eine Reaktion auf die vielen Flugblätter, die den einfachen Menschen ein Gruselbild der Päpste vermitteln mit der Aufforderung: Schlagt sie tot, denn sie sind des Teufels!

Die 14 000 Landsknechte Frundsbergs wollen ernährt werden und ziehen darum über die Alpen in Richtung Rom, überqueren das Apennin-Gebirge und marschieren hungernd und wütend auf die Stadt am

Tiber zu. Niemand kann den wilden Haufen bändigen, denn der Anführer Frundsberg erleidet einen Schlaganfall und stirbt kurz darauf. Der Papst verhandelt indessen einen neuerlichen Waffenstillstand mit dem Kaiser und entlässt umgehend seine Truppen.

Francesco Gonzaga, Markgraf von Mantua, urteilt abfällig: »Die Unbesonnenheit und Fahrlässigkeit ist doch zu groß: Vor Ausführung des Waffenstillstandes hat der Papst sich völlig entwaffnet. Jedermann staunt über ein solches Verfahren; ohne Zweifel hat dies so der Wille Gottes angeordnet, um die Kirche und ihren Lenker zu verderben.«

Clemens VII. handelt übereilt, weil er kaum noch über genügend Geldmittel verfügt, und im Vertrauen auf die Unterstützung seiner politischen Freunde. Doch keiner der Bündnisgenossen steht zu seinen Zusagen. Venedig lässt zwar nichts unversucht, eine Versöhnung zwischen Kaiser und Papst zu verhindern, macht aber keine Anstalten, Clemens VII. Geld oder Kriegsmaterial zur Verfügung zu stellen. »Venedig ist nur für seine eigenen Interessen besorgt; Hilfe ist von dort ebenso wenig wie von Frankreich zu erwarten«, klagt der französische Nuntius Canossa.

Die kaiserlichen Truppen in Norditalien stehen unter Kommando des französischen Renegaten und Feindes der Herrscherdynastie Valois, dem Connétable de Bourbon. Seit Monaten sind sie ohne Sold geblieben. Die gefürchteten Landsknechte zeichnen sich durch besondere Furchtlosigkeit und eine auch für ihre Zeit beispiellose Brutalität aus. Sie praktizieren eine spezielle Kampftechnik. Beim Angriff stehen in erster Reihe die Pikeniere mit ihren fünf Meter langen Spießen. Verdeckt in der zweiten Reihe warten die Hellebardenträger mit kürzeren Lanzen und die Schwertkämpfer mit langen Zweihändern, die sie nach dem Zusammenprall mit dem Feind wie Sicheln schwingen.

Wenn Langspieße und Hellebarden im Gedränge nicht mehr bewegt werden können, wütet man mit kurzen Schwertern, die aus gutem Grund »Katzbalger« heißen, mit speziellen »Mordäxten«, Messern, Zähnen und sogar bloßen Händen. Viele Opfer werden von der unaufhaltsam

CLEMENS VII. – ZAUDERER ZWISCHEN ALLEN STÜHLEN

nachdrängenden Masse aber auch einfach erdrückt oder zu Tode getrampelt. Zu einem besonders blutigen Gemetzel kommt es, wenn einer der Heerhaufen zu wanken anfängt und »Fersengeld« gibt. Sprich unter Wegwurf aller Waffen und Barmittel hofft, zu entkommen, weil die Verfolger durch das Aufheben der Wertgegenstände abgelenkt sind. Meistens gelingt die Flucht aber nicht. Der überwiegende Teil der Verlierer wird gnadenlos abgeschlachtet.

Beliebt ist unter Landsknechten der Brauch, dem gefallenen Feind den Bauch aufzuschneiden und mit seinem Körperfett Spieße einzuschmieren. »Andere zerhacken sie, braten und verzehren die Stücke«, so wollen es während einer Schlacht mit den Schweizern Augenzeugen gesehen haben. Die abstoßenden Grausamkeiten werden demonstrativ im Angesicht des Gegners zelebriert, um ein Höchstmaß an Abschreckung zu erzielen. Diese Methoden der psychologischen Kriegsführung sind überaus erfolgreich. Aber manches entspringt auch uraltem Aberglauben. So ist die Verwendung des »Schmeers«, des Fettes der Erschlagenen, durch das Mittelalter aus früheren Zeiten überliefert. Man schreibt ihm eine magische Wirkung zu.

Allerorts steigert die übertriebene Gräuelpropaganda die Furcht vor den heranziehenden »wilden Haufen« aus protestantischen Söldnern zur Massenhysterie. Auf Propagandaflugblättern gegen den »Antichrist in Rom«, die »Hure Babylon«, wird für das leseunkundige Volk eine drastische Bildsprache gesprochen: Landsknechte urinieren in die päpstliche Tiara; Kardinäle baumeln am Galgen. Auch Luthers Kampfschrift *Wider das Papsttum zu Rom, vom Teufel gestiftet* heizt die Stimmung der Soldateska an.

Die Stadt Rom zählt damals kaum 60 000 Einwohner, aber sie ist nach Venedig und Genua die reichste Stadt Italiens – noch vor Florenz. Kein Feind hatte diese Stadt seit langer Zeit geplündert. Sie verwahrt die Reichtümer der Christenheit, welche die nimmersatte römische Kurie von ihr eingesammelt hat. Alle diese Schätze der Pfaffen und Kurtisanen, der Wucherer und Wechsler, ja das Vermögen des ganzen Volks könnten Eroberer nach dem geltenden Kriegsrecht als Beute beanspruchen.

»Ich will weder, dass der Adler Karl hier in Italien landet, noch, dass der Hahn Franz hier kräht; denn entweder werde ich völlig vernichtet, oder aber ich vernichte sie!«, so hatte der Papst die Alternativen seines Schicksals prophezeit. Am 6. Mai 1527 scheint seine Vernichtung bevorzustehen, als es den Angreifern gelingt, die letzten Verteidigungsbastionen zu stürmen und in das Vatikan-Viertel einzudringen. Im letzten Augenblick kann der Papst durch den befestigten Fluchtweg zur Engelsburg entkommen. Ein Helfer wirft einen dunklen Mantel über sein weißes Gewand. So bietet der Flüchtende dem Feind kein leichtes Ziel, als er die letzten Meter über die offene Holzbrücke in die rettende Festung eilt. Die tapfere Schweizergarde hat fast bis zum letzten Mann gekämpft, um den Papst zu schützen. Aber auch die aufopfernd kämpfende Leibwache kann weder verhindern, dass die Vatikan-Bibliothek als Pferdestall missbraucht, noch, dass die wenige Jahre zuvor geschaffenen Wandfresken Raffaels beschädigt werden.

Der Direktor der nachantiken Sammlungen in den Vatikanischen Museen, der Deutsche Arnold Nesselrath, widmet sich seit Jahrzehnten deren Restaurierung. Dabei sind auch zuvor nicht mehr erkennbare Beschädigungen sichtbar geworden. In dem die ganze Wandbreite füllenden Fresko *Disputa* in den Stanze della Segnatura sind in über zwei Metern Höhe die Buchstaben VKIMP in den Kalkuntergrund des Bildes geritzt worden. Sie stehen für »Vivat Karolus Imperator« – Lang lebe Kaiser Karl. Darunter ist deutlich der Namenszug LUTERUS (Luther) lesbar. Mehrere der in den Stanzen von Raffael dargestellten Heiligen und Päpste sind geradezu Opfer eines gezielten Attentats geworden. Ihnen wurden die Augen ausgestochen oder das Gesicht zerstört. Der Experte Arnold Nesselrath nimmt wegen der erheblichen Höhe der Beschädigungen an, dass als Tatwaffe ein Spieß diente, die übliche Waffe der Landsknechte.

CLEMENS VII. – ZAUDERER ZWISCHEN ALLEN STÜHLEN

Auch in der im Stadtteil Trastevere gelegenen Villa Chigi, die heute den Namen Farnesina trägt, sind Wandgemälde gezielt beschädigt worden. »Da ein großer Teil der Landsknechte Lutheraner waren, ließen sie sich die Gelegenheit nicht entgehen, das verhasste Papsttum mit Spott und Hohn zu überhäufen. Mit dem roten Kardinalshut geschmückt, mit den langen Gewändern der Kirchenfürsten bekleidet, ritten sie auf Eseln durch die Straßen und trieben allen erdenklichen Spott«, berichtet der Papstbiograf Ludwig Pastor. Er erzählt die Geschichte des bayrischen Hauptmanns Wilhelm von Sandizell, der als Papst verkleidet umherlief und sich von den als Kardinälen vermummten Landsknechten Hände und Füße küssen ließ. Mit einem Glas Wein in der Hand segnete er sie daraufhin, bevor die Schar ihren Heros Martin Luther mit solcher Lautstärke zum Papst ausrief, dass Clemens VII. es in der Engelsburg hören konnte. Pastor: »Die Landsknechte erklärten, sie hätten Gott versprochen, alle Pfaffen zu ermorden, und sie handelten danach.«

Der Papst ist ohnmächtiger Zeuge des für ihn zuvor in der heiligen Stadt unvorstellbaren Terrors. In der Engelsburg ist sein Leben vorerst nicht in Gefahr, aber von allen Seiten eingeschlossen, sitzt er in der Falle; der Zufluchtsort wird zum Kerker. Als Gefangener ist das Oberhaupt der katholischen Christenheit hilflos dem Lauf der Dinge jenseits der Festungsmauer ausgeliefert.

Es mag ihm kaum Trost sein, dass auch die dem Kaiser nahestehenden Kardinäle von der Raub- und Mordgier des entfesselten Kriegsvolkes nicht verschont bleiben; selbst die deutschen und spanischen Niederlassungen werden überfallen und sogar die kaiserlichen Gesandten ermordet. Doch auch unter den Besatzern nimmt das Sterben in der »stinkenden Mördergrube« Rom überhand.

»Es sterben vil Knecht hie an der Pestilentz, trinken auch heftig, werden unsinnig und sterben gleich; es hat stark Wein hie«, zitiert Ludwig Pastor einen deutschsprachigen Landsknecht. Aber auch die schlechte Trinkwasserversorgung dürfte für die Seuchen verantwortlich sein, der in knapp drei Monaten allein 2500 Deutsche erliegen. So sind Freund und Feind daran interessiert, möglichst bald eine Beendigung der unkontrollierbaren Zustände herbeizuführen.

Durch das zügellose Wüten seiner Truppen und die Gefangennahme des Papstes hat der Ruf von Kaiser Karl V. außerdem erheblich gelitten. Vor allem der eingeschlossene Papst muss sich der quälenden Frage stellen: Wie konnte es zu der Katastrophe kommen, die viele an das Jüngste Gericht gemahnt?

Der Papst kann sich nach siebenmonatiger Belagerung die Freiheit gegen Zahlung eines immensen Lösegeldes erkaufen. Doch in Sicherheit ist er damit noch nicht. Um dem aufgeputschten Pöbel zu entkommen, hat er sich als einfacher Hausdiener getarnt. Ob er allerdings, wie es die Legende wissen will, auf einem Esel flüchtet, ist höchst unwahrscheinlich. Eher wird er wohl standesgemäß in der Sänfte und unter dem Schutz einer gewissen bewaffneten Bedeckung nach Orvieto enteilt sein.

Der Papst flieht

Die Vertreibung aus Rom bei Nacht und Nebel ist eine Demütigung, wie sie für den Stellvertreter Christi auf Erden nicht größer sein könnte. Auch aus Florenz werden die Medici im Mai 1527 verjagt. An die Stelle ihrer Herrschaft tritt eine Republik des Mittelstandes, die sich rasch endzeitlich radikalisiert und Christus zum Oberhaupt des Staatswesens ausruft.

Ein außergewöhnliches Bauwerk erinnert noch heute in Orvieto an das päpstliche Exil in der Stadt. Die Brunnenkapazität reicht nicht aus für den Hofstaat, und besonders im Sommer herrscht Wassermangel. Clemens VII. beauftragt umgehend den in kirchlichen Diensten bewährten Stararchitekten Antonio da Sangallo mit dem Entwurf zu einer neuen Brunnenanlage. Ein schwieriger Auftrag, denn Orvietos Lage auf einem

CLEMENS VII. – ZAUDERER ZWISCHEN ALLEN STÜHLEN

aus der Umgebung hoch aufragenden Felsblock verwandelt sie in eine kaum einnehmbare Festung, macht jedes Vordringen in den Untergrund ohne moderne Bohrtechnik aber zu einer äußerst mühseligen Angelegenheit. Doch der Erfindungsreichtum des Renaissancegenies findet eine beeindruckend ingeniöse Lösung. Sangallo lässt einen 50 Meter tiefen Schacht bis zum Grundwasserspiegel in das massive Gestein treiben. In die Seitenwände platziert er zwei gegenläufig ineinandergedrehte Spiraltreppen. So begegnen sich die Wasserträger, zumeist Esel, nicht. Es ist ein präzise in den Fels gemeißeltes Einbahnstraßensystem.

In Orvieto hält sich Clemens VII. unfreiwillig ein halbes Jahr auf, bis er wegen Lebensmittelmangels nach Viterbo umziehen muss. Seine Lage erscheint wie eine Umkehrung der geschichtlichen Ereignisse in der Bergfeste Canossa. Dort musste vier Jahrhunderte zuvor der deutsche Herrscher Heinrich IV. im Büßerhemd zu Papst Gregor VII. pilgern und sich vor ihm erniedrigen. Jetzt ist der Papst auf der Flucht und erfleht vom Kaiser die Rückgabe von Amt und Würden. Dieser zeigt sich einer schnellen Versöhnung mit Clemens VII. auch durchaus nicht abgeneigt. Plötzlich kommentiert Karl V. die Verwüstung der heiligen Stadt durch die kaiserliche Armee mit erstaunlich selbstkritischen Worten: »Solch eine Tat ist würdelos und unerträglich!« Das vom kaiserlichen Sekretär Alfonso de Valdés nach der Plünderung Roms verfasste Erklärungsschreiben an die Könige von England, Polen und Portugal ist ein Musterbeispiel diplomatischer Wendungen:

»Obgleich wir erkennen, dass all dies durch Gottes Kraft geschah und weniger durch Macht oder Willen Einzelner, und dass derselbe Gott, auf den wir wahrhaftig alle unsere Hoffnungen gesetzt haben, all die Kümmernisse zu rächen wünschte, die uns grundlos zugefügt wurden, hat es uns großen Schmerz bereitet, dass der Heilige Stuhl dermaßen, ohne unsere Veranlassung, Absicht oder Zustimmung, beleidigt wurde. Wir hätten es wahrhaftig bei Weitem vorgezogen, nicht zu siegen, als es derart zu tun.«

DAS JAHRHUNDERT DER ENTSCHEIDUNG

Clemens VII. ergreift freudig die versöhnend ausgestreckte Hand und wechselt einmal mehr mit atemberaubender Geschwindigkeit die Seiten. Und hofft, dieses Mal endgültig auf die richtige Karte gesetzt zu haben. Er darf am 5. Oktober 1528 in den Vatikan zurückkehren, und auch in Florenz geht im August 1530 die Herrschaft mit kaiserlicher Hilfe erneut in die Hände der Medici über. Im florentinischen Palazzo Vecchio hat die dankbare Dynastie auf einem Wandgemälde den Augenblick der Versöhnung zwischen Papst und Kaiser für die Nachwelt festgehalten, so wie ihn die offizielle Geschichtsschreibung der Herrscherfamilie sehen will.

Francesco Guicciardini hat aus der Katastrophe des »Sacco di Roma« seine eigenen Schlüsse gezogen: Alle Machtausübung ist de facto Unvernunft und von der Verblendung der Mächtigen beeinflusst, schreibt er. Alle Macht sei daher böse. Man könne aus der Betrachtung der Vergangenheit nicht lernen wie aus einer Schulfibel, sondern sie nur im Rückblick verstehen. Damit begründet er einen neuen Wissenschaftstypus: den Historiker.

Der Friedensvertrag zwischen Karl V. und Clemens VII. ist ein Geschäft auf Gegenseitigkeit, denn am 24. Februar 1530, seinem dreißigsten Geburtstag, wird der Habsburger in Bologna offiziell vom Papst zum Römischen Kaiser Deutscher Nation gekrönt.

Karl V. ist auf dem Höhepunkt seiner Macht. Kurz zuvor musste Sultan Suleiman der Prächtige die erste türkische Belagerung von Wien abbrechen: 120 000 türkischen Belagerern gelang es nicht, die eingeschlossene Stadt zu erobern. Die Demütigung des Sultans ist der Feuerkraft der von Karl V. zur Verteidigung geschickten spanischen Arkebusiere zu verdanken.

Papst Clemens VII. muss Rom
auf Druck des Kaisers verlassen – in Orvieto lebt er
im »Volkspalast« monatelang im Exil.

DAS JAHRHUNDERT DER ENTSCHEIDUNG

Das Ende

Der Krönungsakt in Bologna besiegelt die Kapitulation des Papstes vor den realen Machtverhältnissen und schafft neue Abhängigkeiten. Bald schon folgt die Rechnung auf dem Fuße.

Auf ausdrücklichen Wunsch Karls V. verweigert der Vatikan dem englischen König Heinrich VIII. die Scheidung von Katharina von Aragón, einer engen Verwandten des Kaisers. Heinrich VIII. wartet jahrelang vergeblich auf eine Entscheidung Roms, bis er die Geduld verliert und wutentbrannt die englische Kirche der Macht des Papstes entzieht. Zugunsten der Krone beschlagnahmt er den gesamten Kirchenbesitz auf der Insel und versetzt damit der Autorität des Heiligen Vaters einen neuerlichen Tiefschlag.

Clemens VII. hatte es wieder einmal besser gewusst, obwohl 85 Adlige aus England ihn noch mit einer siegelübersäten Petition umstimmen wollten. Vergeblich. Den Schaden hat die römische Kirche bis heute.

Dabei kann der Papst nicht aus besonders entwickeltem Moralempfinden gehandelt haben. Denn als der umschwärmte Goldschmied Benvenuto Cellini einen Polizisten aus Rache für den Tod seines Bruders ermordet, halten sich die Strafverfolger in Rom und Florenz mehr als zurück. Cellini flüchtet sich nach der Bluttat in den Palast von Herzog Alessandro de' Medici, der für ihn lediglich Hausarrest anordnet. Der Grund für die Milde: Dem Künstler soll vor der Anklageerhebung genügend Zeit bleiben, damit er eine Auftragsarbeit für den Vatikan fertigstellen kann. Als er dann samt dem fertigen Kunstwerk vor den Papst gebracht wird, verzeiht Clemens VII. ihm das Verbrechen mit den seltsamen Worten: »Benvenuto, jetzt, wo du geheilt bist, kümmere dich um dein Leben!«

Ein Fall von makabrer Rechtsbeugung: Der oberste Richter entschuldigt aus persönlichem Antrieb die Untat des von ihm verehrten Genies mit einer angeblichen Krankheit, die den Täter plötzlich befallen haben

CLEMENS VII. – ZAUDERER ZWISCHEN ALLEN STÜHLEN

soll und gegen den eigenen Willen handeln ließ; so bleibt der Mord am Ende ungestraft.

Nach dem Tode seines Förderers Clemens VII. bemüht sich Cellini bei dessen Nachfolger im Vatikan um das Amt des päpstlichen Münzmeisters, eine sehr einträgliche Pfründe. Beim erbitterten Ringen um den Posten überschreitet der Künstler wieder alle Grenzen. Trotzdem ernennt der neue Papst Paul III. ihn zu seinem Münzmeister und entgegnet dessen Gegnern: »Nehmt zur Kenntnis, dass Männer wie Benvenuto, die in ihrem Beruf einzigartig sind, nicht dem Gesetz unterworfen sein müssen.«

Beispielhaft für den Zeitgeist ist Benvenuto Cellinis Meisterwerk, der griechische Held Perseus mit dem bluttriefenden Haupt der Medusa in der Hand. Die Statue könnte an die Führer der republikanischen Partei erinnern, die Herzog Cosimo als 18-Jähriger in Florenz hinrichten ließ. Doch Perseus ist auch der Held, der ein grausames Ungeheuer tötet, die Menschen von einem Albtraum befreit und so zivilisiert leben lehrt – was dem Selbstverständnis Cosimos entsprochen haben dürfte. In jedem Fall ist das Kunstwerk Propaganda, um jegliche Opposition gegen die Medici-Herrschaft abzuschrecken.

Das Werk hatte aber auch persönliche Wurzeln, wie der Meister bekennt: »Ich hoffe, mit dieser Figur all meine niederträchtigen Feinde zu töten; so kann ich eine weit größere und ruhmreichere Rache nehmen, als wenn ich meine Wut an einem einzigen auslassen würde.«

Seine letzte Ruhestätte findet Clemens VII. in der Kirche Santa Maria sopra Minerva in Rom. So bleibt er noch im Tode den Göttern der Antike nah, die er zumindest nicht verabscheut hat.

Die Nachrufe auf ihn sind oft voller bissiger Kritik an seiner Person und seinem Handeln: Während der schwersten Krise der Kirche habe im Vatikan ein Mann gesessen, den die christliche Aufgabe seines Amtes offensichtlich nicht interessierte. Nur vom Streit der europäischen Mächte wollte er als treuloser Dritter profitieren. Er schürt da, vermittelt dort, verspricht, hält hin. Ganz wie es der skrupellose Macchiavelli fordert: »Der weise Herrscher darf sein Wort nicht halten, wenn es ihm Schaden bringen könnte!« Der zynischen Maxime eines Machtmenschen folgt Clemens VII., bis das Wort des Papstes endgültig seinen Wert verloren hat.

Der Sekretär und Augenzeuge aus nächster Nähe, Francesco Guicciardini, formuliert das Hauptübel und die Ursache für das päpstliche Scheitern mit knappen Worten: »Unauflösliche, ja unfassbare Widersprüche wahnhafter Machtausübung.«

Über die höchsten Repräsentanten der Kirche seiner Zeit fällt er als Historiker ein vernichtendes, wenn auch zu einseitiges Urteil: »All ihr Sinnen und Trachten richteten die Päpste auf weltlichen Ruhm. Ihre geistliche Macht gebrauchten sie nur als Mittel und Werkzeug der weltlichen, und so erschienen sie eher als Fürsten denn als Päpste.«

Nur in einem war Clemens VII. wirklich erfolgreich: als Stifter von Ehen. Seine 13-jährige Verwandte Katharina de' Medici vermählte er mit dem französischen Königssohn, und seinem möglicherweise leiblichen Sohn Alessandro de' Medici verschaffte er außer dem Herzogtitel von Florenz auch die ebenfalls uneheliche Tochter des Kaisers als Gemahlin. Die Braut ist erst sieben Jahre alt, als die Verlobung verkündet wird; angeblich eine sehr persönliche Wiedergutmachung Karls V. für die Verwüstung Roms. Als 14-Jährige tritt sie dann vor den Traualtar, doch die Ehe mit dem als Wüterich berüchtigten Alessandro wird zum Albtraum. Erst die Ermordung des gewalttätigen Gatten durch einen eifersüchtigen Verwandten setzt dem Schrecken ein Ende.

Kurz vor seinem Tod hat Clemens VII. der Weltkunst noch einen unschätzbaren Dienst erwiesen, als er Michelangelo den Auftrag für *Das Jüngste Gericht* in der Sixtinischen Kapelle erteilt. Es heißt, Clemens VII. habe gegen Ende seines Lebens immer deutlicher seine große Mitschuld an der Plünderung Roms und dem Tod so vieler Einwohner erkannt. Das Jüngste Gericht bedeutet für den Schuldigen sowohl die Androhung

CLEMENS VII. – ZAUDERER ZWISCHEN ALLEN STÜHLEN

schrecklicher Höllenstrafen als auch die Vergebung aller Schuld und Aufstieg ins himmlische Paradies.

Erst während des Pontifikats von Paul III. ausgeführt, gilt das Monumentalfresko heute als eines der faszinierendsten Kunstwerke aller Zeiten. Fast 400 Figuren sind dem Urteil des Weltenrichters Jesus ausgeliefert, steigen auf in den Himmel zu ewiger Seligkeit oder stürzen hinab in das Höllenfeuer ewiger Verdammnis.

Sechs mühsame Jahre hat sich Michelangelo mit der Fertigstellung des gigantischen Altarbildes gequält; bei seiner feierlichen Enthüllung ist er bereits 66 Jahre alt. *Das Jüngste Gericht* trifft die ersten Betrachter wie ein Donnerschlag; sein Inhalt ist voller Tabubrüche und die schamlose Darstellung nackter Körper ein Skandal, der im Vatikan über Jahrzehnte die Gemüter erregt. Doch Michelangelo weigert sich bis zu seinem Tod standhaft, das Werk zu verändern.

Paul III. und Nachfolger
Wer sich selbst hilft, dem hilft auch Gott

So wie Leo X. soll auch Papst Paul III. das hohe Amt errungen haben, weil er einst seine Schwester verkuppelte. Jedenfalls erhält Alessandro Farnese als 25-Jähriger die Kardinalswürde verliehen, nachdem er seine berückend schöne Schwester Giulia dem 44 Jahre älteren Papst Alexander Borgia zugeführt hat. Die Kuppelei erweist sich in der Zukunft als eine lohnende Investition. Als Höhepunkt einer erfolgreichen Kirchenkarriere wählt das Konklave 1534 Alessandro selbst zum Papst. Giulia erlebt die Wahl ihres Bruders nicht mehr. Sie stirbt 1524 und wird auf der Insel Bisentina im See von Bolsena bestattet.

Auch als Heiliger Vater ändert das Oberhaupt der Farnese-Familie seinen Lebensstil kaum. Nach wie vor sieht man den Papst zu Jagden ausreiten, die Frauen seiner Familie bei Tische empfangen und auch die Familienfeste seiner Nepoten glanzvoll feiern. Zeremonienmeister Massarelli notiert aus Anlass eines Festes des gerade frisch gewählten Pontifex: »Der Papst hat acht oder zehn Frauen um sich beim Gastmahl.«

Als Kardinal hat ihm seine Geliebte Silvia Ruffini mehrere Kinder geboren, die es jetzt zu fördern gilt. Seinem Sohn Pier Luigi verschafft er mit Parma eines der nobelsten Fürstentümer Italiens. Aber auch seine Tochter Maddalena verwöhnt er mit der Herrschaft über Bolsena samt einer monatlichen Pensionszahlung von 300 Scudi in Gold. So hat Giulia Farneses vom Bruder gefördertes Liebesleben den Aufstieg einer kleinen Adelsfamilie aus der Provinz zum mächtigen Fürstenhaus Farnese ermöglicht, das in seinen Residenzstädten Parma und Piacenza beeindruckende Bauwerke errichten lässt.

PAUL III. UND NACHFOLGER

Steckbrief: Paul III.

Im Jahr 1534 besteigt Alessandro Farnese nach dem Votum des Konklaves als Paul III. den Heiligen Stuhl. 1468 geboren, zum Zeitpunkt seiner Wahl also schon 66 Jahre alt, hat er seine prägenden Erfahrungen unter Alexander VI. gemacht – und auch von der Vitalität des Borgia-Papstes hat er vieles geerbt. Wie dieser ist er weltlichen Genüssen überaus zugetan und ist ebenfalls Vater mehrerer Kinder, die ihm seine inoffizielle Lebensgefährtin Silvia Ruffini geboren hat.

Auch als Papst denkt er zuerst an das Wohl seiner Kinder und Enkel, überhäuft sie mit Titeln und Schätzen. Doch sosehr sein Trachten und Handeln einer älteren Zeit verpflichtet ist, deren territorialen Großnepotismus er zum Abschluss und größten Erfolg zugleich führt, so hat er doch ein Gespür für den Wandel des Zeitgeistes – und zieht daraus die notwendigen Konsequenzen. Zwar strebt mit Paul III. zum letzten Mal ein Papst nach der Herrschaft über die abendländische Welt, doch durch ihn hält im Vatikan auch die Erkenntnis Einzug, dass nur eine »an Haupt und Gliedern« reformierte Kirche Zukunft hat.

Die von Giorgio Vasari im vatikanischen Saal der 100 Tage gemalten Fresken verherrlichen Paul III. als den Erneuerer von Glauben und Kirche. Alles, was er tut, lautet die Botschaft an den Wänden, tue er auf Wunsch und zum Wohle der Gläubigen. In diesem Geiste habe er neue Kardinäle ernannt, die allein das Wohl der Kirche anstreben. Auch die Wiederbelebung der Baustelle der Peterskirche dient vor allem dem Zweck, sie zum Zentrum eines erneuerten Katholizismus zu machen. Vor allem aber ernennt der Farnese-Papst ab 1535 neue Kardinäle, die nicht mehr nach rein finanziellen und politischen Kriterien, sondern nach ihrem Einsatz für Seelsorge und Reform sowie nach moralischen Standards ausgesucht worden sind.

Protestanten und andere kritische Geister sollen allerdings die ganze Härte des Gesetzes zu spüren bekommen, seines Gesetzes. Wer jedoch guten Willens und Glaubens sei, könne mit seiner Fürsprache rechnen. So erlässt er das Verbot, die Ureinwohner Amerikas zu versklaven. Denn die Indianer seien wie alle Farbigen »echte Menschen, des Glaubens und der Seelenrettung fähig« und hätten darum ein Anrecht auf Taufe.

Als Paul III. 1549 stirbt, fällt das Urteil der Nachwelt über ihn zwiespältig aus. Seine Amtszeit sei voller Licht und Schatten gewesen. Auf der Negativseite seines Pontifikats wird oft die 1542 erfolgte Wiedereinführung der Inquisition verbucht und dass im Vatikan Vetternwirtschaft und maßlose Verschwendung noch einmal wahre Triumphe feierten. Die Einrichtung der neuen römischen Zentralinquisition ist ein Merkmal des jetzt anhebenden Konfessionellen Zeitalters, in dem Katholizismus, Luthertum und Calvinismus gleichermaßen Glaubenskonformität mit Zwangsmitteln herzustellen bemüht sind. Den richtigen machtpolitischen Instinkt beweist dieser Papst durch die Zulassung und Förderung der »Gesellschaft Jesu« des Ignatius von Loyola. Sie überzieht Europa in den folgenden Jahrzehnten mit einem Netz von Bildungseinrichtungen, in denen die nachwachsenden Eliten im römisch-katholischen Geist erzogen werden.

Durch die Einberufung des Konzils nach Trient hat Paul III. 1545 den ersten entscheidenden Schritt zur Reform der katholischen Kirche getan, ohne die ihr Überleben als einer der bestimmenden Faktoren des christlichen Glaubens wahrscheinlich nicht möglich gewesen wäre.

Der Historiker und Renaissance-Spezialist Professor Volker Reinhardt bewertet seine Amtsführung besonders im Vergleich zu seinem Vorgänger positiv: »Reform vollzieht sich in der Neuzeit selten in Form scharfer Brüche, viel häufiger hingegen durch gleitende, zwischen Altem und Neuem vermittelnde Übergänge. Dafür steht der Pontifikat Pauls III. geradezu beispielhaft: janusköpfig, zum Alten zurück- und dem Neuen zugleich zugewandt, vermeidet er Zäsuren, welche die Kurie wahrscheinlich schwer ausgehalten hätte, und leitet so eine neue Zeit des Papsttums ein.«

PAUL III. UND NACHFOLGER

Paul III. ist auch noch nach seinem Einzug in den Vatikan ein erfolgreicher Heiratsvermittler. Als Glanzstück seiner Kuppelpolitik gilt die Wiederverheiratung der unehelichen Kaisertochter Margarethe mit dem päpstlichen Enkel Ottavio Farnese. Der Bräutigam ist erst 14, die Braut mit 16 Jahren kaum älter. Der Papst selbst traut das Paar in der Sixtinischen Kapelle, obwohl die Braut auf die Frage nach ihrer Heiratseinwilligung schweigt. Aus der päpstlichen Schatulle ist der wertvolle Trauring bezahlt worden, den der Bräutigam der Widerspenstigen zum Gesang eines Kastratenchors überstreift. Erst nach Drohungen und Bitten von Kaiser und Papst lässt sich Margarethe von ihrem Gatten schwängern.

Die Gesellschaft Jesu

Ignatius von Loyola ist zu Margarethes Beichtvater ernannt worden; so ist auch diese hochgestellte Frau ihm und dem Orden gewogen. Loyola wird auch zu Margarethe gerufen, als die komplizierte Geburt von Zwillingen bevorsteht. Aber alle Befürchtungen um das Wohlergehen von Mutter und Kindern stellen sich glücklicherweise als unnötig heraus. So kann sich der Papst über die Geburt zweier gesunder Enkelkinder freuen.

Loyola benutzt seine vertraulichen Kontakte zu den weiblichen Mitgliedern der Papstfamilie gezielt, um seine Interessen zu befördern. Der Gründer des Jesuitenordens berichtet selbst von einem schicksalhaften Besuch im Vatikan. Seit Langem hat er vergeblich auf die päpstliche Genehmigung der Gründungsstatuten seines neuen Ordens gewartet, als er der fruchtlosen Gespräche mit den Sekretären Pauls III. müde wird. Daraufhin gesellt er sich zu den Wartenden vor den Audienzräumen des Papstes, um ihm persönlich sein Anliegen vorzutragen.

Da kommt eine gut aussehende, etwa 40-jährige Frau, gekleidet in ein karmesinrotes Samtgewand mit Goldfäden, und betritt unangemeldet die päpstlichen Privatgemächer. Es ist Costanza Farnese, die Papsttochter, deren Sohn bereits Kardinal ist. Sie hat ungehinderten Zugang zu ihrem Vater und damit zu seinem Ohr. Ignatius springt auf und verlässt umgehend die Wartenden, denn er hat seine Chance erkannt: Über Umwege verschafft er sich Zugang zu Costanza und lässt sie für sich beim Papst fürsprechen. Der Plan glückt; im Jahre 1540 bestätigt Paul den Jesuitenorden.

Eine nicht ganz uneigennützige Entscheidung, denn nun steht dem Heiligen Vater eine Streitmacht ganz neuen Typs zur Seite: die »Società de Jesú« – die Gesellschaft Jesu. Der Baske Ignatius von Loyola diente dem Vizekönig von Navarra als Soldat und Offizier, bevor er sein Leben ganz der Kirche widmet. Auch als Ordensgeneral schlägt er kriegerische Töne an. Er sieht sich als »Speerspitze des Vatikans« und fordert lautstark radikale Maßnahmen, um alle Protestanten und ihre Sympathisanten zu vernichten. Er betreibt die Entfernung von verdächtigen Professoren und Erziehern aus ihren Ämtern, um sie ökonomisch gefügig zu machen. Verlage und Druckereien sollen generell durch die Inquisitionsbehörde überwacht werden; für verdächtige Schriften wird ein Einfuhrverbot erlassen. Das angestrebte Ziel ist die rigorose Kontrolle des gesamten schulischen und universitären Lebens. Loyola hat erkannt, wie entscheidend die Oberhoheit über die Gedanken ist.

Besonders ein berühmtes Schreiben nach Wien an den Habsburger Hof soll einen neuen Glaubenskrieg eröffnen: Keine Ketzer mehr in hohen Staatsämtern; Kaiser und Könige sollen offensiv gegen sie vorgehen. Der Adressat des Schreibens ist Petrus Canisius, ein Jesuit der ersten Stunde und enger Vertrauter des zukünftigen Kaisers Ferdinand.

Loyola fordert: »Ebenso sind nach unserer Meinung auch die Bücher von Ketzern, die selbst nicht ketzerisch sind, wie über Grammatik oder Rhetorik oder die Dialektik des Melanchton, wegen der Ketzerei ihrer Verfasser gänzlich aus dem Verkehr zu ziehen. Denn es ist gefährlich, sie zu nennen und der Jugend zu empfehlen, da sich die Ketzer bei dieser

PAUL III. UND NACHFOLGER

durch solche Werke einschmeicheln, in denen Dinge zu lesen sind, die allerdings gelehrt sind und mit der ernsten Gefahr, um die es hier geht, wenig zu tun haben.«

Innerhalb des Ordens heißt die Devise: Gehorsam, Disziplin und Lehre. Nach außen gilt: Abkehr, Ausgrenzung, Abschottung. Die Verbreitung des Glaubens, die Mission, heißt für die Jesuiten: Bildung und Erziehung für alle, besonders auch in den neu entdeckten Kolonien Portugals und Spaniens in Übersee. Das entspricht nicht immer dem Interesse der weltlichen Herrscher. Gegen ihren Willen können sich die Päpste bald nicht mehr durchsetzen. Papst Clemens XIV. hebt 1773 auf Druck der vereinigten katholischen Könige Spaniens und Frankreichs den Jesuitenorden auf, der erst 41 Jahre später wiederhergestellt wird.

Die päpstliche Küche

Papst Paul III. hat neben den politischen Alltagsgeschäften noch genug Zeit zur Regelung der Angelegenheiten des eigenen Haushalts. Um bereits auf Erden sich und seinen Besuchern ein wenig paradiesische Zustände zu gönnen, ernennt er den berühmtesten Küchenmeister seiner Zeit, Bartolomeo Scappi, zum Leibkoch. Früchte und Zuckerkonfekt werden bei ihm in kostbaren Wein getaucht; die Festessen im Vatikan sind eine Demonstration von Luxus und Schwelgerei. Süße Vorspeisen oder Desserts baut Scappi wie Theaterkulissen auf. Heutigen Köchen bereitet es Mühe, die ungemein aufwendigen historischen Rezepte nachzubilden. Tagelang muss allein an einer aus Marzipan gefertigten Burg mit Türmen und Zinnen aus Zuckerguss gearbeitet werden. Scappi lässt davon im Dutzend auftragen. Im römischen Staatsarchiv der altehrwürdigen Universität Sapienza sind die päpstlichen Küchenrechnungen bis heute aufbewahrt. Die akribisch aufgelisteten Zahlen rufen immer noch ungläubiges Erstaunen hervor.

DAS JAHRHUNDERT DER ENTSCHEIDUNG

Bereits Papst Leo X. setzt seinen Gästen so außergewöhnliche Leckerbissen wie Pfauenzungen vor. Am 13. September 1513 beweist der Medici-Fürst auf dem Papstthron den sprachlosen Römern und der ganzen erstaunten Christenheit, was es für einen Pontifex maximus heißt, fürstlich zu speisen. Zu Ehren seines Bruders Giuliano lädt Leo X. rund 4000 Honoratioren aus Verwaltung, Adel und Kurie zu einem Festbankett auf den Platz vor dem Kapitol. Den Gästen, die auf einer eigens gezimmerten Tribüne Platz nehmen, werden in 25 Gängen insgesamt 77 verschiedene Gerichte serviert. Nur was teuer und selten ist, darf auf die Tafel. Neben Süßspeisen und Früchten wird Fleisch in jeder nur erdenklichen Art herbeigeschafft: Wachteln, Fasane, Rebhühner, Kapaune, Elstern, Hammel, Kalbsköpfe, Fleisch vom Wildschwein, vom Hirschen und so fort.

Während Gang auf Gang folgt, weiten sich zu Füßen der Speisenden die Nasenflügel der ausgeschlossenen Zuschauer, betört von den sie umwehenden Düften, schwärmen Augenzeugen des Spektakels. Ihnen zufolge besinnt man sich erst wieder huldvoll auf die Tugend der Mildtätigkeit, gewissermaßen zum Nachtisch, als sich die Bäuche der Tafelnden wölben und die Gürtel gelockert werden.

»Bald war die Tischgesellschaft vom Essen nicht nur übersättigt«, beschreibt ein Chronist seinen zwiespältigen Eindruck, »sondern geradezu unpässlich. Also warfen sie die Speisen in die Menge. Aber auch die Gaffer waren alsbald so vollgestopft, dass sie sich gegenseitig die Zicklein, Kaninchen, Ferkel, Fasane und Rebhühner kreuz und quer über den Platz zuwarfen, dessen geheiligter Boden nun über und über mit den Resten bedeckt lag.«

Auch die langen Lieferlisten der edlen Weine bergen durchaus brisante Überraschungen. Zwar stammen die meisten Fässer von Gütern aus der Umgebung Roms und aus der Toskana. Aber die teuersten Weine an der Tafel Pauls III. werden direkt vom Erzfeind geliefert. Ihr Herkunftsland ist die Türkei, das Reich des mohammedanischen Sultans in Konstantinopel.

PAUL III. UND NACHFOLGER

In der Renaissance ist das Küchenwesen der Päpste eine besonders komplizierte Angelegenheit. Neben dem eigentlichen Kochpersonal gibt es auch einen Spenditore segreto, den päpstlichen Geheimeinkäufer zur Auswahl und Beschaffung der Lebensmittel. »Geheim« bedeutet hier nichts anderes als »persönlich«. Und es gibt natürlich wie an allen Fürstenhöfen den Mundschenk und Vorkoster, um die Speisen auf Qualität und eventuelle Giftbeigaben zu testen. Eine Vorsichtsmaßnahme nicht ohne Anlass: Zum Beispiel stirbt Martin IV. im Jahre 1285 an einem in Wein gedünsteten Aal, aber wie so oft munkeln die Zeitgenossen von einem Giftanschlag.

Renaissancepapst Sixtus IV. liebt es nun, seinen Gästen eichelförmige Zuckermandeln zum Dessert zu kredenzen. Wohl nicht ohne Hintergedanken: Sein Familienname »Rovere« bedeutet »Eiche«.

Im Mittelalter haben päpstliche Gesandte noch inquisitorisch in den Klöstern auf die Einhaltung der Ordensregel des heiligen Benedikt gepocht und die Völlerei als schwere Sünde gegeißelt. Das ist im Zeitalter der Renaissance vergessen. Die römische Kurie selbst holt sich die gefeierten Meisterköche an den Herd. Eine besonders gute Nase (oder Zunge) beweist dabei Kardinal Ludovico Trevisan, denn um 1475 wird er auf das außergewöhnliche Talent des Martino de Rossi aufmerksam. Der am Hof der Sforza in Mailand ausgebildete Könner revolutioniert die Küche und gilt als erster Kochkünstler.

Um den Eigengeschmack der Speisen zu betonen, verringert er die Verwendung von Gewürzen. Er bedient sich an ihrer Stelle heimischer Aromalieferanten wie Zwiebeln, Knoblauch, Petersilie, Sellerie und Möhren. Womit er zugleich aus der Not eine Tugend macht, denn seit der Eroberung Konstantinopels durch die türkischen Osmanen im Jahre 1453 ist der direkte Zugang zu den Gewürzlieferanten aus dem Orient schwieriger geworden; Gewürze kosten nun ein Vermögen.

Die eigentliche Revolution aber ist eine andere: Die orientalische Pasta hatte es inzwischen als Speise vom ehemals arabisch kolonisierten Sizilien

DAS JAHRHUNDERT DER ENTSCHEIDUNG

auf das italienische Festland geschafft; der innovative Koch entdeckt sie jetzt und macht sie zu einem Bestandteil seiner Rezepte. Ob Martinos »Maccaroni siciliani« oder ein deftiger Mürbeteigkuchen von Tauben und jungen Hühnern, Ludovico Trevisan, »Kardinal Lukullus«, wie man ihn bald respektvoll nennt, munden all diese Kreationen derart, dass er Rossi zu seinem Leibkoch ernennt.

Auch das 16. Jahrhundert bringt ein italienisches Küchengenie hervor: Bartolomeo Scappi. Dieser Meister beginnt seine Laufbahn als Koch in den Haushalten venezianischer Kirchenmänner. Mit Kreationen wie der Wildente in Pflaumensauce, den mit einer Farce aus Fleisch und Kräutern gestopften Langusten oder den Tortellini, mit Schweinefleisch gefüllt und mit Käse, Zucker und Zimt serviert, ruft Scappi bei der hohen Geistlichkeit Begeisterungsstürme hervor, die sogar das Geläut der Kirchenglocken übertönen, wie Spötter anmerken.

Es ist ein Stil der hochgradigen Raffinesse, wie ihn auch der Dichter Sperone bejubelt. Mit enthusiastischen Worten fordert er von einem zeitgemäßen Koch, er müsse sich zum Künstler überhöhen, um Schöpfer von Gedichten in Speiseform zu werden. Denn der Küchenmeister »sei Geometer beim Auswählen und Anrichten der Stücke, rund, viereckig, hell und dunkel, je nach Gericht und Platte. Er sei ›Mathematicus‹ beim Berechnen all der Schüsseln und Töpfe; mit den Augen des Malers bereite er die Braten, Saucen und Tunken; Arzt sei er, denn da er wisse, was leicht und was nur schwer verdaulich, lasse er in rechter Reihenfolge nur servieren, und ›Chirurgus‹ sei er außerdem, der gut tranchieren kann. Und schließlich ›Philosophicus‹, der die Natur der Speisen erkennt, die Jahreszeiten, die Feuerelemente«.

Bartolomeo Scappi ist diesem Ideal wohl recht nahe gekommen. So darf er im Auftrag des päpstlichen Legaten ein Festmahl für Kaiser Karl V. zelebrieren. Den absoluten Höhepunkt seiner Karriere aber bildet 1549 die Verköstigung der Kardinäle während des Konklaves nach dem Tod von Papst Paul III. In einer Zeit, da die Mitglieder dieses höchsten Wahl-

PAUL III. UND NACHFOLGER

gremiums der Einflussnahme europäischer Mächte ausgesetzt sind, wird ihre Versorgung während der Sitzungen zu einer hochbrisanten Angelegenheit, bei der es um Leben und Tod geht.

Schon der Transport der Speisen wird bis ins Detail festgelegt. Mit dem Wappen des jeweiligen Kardinals versehen, erreichen die von päpstlichen Vertrauensmännern bewachten Schüsseln das Vorzimmer des Versammlungsgebäudes, wo sie von den Vorkostern erwartet werden. Diese sollen sicherstellen, dass keine vergifteten Speisen oder versteckten Botschaften ins Konklave gelangen. Was den Kardinälen, von der Hand des Meisters Scappi zubereitet, dann endlich serviert wird, muss jede Erwartung übertroffen haben: Das Konklave dauert über zwei Monate; angeblich auch, weil die Kardinäle nicht mehr auf die exquisiten Speisen verzichten wollen.

Bei dieser Gelegenheit hat der neue Papst seinerseits eine bedeutsame Wahl für sein zukünftiges Wohlergehen getroffen. Julius III. befördert Scappi zu seinem »Geheimkoch«. Nach Julius' III. Tod steht der Meisterkoch noch in Diensten weiterer drei Päpste.

Heute geht es in der Vatikanküche vergleichsweise bescheiden zu. Der überaus asketisch lebende Benedikt XVI. hat seine langjährige Haushälterin Ingrid Stampa als Kostberaterin zur Seite. Sie lässt vor allem die Lieblingsrezepte der bayrischen Heimat zubereiten. Doch die einfachen Speisen sind eine eher ungewöhnliche Kost für verwöhnte römische Feinschmecker und verursachen auf den Gängen des Vatikans manch unverständiges Naserümpfen über die Semmelknödel auf Benedettos XVI. Teller. Das geschieht natürlich hinter vorgehaltener Hand und mit allem Respekt für die Person des Heiligen Vaters; trotzdem sind einige aus seiner näheren Umgebung wohl erleichtert, dass das Unfehlbarkeitsdogma sich nicht auf den Speisezettel erstreckt.

Diese Bescheidenheit steht in krassem Gegensatz zu dem Brauch, den vor 500 Jahren die Familie des einflussreichen Kardinals Colonna jeweils am 1. Mai praktizierte. Unter dem Vorwand der barmherzigen Armenspeisung wurde in der Kirche Santi Apostoli ein frisch geschlachtetes Schwein an einem von der Empore baumelnden Seil befestigt. Wer es schaffte, an dem mit Seife bestrichenen Seil bis zu dem Schwein hinaufzuklettern, durfte das Fleisch als Trophäe mitnehmen. Bei dem Spektakel wurden die Kandidaten von der auf einer Empore versammelten römischen Hocharistokratie mit Öl und Wasser überschüttet, damit ihr Kletterseil noch rutschiger würde. Die adeligen Herrschaften machten sich einen Spaß daraus, von oben Leckerbissen unter das arme Volk in der Kirche zu werfen und sich an den Prügeleien um die Bissen zu ergötzen.

Die Ausrottung der Häresie

Die römischen Archive belegen auch die gnadenlose andere Seite des lebenslustigen Papstes Paul III. 1542 führt er auf Drängen des Kardinals Gian Pietro Carafa die Zentralinquisition wieder ein: »Da durch das Tun des Teufels, des Feindes der Menschheit, die Seelen der Gläubigen Tag für Tag in wachsendem Maß durch Ketzereien verseucht werden, haben wir einige unserer geliebten Söhne beauftragt, sich der Sachen anzunehmen.«

1545 beruft Paul III. endlich die seit Langem geforderte allgemeine Kirchenversammlung ein, das Konzil. Die höchste Kirchenversammlung soll die Missstände innerhalb der Kirche durch Reformen beseitigen und dadurch den Protestanten den Wind aus den Segeln nehmen. Jahrzehntelang hat der Vatikan sich gegen ein Konzil gestemmt, weil die Päpste eine Beschneidung ihrer Macht fürchteten. Als Tagungsort einigt man sich nach langem Gezerre auf Trient, denn die Stadt liegt zwar nahe der italienischen Grenze, gehört aber im 16. Jahrhundert zum deutsch-römischen Kaiserreich.

Der Papst wählt den Ort des Konzils ganz bewusst, um auch den Protestanten die Teilnahme schmackhaft zu machen. Die aber haben kein

PAUL III. UND NACHFOLGER

Interesse an »spitzfindigen theologischen Diskussionen mit den Papisten« – wie sie selbstbewusst verlauten lassen.

Ihr Misstrauen ist nicht unbegründet, denn der Papst fordert klipp und klar vom Konzil: »Die Ausrottung der Pest der lutherischen Häresie«. Fast 20 Jahre lang tagt und berät das Konzil, am Ende ist es die Geburtsstunde einer neuen, straff organisierten »römisch-katholischen« Kirche, in der alle Schlüsselpositionen nur noch von geweihten Priestern besetzt sein dürfen.

In Trient gelingen Beschlüsse, die das Überleben des Papsttums erst möglich machen. Auch der Anstoß zu Luthers Rebellion, die Ablassgewährung der Sünden durch Bezahlung, wird verboten. Doch Trient symbolisiert auch den Beginn der machtpolitischen Rückgewinnung verlorenen konfessionellen Terrains. Geprägt vom absoluten Gehorsam der Jesuiten gegenüber dem Papst und ihrem hochintelligenten Organisationstalent, wächst im Klerus der Glaube, aus dem Konflikt mit dem Protestantismus durch ideologische Härte und militärische Stärke siegreich hervorgehen zu können. Ignatius von Loyola konzentriert die Kräfte seines Ordens auf zwei Gebiete: erstens die direkte Einflussnahme auf die politischen Machthaber zur Steuerung ihrer Entscheidungen und zweitens die Eroberung der Meinungshoheit bei den Eliten durch Kontrolle der Bildungseinrichtungen.

Loyola schreibt nach Wien an den Jesuiten Petrus Canisius, den engen Vertrauten von Ferdinand, dem zukünftigen Kaiser: »Zunächst dürfte es zweifellos das wirksamste und wichtigste aller den Menschen zu Gebote stehenden Heilmittel sein, wenn die königliche Majestät sich nicht nur katholisch, sondern auch als scharfer, unerbittlicher Gegner der Ketzereien bekennt und allen Irrtümern der Ketzer offen und nicht nur insgeheim den Krieg erklärt.«

Die Missionare der Jesuiten erhalten die beste theologische und philosophische Ausbildung, um den Protestanten jederzeit argumentativ Paroli bieten zu können. Ihre Aufgabe: die Re-Katholisierung Europas.

DAS JAHRHUNDERT DER ENTSCHEIDUNG

Nach der Einberufung des Konzils erfasst auch den Vatikan ein neuer Elan. 1546 erteilt der Papst Michelangelo den Auftrag, endlich die gewaltige Kuppel über der Grabstätte Petri zu errichten. Der bereits 71-jährige Künstler fordert jedoch Vollmachten wie kein Künstler zuvor: »Ich will nicht verpflichtet sein, Eurer Heiligkeit oder irgendjemand anderem mitzuteilen, was ich tun muss oder zu tun gedenke.«

Der Papst akzeptiert und gibt ihm freie Hand. Es bleibt ihm wohl auch nichts anderes übrig. Denn seit Jahrzehnten ist der Petersdom eine Bauruine, aus der vier gewaltige, 50 Meter hohe Pfeiler aufragen. Michelangelo macht sich an die Arbeit und entwirft eine Kuppelkonstruktion mit noch nie da gewesenen Abmessungen, wie die in der Bauhütte von Sankt Peter gehüteten Pläne belegen. Ein großes Wagnis, denn niemand kann sagen, ob die Statik einer Kuppel mit dem gewaltigen Durchmesser von 42 Metern funktionieren wird. Das Arbeiten in Höhen von 50 Metern an aufwärts erfordert ungeheuren Mut und Präzision, denn jeder Fehler kann zum Absturz und sogar Einsturz der Konstruktion führen. 17 Jahre lang arbeitet Michelangelo unter sechs Päpsten an der Vollendung des Doms; wie viele Bauarbeiter dabei zu Tode kommen, ist nicht überliefert.

Der greise Papst Paul III. möchte ein zweites architektonisches Manifest hinterlassen. Antonio de Sangallo soll die mittelalterliche Aula magna in den prächtigsten Raum des gesamten Papstpalastes umbauen. In der Sala Regia sollen nach dem Willen des Papstes »die christlichen Kaiser und Könige dem römischen Pontifex, dem obersten Priester, sichtbarem Haupt der Heiligen Kirche und Stellvertreter Christi auf Erden, öffentlich ihren Gehorsam erklären«. Er will die Herrscher wie der irdische Gottvater empfangen. Seine Nachfolger auf dem Heiligen Stuhl vollenden die Ausschmückung des imposanten Saales in seinem Sinne. Das Bildprogramm an den Wänden glorifiziert den Papst als spirituellen Sieger in der Schlacht von Lepanto gegen den türkischen Erzfeind; auch bei der grausamen Auslöschung der französischen Hugenotten in der Bartholomäusnacht triumphiert ohne Zweifel die katholische Sache.

PAUL III. UND NACHFOLGER

Die unmittelbaren Nachfolger Julius III. und Marcellus II. hinterlassen kaum Spuren, weder im Guten noch im Schlechten. Ihre Amtszeit von zusammen kaum mehr als fünf Jahren hat dafür auch wenig Gelegenheit gegeben. Allerdings macht Julius III. von sich reden, als er einen Knaben, es heißt: seinen leiblichen Sohn oder gar einen Strichjungen, im Vatikan einquartiert und zum Kardinal ernennt.

Danach lässt sich ein Mann auf dem Heiligen Stuhl nieder, der für viele zum Albtraum wird.

Glauben ohne Gnade

Als Kardinal Gian Pietro Carafa im Jahr 1555 Papst Paul IV. wird, haben selbst dem nicht zartbesaiteten Jesuitengründer Ignatius von Loyola »alle Knochen im Leib gezittert«, wie er später gesteht. Bereits als Kardinal hat Paul IV. begonnen, mit seinem Privatvermögen neue Kerker und Folterkammern einzurichten, als Papst Paul III. ihn zu einem der sechs Großinquisitoren der neu begründeten römischen Inquisitionsbehörde ernennt. Nach der Besteigung des Heiligen Stuhles gibt es für den Glaubensfanatiker kein Halten mehr. Es lebe die Inquisition, so sein Motto. Jeder ist in der Folge verdächtig, ein Ketzer wider den rechten Glauben und die offiziell verkündete Moral zu sein. Das päpstliche Credo kennt in Angelegenheiten des wahren Glaubens keine Gnade: »Und wenn man einige Male durch Todesstrafe oder durch Konfiskation der Güter und Verbannung ein Exempel statuieren und damit deutlich machen würde, dass die Religionsfrage ernst genommen wird, so wäre dieses Heilmittel umso wirksamer.«

Der Historiker Georg Schwaiger urteilt über den Hardliner im Vatikan: »Er lebte ganz im Machtbewusstsein und in den Machtansprüchen des mittelalterlichen Papsttums, ohne zu bedenken, dass solche Zeiten endgültig vorbei sind.«

DAS JAHRHUNDERT DER ENTSCHEIDUNG

Der Vatikan mischt sich im Pontifikat Pauls IV. immer stärker in das alltägliche Leben der Gläubigen ein. So verbietet er das Nacktbaden im Tiber und sogar das Schlafen ohne Pyjama selbst in den eigenen vier Wänden.

Dabei sind die Weichen in die Zukunft bereits anders gestellt. In Augsburg wird 1555 ein Religionsfrieden für das Kaiserreich geschlossen, der die politische Machtfülle der Päpste in Europa beendet. Der jeweilige Landesherr entscheidet fortan, welcher Religion seine Untertanen angehören sollen. Das führt zur Herausbildung von Landeskirchen und stärkt die Fürsten gegen Papst und Kaiser. Der Entstehung von Territorialstaaten ist damit in Mitteleuropa der Boden bereitet.

Doch den schleichenden Verlust an Macht und Einfluss will der Vatikan vorerst nicht wahrhaben. Wieder einmal hinkt er der Wirklichkeit hinterher und zieht im wahrsten Sinne des Wortes die Daumenschrauben an. Die Juden werden verdächtigt, mit den Ketzern zu paktieren. Sie müssen wie schon einmal im Mittelalter gelbe Hüte tragen, um sie aus der Gesellschaft auszugrenzen: Sie dürfen auch nicht mehr mit Christen zusammenwohnen.

In Rom steht bis heute die Mauer des von Papst Paul IV. eingerichteten Gettos. Der Vatikan stellt eine Liste ungläubiger und verderblicher Bücher auf. Bald übernimmt ein eigenes Ministerium, die Index-Kongregation, die Überwachung des Schrifttums. Wieder brennen Scheiterhaufen mit unliebsamer Lektüre und unliebsamen Menschen, wie in lutherischen und calvinistischen Gebieten auch. Das Konfessionelle Zeitalter hat begonnen, in dem Menschen sich vorrangig durch die Zugehörigkeit zu einem Rechtgläubigkeitssystem definieren.

1556 landet der verbitterte Kaiser Karl V. einen das ganze Abendland erschütternden Überraschungscoup: Er zieht sich in das Kloster von Yuste in der spanischen Estremadura zurück und überträgt die Amtsgeschäfte in Spanien seinem Sohn Philipp. Seine Ideen von einem universellen Kaisertum und einer universellen Kirche als den beiden »Schwertern des

Reichs« sind vom Gang der Geschichte überholt worden. Als Karl V. kurz darauf auch als Kaiser zugunsten seines Bruders zurücktritt, erklärt der Papst die Abdankung Karls V. und die kurz darauf erfolgte Wahl Ferdinands von Österreich zu seinem Nachfolger für ungültig. Doch die deutschen Kurfürsten ignorieren das Dekret. Nördlich der Alpen spielt ein Machtwort aus Rom, auch für Anhänger der katholischen Kirche, kaum noch eine Rolle.

Als Paul IV. stirbt, zerstören die Römer die Statue des Papstes, die im Kapitol aufgestellt war, und schleifen das geköpfte Standbild in den Tiber. Man befreit die Gefangenen aus den Inquisitionskerkern. Pauls IV. Verwandtschaft entwendet eigenhändig die wertvollen Wandteppiche und alles Gold und Silber aus dem Papstpalast.

Die Hosen des Volterra

Pauls IV. Nachfolger Pius IV. (1559–1565) ist in mancher Hinsicht milder und weltlicher – sogar Ritterturniere finden unter seiner Herrschaft im Innenhof des Vatikans statt. Doch in Sachen nichtkonformer Malerei versteht auch er keinen Spaß. So wird der große Michelangelo aufgefordert, sein Fresko des Jüngsten Gerichts »in Ordnung zu bringen«. Doch der greise Künstler weigert sich standhaft. So muss Malerkollege Volterra die Untat vollbringen.

Die »Hosen des Volterra« nennen die Römer spöttisch die nachträglichen Übermalungen in der Sixtinischen Kapelle mit all ihren züchtigen Schleiern und Feigenblättern. Zensur für nackte Körper; und das in einer Zeit, in der man den menschlichen Körper offenbar mit Freude öffentlich zermartert.

Zwar hat der Vatikan aus der Reformationsbewegung und der katastrophalen Demütigung Roms im Jahre 1527 nur sehr langsam Konsequenzen gezogen, aber auch die Regentschaft eines Fanatikers wie Paul IV. kann die schleichende Rollenverschiebung nicht aufhalten. Als anerkannte Meinung setzt sich letztendlich durch, dass das Papsttum nicht dieselbe Staatsräson betreiben kann, wie sie Kaiser und Könige verfolgen. Sonst liefe der Heilige Vater Gefahr, dass seiner Macht Weihe und Dauer verloren gingen. In der Konsequenz würde man mit ihm nicht zimperlicher umgehen als mit anderen Gegnern; ein rascher und kaum umkehrbarer Autoritätsverfall wäre die Folge.

In Wort und Tat muss darum die Andersartigkeit des Papsttums, seine religiöse Fundierung, betont werden. Eine Entwicklung, die erst um 1600 abgeschlossen ist, für die es aber keine Alternative gibt. Die neue kapitalistische Weltwirtschaft, die Globalisierung infolge der Entdeckung der Seewege nach Indien und Amerika, fördert die Entstehung souveräner Staaten. Es gibt in diesem Machtgefüge keinen Platz mehr für die Hegemonieansprüche einer einzigen Großmacht. Daran sind sowohl Papst wie Kaiser gescheitert.

Der Kampf um den wahren Glauben

Das Pontifikat der nachfolgenden Päpste steht jeweils unter dem Zeichen der katholischen Reform, obwohl ein praktikables Gegenkonzept zum sich weiter etablierenden Protestantismus nur langsam erkennbar wird. Pius IV. macht viele der überharten Maßnahmen seines Vorgängers Paul IV. wieder rückgängig, aber die fortschreitende Ausbreitung der lutherischen Thesen kann er nicht aufhalten.

Pius V. geht darum umso härter gegen Ketzer vor, um Italien von ihnen zu säubern, wie er stolz für sich in Anspruch nimmt. In seine Ägide fällt der Sieg gegen die Türken in der Seeschlacht von Lepanto, der zum Meilenstein in der abendländischen Geschichte wird.

Gregor XIII. beginnt sein Pontifikat 1572 mit einem Dankgottesdienst zur Feier des Massakers an den französischen Protestanten in der

PAUL III. UND NACHFOLGER

berüchtigten Bartholomäusnacht. Er fördert die Jesuiten; ihre römische Kaderschmiede für die Gegenreformation heißt ihm zu Ehren Gregoriana. Aber er wird auch selbst zum Neuerer; eine neue Zeitrechnung trägt seinen Namen: der Gregorianische Kalender.

Papst Gregor XIII. muss handeln, denn das Abendland steht vor einem Dilemma. Noch immer gilt im ganzen Christentum der »heidnische« Kalender aus den Zeiten des römischen Imperiums, den Julius Cäsar für das Jahr 45 vor Christus eingeführt hat. Das erste Kirchenkonzil von Nicäa bestimmte im Jahre 325, dass das Osterfest immer am ersten Sonntag nach dem ersten Vollmond nach Frühlingsanfang (bezogen auf Jerusalem) gefeiert werden soll.

Im Mai 1590 triumphiert noch einmal der hochfahrende Wagemut der Renaissance: Im Petersdom wird der letzte Stein in die Kuppel eingesetzt. Die gigantische Vision Michelangelos ist Jahre nach seinem Tod Wirklichkeit geworden und erfüllt Papst und Gläubige mit neuem Optimismus.

Doch wer denkt, mit dem neuen Machtgefüge würde nun im Abendland alles vernünftiger, der sieht sich bald eines Besseren belehrt: Überall, wo Glaubensmonopole beansprucht werden, lodern wieder die Scheiterhaufen. Andersdenkende werden in protestantischen Ländern genauso verbrannt wie von der Inquisition in Rom. Wieder einmal. Mehr denn je fallen Europas Staaten übereinander her, stets aufs Neue im Namen des wahren Glaubens.

30 Jahre lang dauert das Gemetzel, bis im Frieden von Münster die veränderte Welt neu geordnet wird. Noch etwas länger dauert es, bis die Kirche akzeptiert, dass die Erde nicht Mittelpunkt des Universums ist und Rom nicht alleiniges Zentrum des Glaubens.

Bis zur Reformation war der Papst die oberste Instanz der abendländischen Christenheit; danach ist die katholische Kirche eine von mehreren. Sie hat ihre Monopolstellung verloren und muss damit leben, dass es Alternativen zu ihr gibt. Nach der protestantischen Reformation beginnt sie sich selbst zu reformieren – ob sie auch ohne die Revolution von Wittenberg dazu in der Lage gewesen wäre, ist zweifelhaft. Aus dem oft schmerzlichen Selbstfindungsprozess geht das Papsttum in neuer Stärke und mit frischem Selbstbewusstsein hervor. Heute gilt der Vatikan weltweit als Autorität – nicht nur in religiösen Angelegenheiten –, dessen oberster Repräsentant auch von den protestantischen Kirchen respektiert wird.

ZEITTAFEL

Zeittafel: Das Jahrhundert der Entscheidung

11. März 1513	Wahl Giovanni de' Medicis zum Papst Leo X.
1515	Verkündigung des Ablasses zur Finanzierung der neuen Peterskirche durch Papst Leo X.: Erlass von Fegefeuer-Aufenthalten für Lebende und Tote
31. Oktober 1517	Veröffentlichung seiner 95 Thesen in Wittenberg durch den Reformator Martin Luther
1521	Kaiser Karl V. befiehlt Luther vor den Reichstag in Worms.
1. Dezember 1521	Tod Papst Leos X. in Rom
19. November 1523	Wahl von Giulio de' Medici zum Papst Clemens VII.
6. Mai 1527	Eroberung und Verwüstung Roms durch kaiserliche Landsknechte. Papst Clemens VII. rettet sich in die Engelsburg und geht von dort im Dezember nach Orvieto ins Exil.
5. Oktober 1528	Rückkehr des Papstes in den Vatikan
24. Februar 1530	Feierliche Krönung Karls I. von Spanien in Bologna zum Kaiser des Heiligen Römischen Reiches deutscher Nation durch Papst Clemens VII.
25. September 1534	Tod Papst Clemens' VII. in Rom
13. Oktober 1534	Wahl Alessandro Farneses zum Papst Paul III.
27. September 1540	Offizielle päpstliche Anerkennung des Jesuitenordens, der Gesellschaft Jesu von Ignatius von Loyola
1542	Neugründung der römischen Inquisitionsbehörde, des späteren Heiligen Officiums, durch Papst Paul III.

DAS JAHRHUNDERT DER ENTSCHEIDUNG

1545	Eröffnung des Konzils von Trient
1546	Martin Luther stirbt in seiner Geburtsstadt Eisleben.
1547	Michelangelo Buonarroti wird Bauleiter des Petersdoms und entwirft die Monumentalkuppel.
10. November 1549	Tod Papst Pauls III. in Rom
23. Mai 1555	Wahl von Gian Pietro Carafa zum Papst Paul IV.
1556	Kaiser Karl V. legt seine Ämter nieder.
18. August 1559	Tod Papst Pauls IV.
1571	Christlicher Sieg gegen die Türken in der Seeschlacht von Lepanto
13. Mai 1572	Wahl Ugo Buoncompagnis zum Papst Gregor XIII.
23./24. August 1572	Massaker an den französischen Protestanten in der »Bartholomäusnacht«
1582	Einführung der Kalenderreform durch Papst Gregor XIII.
10. April 1585	Tod Gregors XIII.
1590	Fertigstellung der Kuppel von Sankt Peter

Nachwort

Das Papsttum in der Geschichte

Das Papsttum fasziniert durch seine Andersartigkeit, heute mehr denn je. Das Konklave vom April 2005 und die Verkündigung des neuen Papstes von der Loggia der Peterskirche sind ein Welt-Medienereignis, weit über die katholische Christenheit hinaus. Diese Andersartigkeit ist umso fesselnder, als sie durch lebendige Traditionen bedingt ist: Im Papsttum ist mehr als in jeder anderen Institution das historische Erbe Europas lebendig. In den Zeiten umfassender Demokratisierung aller Lebensbereiche erregt die Wahl eines neuen Pontifex maximus durch ein so handverlesenes Gremium wie das Kollegium der Kardinäle – alles Männer zudem – Aufsehen und in manchen Kreisen Anstoß.

Darüber hinaus ist der auf den Stuhl Petri Erhobene durch keinerlei Verfassungsurkunde eingegrenzt, sondern, zumindest in der Theorie, uneingeschränkt in seiner Entscheidungs-Vollgewalt. Zudem ist seine Herrschaftsstellung – dem heute vorherrschenden Prinzip der Ressortteilung widersprechend – eine mehrfache: Oberhaupt der katholischen Kirche und des Vatikanstaates, um nur die zwei wichtigsten »Regierungsfunktionen« zu nennen. Irritierend andersartig aber ist vor allem die Grundlegung dieser Herrschaft. Sie geht nicht, wie heutzutage in Europa üblich, auf Volkssouveränität und zeitlich befristete Machtübertragung durch demokratische Mehrheitsbildung zurück. Und sie ist auch nicht mit dem in den überlebenden Monarchien (die ja in Wirklichkeit Demokratien mit erblichen Staatsrepräsentationsämtern sind) zur Anwendung gelangenden dynastischen Prinzip vereinbar, sondern auf biblische Ein-

NACHWORT

setzungsworte gegründet. »Du bist Petrus, und auf diesen Felsen werde ich meine Kirche bauen« – eine Kirche, die bis zum Ende der Zeiten überdauern wird. Dieser Anspruch bildet die Basis des Papsttums als geschichtliche Erscheinung schlechthin. Und genau dieser Satz ist bis heute in der Kuppel der Peterskirche lesbar.

Daraus leitet sich zugleich das übergeschichtliche Selbstverständnis des Papstes ab. Die Stellvertreterschaft Jesu Christi, die dessen Fundament bildet, ist zwar geschichtlich insofern, als sie sterblichen Menschen übertragen wird, doch steht sie, von Gott unmittelbar eingesetzt, zugleich über der Zeit und ihren Irrungen und Wirrungen. Wenn es eine Botschaft gibt, die alle päpstlichen Bauten und Bilder der Jahrhunderte bis heute verkünden, dann ist es diese: Das Papsttum kann zwar von den hochgehenden Wogen der historischen Ereignisse geschüttelt und umgetrieben werden, doch aller Tumulte der Mächtigen dieser Welt ungeachtet ist es unerschütterlich und unzerstörbar, weil ihm die Mächte des Himmels in Notlagen stets abrufbare Unterstützung zukommen lassen.

Diese Position in und über der Welt, über der Kirche, aber auch über den weltlichen Herrschern der Christenheit, die der Pontifex maximus bei moralischen Defiziten bzw. ungenügender Pflichterfüllung mahnt, straft und im Extremfall sogar absetzt, hat die Geschichte des Papsttums und Europas in vielfältiger Weise geprägt. Es hat Jahrhunderte gedauert, bis sich dieser Anspruch – siehe das Sensationsereignis des Bußgangs König Heinrichs IV. nach Canossa 1077 – als durchsetzbar erweist; und es vergehen nochmals Jahrzehnte, bis mit Innozenz III. (1198–1216) ein Papst die politischen Geschicke der Christenheit tatsächlich zu bestimmen vermag. Doch ist mit dieser faktisch durchgesetzten Oberhoheit bereits der Keim des Einspruchs angelegt. Dieser erfolgt aus dem Inneren der Kirche selbst, wo geistliche Reformbewegungen so viel weltliche Macht des Papstes für verderblich halten – hatte Christus nicht diese Vollgewalt mit den Worten von sich gewiesen, dass sein Reich nicht von dieser Welt sei? Und auch die europäischen Fürsten können

NACHWORT

diesen Machtanspruch auf Dauer nicht hinnehmen, da er dem langsamen, aber unaufhaltsamen Ausbau ihrer Kompetenzen entgegensteht. Bonifaz VIII., der die Machtfülle des Papsttums nochmals zu steigern bestrebt ist, bekommt um 1300 als Erster diese gefestigte Gegenkraft in höchst unliebsamer Weise zu spüren. Bis zur Französischen Revolution von 1789 wird im Namen des Staates Protest gegen die Stellung des Papstes über den weltlichen Gewalten eingelegt, so wie das Papsttum sich gegen die Absolutsetzung, ja Vergötzung des Staates, der Nation, aber auch des rücksichtslosen Gewinnstrebens verwahrt, und zwar bis heute. So betrachtet, sind die Päpste mit ihrer ideologischen Opposition gegen den ungehemmten Erwerbstrieb und die Ausbeutung des Menschen durch den Menschen die ältesten Globalisierungskritiker der Geschichte. Allerdings liegt dieser Gegnerschaft die Auffassung zugrunde, dass der Mensch ohne die – für alle Menschen guten Willens verfügbare – Gnade Gottes zur Sünde neigt, was ein moralisches Korrektiv über den zum Missbrauch tendierenden irdischen Mächten weiterhin nötig macht.

Dem Papsttum selbst hat diese mehrfache Herrschaftsstellung nicht nur Anfeindungen inner- wie außerhalb der Kirche, sondern auch ureigene Gefährdungen, die aus dem Amt selber erwachsen, eingebracht. Sie alle lassen sich auf eine Grundformel bringen: Die Päpste dürfen bei der Ausübung ihrer Funktionen den weltlichen Fürsten nicht zu ähnlich werden. Positiv ausgedrückt: Die Differenz, eben die Andersartigkeit der Grundlegung, der Rechtfertigung und damit auch der Regierungsart selbst muss jederzeit erkennbar sein, ja im Bewusstsein der Öffentlichkeit verankert sein. Dieser fundamentale Unterschied, der sich in den alltäglichen Verrichtungen, in der Amtskleidung und der Amtsbezeichnung ausdrückt (und als solcher bis heute markiert ist), darf sich jedoch nicht auf Äußerlichkeiten beschränken, sondern muss das Wesen des Amtes und seines Inhabers prägen – so lautet zum Beispiel die Forderung des führenden europäischen Intellektuellen um 1500, des Humanisten Erasmus von Rotterdam. Für ihn heißt Papst sein sich um das Seelenheil der

NACHWORT

Christenheit sorgen, beten, weinen, in einem Wort: Selbstaufopferung. In einem Papst wie Julius II. aber sieht er stattdessen einen nimmermüden Bau- und Feldherrn. In den Augen vieler tonangebender Europäer hat sich das Papsttum um 1500 der weltlichen Macht und ihren Verlockungen viel zu weit angenähert, ja, es ist ihnen geradezu verfallen. Für sie ist der »Sacco di Roma«, die brutale Plünderung Roms durch kaiserliche Truppen im Jahr 1527, die furchtbare, doch in gewisser Weise auch verdiente Strafe für diese fatale Abweichung.

Seit Gregor VII. (1073–1085) muss jeder Papst bei der Ausübung seines Amtes in besonderer Weise eine eigene Herrschaftsformel, ja seinen individuellen und unverwechselbaren Herrschaftsstil finden. Dabei ist das Spektrum durch Eckpunkte begrenzt, aber durchaus breit. Da ist zum einen die theologische Dimension, also die höchste Lehrkompetenz des Papstes in Sachen Dogma und Moral; dazu kommt die oberste Regierungsgewalt über die sichtbare Kirche, das heißt über ihr Personal, die Kleriker, sowie ihre Institutionen und Ressourcen. Drittens obliegt jedem Nachfolger Petri die Regierung des Kirchenstaates, der sich ab etwa 1200 mit deutlicheren Grenzen in Mittelitalien herausbildet, wozu viertens der Primat in temporalibus, die mehrfach erwähnte Oberhoheit und Oberaufsicht über die christlichen Herrscher und Staaten tritt. Doch hat es mit diesen eigentlichen Pflichten und Kompetenzen des Amtes nicht sein Bewenden. Als Menschen von Fleisch und Blut haben auch die Päpste Freunde und Verwandte. In welchem Maße sie diese als väterliche Schiedsrichter und Versöhner der Christenheit fördern dürfen, darüber wird jahrhundertelang intensiv und kontrovers debattiert. Dabei gilt theologisch der schon von Papst Leo dem Großen im 5. Jahrhundert formulierte Leitsatz, dass die Würde Petri auch in einem unwürdigen Nachfolger nicht verloren geht. So wird das Auftreten moralisch fragwürdiger Päpste von katholischen Historikern wie dem Kardinal Cesare Baronio (1538–1607) auch keineswegs geleugnet. Was die Kirche seiner Ansicht nach auszeichnet, ist die von Gott verliehene Fähigkeit, derartige Talsoh-

NACHWORT

len ihrer Geschichte durch Selbsterneuerung hinter sich zu lassen. Auf diese Weise eignen sich die »weltlichen« Pontifikate denn auch nicht als kulturkämpferisches Argument »gegen die Kirche« – was von interessierten Kreisen gerade heute häufig übersehen wird.

Im Laufe der Jahrhunderte hat es bei der Ausgestaltung der individuellen Herrschaftsformel die unterschiedlichsten Prioritäten gegeben – zwischen einem weltabgewandten Pontifex maximus wie Coelestin V. (1294), der von den radikalen Reformkräften innerhalb der Kirche als »Engelspapst« begrüßt, aber von den harten politischen Realitäten zur Abdankung veranlasst wird, und extrem nepotistischen Herrschern wie Alexander VI., der von 1492 an elf Jahre lang klare Akzente für den Machtzuwachs seiner eigenen leiblichen Nachkommenschaft setzt. Eine völlig andere Herrschaftsformel wiederum zeigt sich im Pontifikat des (1956 selig gesprochenen) Innozenz XI., der von 1676 bis 1689 eine kluge Wirtschaftspolitik, welche die hoch verschuldete Papstfinanz erfolgreich zu sanieren beginnt, mit persönlicher Askese und dem Verzicht auf jedwede Verwandtenförderung zu vereinbaren vermag. Die meisten Päpste der Neuzeit aber haben diese verschiedenen Aufgaben und Prioritäten im Sinne eines Mittelweges miteinander zu vereinbaren versucht – im Sinne der Theologen, die betonen, dass auch Christus, der Gottessohn, Mensch geworden sei, einem Papst daher auch nichts wahrhaft Menschliches fremd sein dürfe.

Prof. Dr. Volker Reinhardt

Glossar

Abendländisches Schisma

Das Große Abendländische Schisma – abgeleitet von dem griechischen Wort σχίσμα für Trennung, Scheidung – bezeichnet die Spaltung der lateinischen Kirche in zwei und zuletzt drei unabhängig voneinander arbeitende päpstliche Kirchenleitungen bzw. -verwaltungen. Auslöser ist die erste Papstwahl im April 1378 in Rom nach der Rückkehr der Päpste aus Avignon. Diese macht Urban VI. zum Papst und wird zunächst von den Kardinälen als rechtmäßig anerkannt. Doch Urban VI., ein fanatischer Anhänger der Reformkirche, beschneidet die Einkünfte und Privilegien der Kardinäle und entpuppt sich als machtbesessener Choleriker. Nach wenigen Monaten ziehen die französisch orientierten Kardinäle die Rechtmäßigkeit seiner Wahl in Zweifel, flüchten aus Rom und wählen Robert von Genf zum neuen Papst Clemens VII. Obgleich große Teile der Kurie Clemens VII. unterstützen, gelingt es diesem nicht, seine Machtansprüche in Italien aufrechtzuerhalten. Schließlich flieht er nach Avignon, wo er eine eigene Kurie unterhält.

Das Doppelpapsttum spaltet die gesamte mittelalterliche Staatenwelt, aber auch Orden und Universitäten bis hin zu einzelnen Familien in zwei feindliche Lager. Schließlich setzt man auf dem Konzil von Pisa 1409 die beiden Päpste ab und wählt einen neuen. Doch dem Konzil mangelt es an Autorität, sodass am Ende drei Päpste das Amt beanspruchen. Erst nach dem vom deutschen König Sigismund einberufenen Konzil von Konstanz, das alle drei regierenden Päpste zum Rücktritt auffordert, als Schismatiker verurteilt bzw. absetzt, wird das Schisma mit der Wahl Martins V. 1417 beendet.

Durch dieses Schisma gerät die mittelalterliche Kirche in ihre schwerste Krise. Ihr moralischer Autoritätsverlust ist enorm und bereitet der Reformation den Weg.

Ablass

Der Ablass oder die Vergebung der Sünden ist im frühen Mittelalter Teil der kirchlichen Bußordnung. Bußbücher halten für jede menschliche Sünde eine »tarifgerechte« Strafe bereit, mit der sich deren Vergebung erreichen lässt. Seit dem 11. Jahrhundert wird diese Praxis jedoch zunehmend durch Päpste und Bischöfe abgelöst, die durch von ihnen persönlich gewährten Ablass eigene Ziele verfolgen.

GLOSSAR

Berühmt wird der Kreuzzugsablass Urbans II. von 1095, mit dem die Teilnehmer am Kreuzzug belohnt werden sollen. Der Ablass erlässt diesen sämtliche Kirchenstrafen und spricht die Vergebung all ihrer Sünden aus. Erst im 13. Jahrhundert gibt der Theologe Thomas von Aquin der kirchlichen Ablasspraxis ein theoretisches Fundament. Demnach überträgt sich die Vergebungsvollmacht Christi auf den Papst und seine Bischöfe.

Papst Bonifaz VIII. weitet das Ablasswesen erneut aus. In dem 1300 von ihm ausgerufenen Jubeljahr gewährt er all denen Ablass, die zum Grab Petri pilgern und die Kirchen der Apostel zu den vorgeschriebenen Gebeten aufsuchen. Im Laufe des 14. Jahrhunderts werden Ablässe zur unverzichtbaren Einnahmequelle der Päpste, aus der sie Projekte aller Art finanzieren.

Seit der Mitte des 14. Jahrhunderts entwickelt sich ein sprunghafter Ablasshandel. Laien verkaufen im Auftrag der Kirche Ablassbriefe, die der Käufer dem Priester vorlegen muss, damit dieser den Ablass in Kraft setzt. Nun wird der Ablass sogar auf das Leben nach dem Tod angewandt. Mit dem Kauf von Ablassbriefen lässt sich die zu erwartende Fegefeuerstrafe abkürzen. Auch für bereits Verstorbene kann ein Ablass erworben werden. Gegen Ende des 14. Jahrhunderts bringen Fälschungen, die willkürliche Erteilung von Ablässen und ihr massenhafter Verkauf den Ablasshandel in Verruf.

Nun stellen die Theologen das gesamte Ablasswesen grundsätzlich infrage. Der englische Reformer John Wyclif bezeichnet den Ablass als unerlaubten Übergriff des Papstes auf Himmel und Hölle. Die Bibel, so argumentiert er, wisse nichts vom Ablass.

Der Ablasshandel wird zum Synonym für die Verweltlichung der Kirche. Seine Beseitigung ist ein zentrales Anliegen der Reformation. Für die Reformatoren kann die Vergebung der Sünden nicht vom Menschen, sondern nur von der Gnade Gottes ausgehen.

Auf dem Konzil in Trient (1545–1563) beginnt die katholische Kirche zwar die schlimmsten Auswüchse des Ablasshandels zu beseitigen, doch hält sie bis heute am Ablass fest.

BULLE

Die Bulle – abgeleitet von dem lateinischen Wort »bulla«, Kapsel oder Metallsiegel – bezeichnet das aus Blei oder Silber gefertigte päpstliche Siegel. Seit dem 6. Jahrhundert wird die Bleibulle in der päpstlichen Kanzlei verwendet. Sie ist mit einem Hanf- oder einem rot-gelben Seidenfaden am Dokument befestigt, um dessen Echtheit zu bestätigen. Auf der Vorderseite der Bleibulle ist der Name des amtierenden Papstes zu lesen. Auf der Rückseite sind die Köpfe von Petrus und Paulus abgebildet mit der entsprechenden Kennzeichnung SPE für Sanctus Petrus und SPA für Sanctus Paulus. Im 13. Jahrhundert geht die Bezeichnung für das päpstliche Siegel auf das besiegelte Dokument über. Bulle heißen seitdem päpstliche Erlasse, feierliche Privilegien und offizielle Schreiben des Papstes, die

GLOSSAR

mit einem Siegel versehen sind. Bis heute werden Bullen auf Pergament geschrieben. Ihre Sprache ist Latein. Bullen werden mit den ersten Worten ihres Textes zitiert und nach diesen Worten benannt.

Engelsburg

Noch zu seinen Lebzeiten lässt sich der römische Kaiser Hadrian auf der rechten Tiberseite ein gewaltiges Grabmal errichten, das später zur Engelsburg wird. Vorbild für das ursprüngliche, im Jahr 139 nach Christus fertiggestellte Bauwerk ist das Mausoleum des Kaisers Augustus. Ein 20 Meter hoher zylindrischer Aufbau von 64 Metern Durchmesser prägt das charakteristische Gebäude, das auf einem quadratischen Sockel von 84 Metern Länge thront. Noch 100 Jahre nach Hadrians Tod dient das Grabmal anderen römischen Kaisern als letzte Ruhestätte. Doch schon im 3. Jahrhundert wird die Engelsburg in die Befestigungsanlage Roms integriert.

Den Namen »Engelsburg« verdankt das Mausoleum einer Legende: Papst Gregor I. soll der Erzengel Michael über dem Grabmal erschienen sein, als dieser eine Bittprozession um Unterstützung im Kampf gegen die gerade in Rom wütende Pest anführt. Gregor I. sieht, wie der Erzengel das Schwert in die Scheide steckt, und deutet dies als Zeichen für das Ende der Pest. Ein Engel krönt das Bauwerk allerdings erst seit dem 16. Jahrhundert. 1753 wird der Marmorengel durch einen Bronzeengel des Bildhauers Peter Anton von Verschaffelt ersetzt.

Vom Mittelalter bis zur Französischen Revolution dient die Engelsburg den Päpsten vor allem als Festung, in der sie sich vor ihren Feinden verschanzen. Während der chaotischen Papstwahl Urbans VI. im Jahr 1378 verbringen die Kardinäle aus Angst vor den Römern den gesamten Staatsschatz der Päpste in die Engelsburg. Bis zum Ende des 18. Jahrhunderts lagern hier auch die kostbarsten Dokumente des vatikanischen Geheimarchivs. Der italienische Staat, in dessen Besitz die Engelsburg 1870 fällt, nutzt sie als Gefängnis und Kaserne. Seit 1933 beherbergt sie ein Museum.

Exkommunikation

Exkommunikation, in der Vergangenheit auch Kirchenbann genannt, bedeutet den Ausschluss eines Sünders von der Eucharistie, in der die Einheit der Christen mit ihrer Kirche vollzogen wird.

Ähnlich wie der Ablass ist die Exkommunikation im frühen Mittelalter Teil der kirchlichen Bußdisziplin, durch die der Sünder – und wer ein solcher ist, unterliegt ebenfalls

GLOSSAR

der Definition der Kirche – dazu gebracht werden soll, öffentlich Buße zu zeigen. Nach dem Vollzug der Bußrituale darf er in die Gemeinschaft der Kirche zurückkehren. Doch seit dem 12. Jahrhundert verselbstständigt sich die Exkommunikation. Nun wird sie zum Mittel, die Macht der Kirche durchzusetzen. In der sogenannten Acht findet die Exkommunikation auch Eingang in das Reichsrecht, das den von der Kirche exkommunizierten Sünder auch aus der weltlichen Rechtsgemeinschaft ausschließt und ihn zum Beispiel mit Gefängnisstrafe belegt. Im 14. Jahrhundert verkommt die Exkommunikation zu einer häufig angewandten Konventionalstrafe. Sie dient der Kirche dazu, Schulden und Abgaben einzutreiben. Wer nicht pünktlich zahlt, wird exkommuniziert. Dies kann ganze Klostergemeinschaften treffen. Der inflationäre Gebrauch der Exkommunikation führt zu Konflikten mit der weltlichen Gewalt, die bislang an der Bestrafung mitgewirkt hat. Sie weigert sich, weiterhin gegen Exkommunizierte vorzugehen, oder zwingt die kirchlichen Führer, die Exkommunikation zurückzunehmen. Im heutigen Kirchenrecht übt die Exkommunikation weniger eine strafende als eine »therapeutische« Funktion aus.

Gegenpapst

Gegenpäpste beanspruchen den Apostolischen Stuhl von der Spätantike bis ins späte Mittelalter. Der Gegenpapst, auch »invasor, shismaticus, antichristus« oder »antipapa« genannt, ist der, der seine Wahl zum Papst annimmt, obgleich bereits ein anderer nach kanonischem Recht zum Papst gewählt worden ist. Es soll 25 bis 40 Gegenpäpste gegeben haben. Ihre genaue Zahl ist eine Frage des kirchenpolitischen Standpunkts.

Gegenpäpste werden gewählt, wenn sich das Kardinalskollegium gespalten hat oder wenn weltliche Herrscher, wie der römische Kaiser oder ein König, in die Papstwahl eingreifen. Berühmt wird die Reihe der Gegenpäpste, die mit der Wahl Clemens' VII. 1378 beginnt und zum Großen Abendländischen Schisma führt.

Gregorianische Kalenderreform

Als Papst Gregor XIII. 1572 sein Pontifikat antritt, gilt im ganzen Christentum noch der »heidnische« Kalender aus den Zeiten des römischen Imperiums, den Julius Cäsar im Jahr 45 vor Christus eingeführt hat. Der nach ihm benannte Julianische Kalender geht von einem mittleren Sonnenjahr von 365,25 Tagen aus. Die moderne Messung hingegen nennt 365 Tage, fünf Stunden, 48 Minuten und 45,25 Sekunden. Im Vergleich dazu ist das Jahr des Julianischen Kalenders etwas mehr als elf Minuten zu lang. Bis zum 16. Jahrhundert hat sich die Verschiebung trotz der eingefügten Schaltjahre auf zehn Tage summiert. Der Vatikan unter Gregor XIII. muss handeln, um Kalender und Wirklichkeit wieder in Übereinstimmung zu bringen. 1582 tritt die neue Zeitrechnung offiziell in Kraft: In diesem Jahr folgt auf den 4. sogleich der 15. Oktober, um den Kalender zu korrigieren.

Nur wenige Länder wie Spanien oder Portugal übernehmen den Gregorianischen Kalender sofort. Die meisten römisch-katholischen Länder Europas folgen zögerlich in den nächsten Jahren. Die protestantischen Länder lehnen den neuen Kalender, weil vom Papst dekretiert, zunächst ab. Die evangelischen Territorien des Heiligen Römischen Reiches übernehmen den Gregorianischen Kalender erst im Jahr 1700; England folgt 1752. Zuvor mussten Verträge zwischen katholischen und protestantischen Fürsten mit beiden Daten versehen werden. Um die Jahreswende differieren die Jahreszahlen zwischen den Gebieten des alten und neuen Kalenders. Aus dieser Zeit stammt der Ausdruck »zwischen den Jahren« für die Tage nach Weihnachten.

Der neue Kalender setzt sich auf Dauer durch: Japan führt ihn 1872 ein, Russland mit der Oktoberrevolution 1917, als die Ungleichheit bereits auf 13 Tage angewachsen ist. Die Türkei passt sich 1926 Europa an.

Parallel zur Kalenderreform wird der Jahresbeginn offiziell auf den 1. Januar verschoben, der sich aufgrund seines Namens – »Janua« bedeutet im Lateinischen »Tür« – als Neujahrstag anbietet.

Heiliger Stuhl

Ein »Heiliger« oder »Apostolischer Stuhl« ist ursprünglich jeder Bischofssitz, der von einem Apostel gegründet worden ist. Im frühen Christentum finden sich solche Sitze vor allem im Oströmischen Reich. Antiochia ist der Sitz des Petrus. Korinth, Philippi und Thessaloniki können sich auf Paulus beziehen und Ephesos auf Johannes. Im Weströmischen Reich beansprucht nur Rom den Rang eines Apostolischen Stuhls, da es sich auf die Anwesenheit und das Martyrium von Petrus und Paulus beruft.

Als Rom im 4. und 5. Jahrhundert beginnt, seinen Primat über alle anderen Bischofskirchen zu beanspruchen, gelten bald nur noch Sitz und Amt des Petrus und seiner Nachfolger als Heiliger Stuhl. Das mittelalterliche Abendland setzt den Heiligen Stuhl, von Ausnahmen abgesehen, mit dem Papstamt gleich. Seit dem 19. Jahrhundert versteht die katholische Kirche unter dem Heiligen Stuhl ausschließlich die Person des Papstes und die in seinem Namen tätigen Stellen der römischen Kurie, wie das Staatssekretariat oder den Rat für die öffentlichen Angelegenheiten der Kirche. Der Heilige Stuhl ist als Völkerrechtssubjekt anerkannt. Er besitzt den ältesten diplomatischen Dienst der Welt und unterhält Vertretungen in etwa 180 Ländern. Bei den UN ist der Heilige Stuhl als permanenter Beobachter zugelassen, ein Status, den keine andere Glaubensgemeinschaft genießt.

GLOSSAR

Heiliges Römisches Reich

Seinen symbolträchtigen Anfang nimmt das Heilige Römische Reich, als Papst Leo III. dem fränkischen König Karl dem Großen während einer Weihnachtsmesse im Jahr 800 die römische Kaiserkrone auf den Kopf setzt. Das neue Kaiserreich stellt sich in die Nachfolge des römischen Imperiums und macht erstmals einen eigenen universalen Herrschaftsanspruch gegenüber dem Oströmischen Reich geltend. Zwar verfällt das Karolingische Reich in der Mitte des 9. Jahrhunderts. Doch mit der Salbung des deutschen Königs Otto I. im Jahr 962 durch Papst Johannes XII. wird die römische Kaiserwürde im westlichen Europa wiederhergestellt. Damit beginnt eine lange Tradition, die erst 1806 mit der von Napoleon Bonaparte erzwungenen Niederlegung der Kaiserkrone durch den Habsburger Franz II. endet.

Kaiser wird in der Regel ein deutscher Fürst, der zuvor von einem Fürstenkollegium zum König gewählt worden ist. Die Kaiserkrönung durch den Papst verleiht ihm eine hohe sakrale Würde, die ihn deutlich über andere Könige des Mittelalters stellt. Daraus lassen sich allerdings kaum Rechte herleiten, wie etwa die, die dem römischen Kaiser erlaubt hätten, in den Machtbereich anderer Könige einzugreifen.

Der Begriff »Sacrum Romanum Imperium« taucht erst im 12. Jahrhundert auf. Er ist die offizielle Bezeichnung für das Herrschaftsgebiet des römischen Kaisers, das etwa die Gebiete Deutschlands, Italiens und Burgunds umfasst. Dabei bezeichnet das Heilige Römische Reich weniger eine geografische als eine ideelle Konstruktion: die Idee vom Kaiser als weltlichem Schutzherrn von Papst und Kirche auf der einen und vom Papst als »Kaisermacher« auf der anderen Seite. Diese enge Verbindung von politischer und religiöser Gewalt, von Reichsgewalt und Papstkirche ist wohl die charakteristischste politische Idee des abendländischen Mittelalters.

Seit Ende des 11. Jahrhunderts durchziehen Kämpfe zwischen Kaiser und Papst um die alleinige Macht im christlichen Abendland die Geschichte des Heiligen Römischen Reiches. Dennoch bleibt die Kaiserkrönung durch den Papst begehrtes Ziel der deutschen Könige. So lässt Heinrich IV. 1084 Gregor VII. absetzen, weil dieser ihm trotz jahrelanger Androhung und schließlich auch Anwendung militärischer Gewalt die Kaiserkrönung verweigert.

Durch den Investiturstreit zwischen König und Papst im 11. und 12. Jahrhundert und die Vernichtung des staufischen Kaisertums durch die Päpste im 13. Jahrhundert verliert das Heilige Römische Reich viel von seiner politischen Macht und seinem religiösen Glanz.

Der Titel »Heiliges Römisches Reich Deutscher Nation« wird erst im 15. und 16. Jahrhundert im Zeitalter der aufstrebenden Nationalstaaten gebräuchlich, in denen das Reich schon keine bedeutende Rolle mehr spielt.

Ein idealisierter Reichsgedanke wirkt jedoch noch lange nach dessen Ende bei den Deutschen und Österreichern weiter, die sich als Erben des Heiligen Römischen Reiches

GLOSSAR

verstehen. Im 19. und 20. Jahrhundert wird das Reich zum historischen Ausgangspunkt einer aggressiven, großdeutschen Politik. Und auch nach den beiden Weltkriegen fasziniert die Idee vom Heiligen Römischen Reich. Das Reich wird zum Vorbild für die christliche Europabewegung, die nach 1945 die wirtschaftliche und politische Einigung Europas vorantreibt.

Heiligsprechung

Im frühen Mittelalter geht die Initiative zur Heiligsprechung von der Verehrung eines christlichen Märtyrers durch das Volk aus. Ein Bischof oder eine Synode überprüft, ob die verehrte Person von der gesamten Kirche als heilig anerkannt werden kann. Erst seit dem 13. Jahrhundert beanspruchen die Päpste, allein für die Heiligsprechung zuständig zu sein. Vor dem Hintergrund einer zunehmenden Verrechtlichung der Kirche bildet sich ein neues Gerichtsverfahren heraus, in dem versucht wird, die Heiligkeit einer Person zu ermitteln. Dabei ist der Antragsteller aufgefordert, ein Bittgesuch hoher Persönlichkeiten an den Papst zu richten, dem mindestens ein Wunder des Heiligen zugrunde liegen muss. Dann beauftragt der Heilige Stuhl Richter, die die Echtheit der behaupteten Wunder überprüfen. Erst nach einem komplizierten Instanzenweg folgt die feierliche Heiligsprechung durch den Papst in der Peterskirche, und der Heilige wird als Zeuge des Glaubens kanonisiert, das heißt in den Kanon, das Verzeichnis der Heiligen, aufgenommen und »zur Ehre der Altäre« erhoben.

Er darf den Titel Sanctus tragen, auf Bildern mit Heiligenschein gemalt werden und in Messen, Brevieren oder Reliquien verehrt werden. Kirchen, Diözesen oder ganze Länder können Heilige zum Patron erheben. So wird die heilige Katharina von Siena erst 1999 zur Schutzpatronin der EU ernannt.

Inquisition

Mit der Inquisition entwickelt sich Ende des 12. Jahrhunderts ein kirchliches Disziplinarverfahren, das sich durch eine aufwendige Voruntersuchung und Beweisaufnahme von anderen Gerichtsverfahren unterscheidet. Zunächst nur gegen renitente Bischöfe und Äbte angewandt, wird es im 13. Jahrhundert im Rahmen der Ketzerverfolgungen gegen die Kartharer und Waldenser eingesetzt. Die Bischöfe übertragen ihr Richteramt auf eigenständig arbeitende Inquisitoren, die man anfangs aus den Reihen der Dominikaner rekrutiert, die später allerdings auch von Franziskanern gestellt werden. Als Reisegerichte ermitteln sie dort, wo Fälle von Ketzerei angezeigt werden. Im Vorfeld des

GLOSSAR

Verfahrens ist es üblich, mithilfe der ortsansässigen Bevölkerung die Verdächtigen zu überwachen und zu bespitzeln.

Zur Falle für den Angeklagten wird die Inquisition erst mit dem Jahr 1252, als der Papst die Folter als legitimen Bestandteil des Verfahrens anerkennt. Wer ein unter Folter erzwungenes Geständnis widerruft, wird als unbußfertiger Ketzer verbrannt. Auch ist es dem Angeklagten kaum möglich, eine Verteidigungsstrategie zu entwickeln, denn Zeugenaussagen und Beweise werden ihm vorenthalten. Da die Kirche keine Blutgerichtsurteile vollstrecken darf, übergibt sie die Delinquenten nach der Urteilsverkündung der weltlichen Macht, die das Urteil vollstreckt.

Im Mittelalter wird nur ein kleiner Teil aller verurteilten Ketzer hingerichtet. Die Mehrheit kommt mit Gefängnisstrafen davon. Die beginnende Neuzeit zeichnet sich dagegen durch weitaus größere Grausamkeit aus. Im 15. Jahrhundert verfassen die beiden Inquisitoren Jakob Sprenger und Heinrich Institoris eine systematische Hexenlehre, den »Hexenhammer«. Er schafft für den in der Bevölkerung aufkommenden Hexenwahn, dem Tausende von Menschen zum Opfer fallen, die Grundlage.

Spanien führt 1478 auf Betreiben Isabellas von Kastilien eine spezielle Form der Inquisition ein, um sich der zum Katholizismus konvertierten Juden zu entledigen. Hier wird die Inquisition zum Terrorinstrument in den Händen des Staates. Zwischen 1480 und 1490 verurteilen spanische Inquisitoren etwa 2000 Menschen zum Tode. In den folgenden Jahrhunderten dient die Inquisition in Spanien und seinen Kolonien der Gegenreformation und dem Kampf gegen die Aufklärung. Erst 1834 schafft Spanien die Inquisition ab.

In Rom arbeitet seit 1542 das Heilige Officium, eine Nachfolgebehörde der Inquisition, die nur dem Papst verantwortlich ist. Sie beschäftigt sich mit Häresie, Sittenfragen, der kirchlichen Ordnung und dem Verbot von Büchern. Während das Heilige Officium im 16. Jahrhundert noch für zahlreiche Ketzerverbrennungen verantwortlich ist, wird es im 17. Jahrhundert zu einem bloßen Instrument der Kirchenzucht. An die Stelle des 1965 durch das Zweite Vatikanische Konzil aufgelösten Büros tritt die bis heute tätige Glaubenskongregation, die sich in erster Linie mit der Indizierung von Büchern befasst.

Investiturstreit

Im Investiturstreit streiten König und Papst um die Frage, wer Bischöfe und Äbte in ihr Amt einsetzen dürfe. Der Streit bricht aus, als König Heinrich IV. 1075 einen Kaplan eigener Wahl zum Mailänder Bischof macht und damit Papst Gregor VII. gegen sich aufbringt. Seinen Höhepunkt erreicht der Streit mit der Exkommunikation des Königs durch den Papst. Heinrich IV. muss aufgrund des Drucks der deutschen Fürsten im Winter 1076 nach Canossa ziehen, um vom Papst die Wiederaufnahme in die Kirche zu erlangen.

GLOSSAR

Hinter dem erbitterten Streit zwischen Papst und König steht der Konflikt zweier Rechtswelten. Auf der einen Seite das sakrale Königtum der Salier, das sich selbst als Haupt einer von Gott gesetzten Weltordnung versteht. Auf der anderen Seite das Reformpapsttum, das unter dem Schlagwort »Freiheit der Kirche« jeden weltlichen Eingriff in die Angelegenheiten der Kirche ablehnt. So gesehen ist auch der König ein einfacher Laie. Die in der Vergangenheit unangefochtene sakrale Würde wird ihm abgesprochen.

Mit dem Verbot der Laieninvestitur, die 1078 zum Kirchengesetz wird, drohen dem König allerdings nicht nur ein empfindlicher Prestigeverlust, sondern auch wirtschaftliche und militärische Einbußen. Für die Machtstellung des Königs sind Bischöfe, die durch Eid an ihn gebunden sind, weil er sie selbst eingesetzt hat, unverzichtbar. Äbte und Bischöfe ersetzen oft fehlende staatliche Beamte und stellen mit ihren Reichsritterschaften die größten Kontingente im königlichen Heer. Fiele die Laieninvestitur, wären die Bischöfe im Falle eines Krieges nicht mehr verpflichtet, den König militärisch zu unterstützen.

Im Römischen Reich findet der Investiturstreit seinen Abschluss mit dem Wormser Konkordat, das Heinrich V. und Papst Calixtus II. im Jahr 1122 abschließen. Darin verzichtet der König auf die Verleihung der geistlichen Befugnisse, der »spiritualia«, und beschränkt sich fortan auf die Verleihung von weltlichem Kirchenbesitz, der sogenannten »temporalia«.

Das Papsttum geht gestärkt aus dem Investiturstreit hervor. In den 200 Jahren nach der Beilegung des Streites behauptet es seine geistige und juristische Vormachtstellung im westlichen Europa.

Kardinal

Man erkennt ihn an seinem scharlachroten Gewand. In der Hierarchie der katholischen Kirche ist der Kardinal, der den Titel »Eminenz« führt, der höchste Würdenträger nach dem Papst.

Das Wort »Kardinal« leitet sich vom lateinischen »cardo«, der Türangel, ab und bezeichnet ursprünglich einen Kleriker, der an einer wichtigen Stelle, einem Dreh- und Angelpunkt seiner Kirche steht. Erstmals erwähnt wird er um das Jahr 500 als Berater und Mitarbeiter des Papstes sowie als Hauptgeistlicher der römischen Titelkirchen. Seit dem 8. Jahrhundert findet man Kardinäle auch in den anderen Staaten des lateinischen Westens.

Eine überregionale Bedeutung erlangen Kardinäle erst durch das Papstwahldekret von 1059, das ihnen eine Vorrangstellung bei der Papstwahl einräumt. Seit 1179 sind nur noch Kardinäle zur Wahl des Papstes berechtigt. Vom 11. bis zum 16. Jahrhundert wirken die Kardinäle über das Kardinalskollegium entscheidend an der Regierung der Gesamtkirche mit.

GLOSSAR

Erst die Kurienreform von 1588 bricht ihre kirchenpolitische Macht zugunsten der Päpste und beschränkt ihren Einfluss fortan auf die Papstwahl.

Im Mittelalter und in der frühen Neuzeit nutzt der Papst die Verleihung des Kardinalstitels, um seine politischen Beziehungen zu Adelsfamilien und europäischen Fürstenhäusern zu festigen. Im Kardinalskollegium sitzen deshalb nicht selten Verwandte der regierenden Fürsten oder Repräsentanten des römischen Adels, die die Interessen ihrer Länder und Familien vertreten.

Die Anzahl der Kardinäle schwankt im Laufe der Zeit beträchtlich. Während ihre Zahl im 15. Jahrhundert zeitweise auf 24 reduziert wird, gehören 1996 dem Kollegium 120 wahlberechtigte Kardinäle an.

Kathedra

Der aus dem Griechischen stammende Begriff bezeichnet einen Sessel oder Stuhl mit Rücken- und Armlehnen. In altchristlicher Zeit symbolisiert die Kathedra, ein primitiver Stuhl aus Marmor oder Stein, der hinter dem Altar einer Domkirche aufgestellt ist, das Lehr- und Hirtenamt eines Bischofs sowie dessen Richterfunktion. Seit dem 6. Jahrhundert heißt die Bischofskirche »cathedralis ecclesia«, die Kirche des Bischofsstuhls. Zu besonderer Bedeutung kommt die »Cathedra Petri«. In der Spätantike bezeichnet sie das Amt des Apostels und seiner Nachfolger. Im Mittelalter geht diese Bezeichnung auf einen hölzernen Thron über, den im 9. Jahrhundert Karl der Kahle einst Papst Johannes VIII. geschenkt haben soll und den man im 13. Jahrhundert als Petrusreliquie zu verehren beginnt. Der Begriff »ex cathedra« hat sich bis in die Gegenwart hinein gehalten. Er bezeichnet eine lehramtliche Entscheidung, die der Papst durch die Autorität seines »Lehrstuhls« trifft.

Kirchenreform

Die Forderung nach einer Kirchenreform geht im 10. Jahrhundert vom Kloster Cluny aus und zielt auf eine sittlich-moralische Erneuerung der gesamten Kirche, insbesondere des Klerus. Zum Beispiel sollen Geistliche nicht mehr heiraten dürfen – eine Forderung, die keineswegs selbstverständlich ist und von den Päpsten immer wieder neu formuliert wird –, und auch der weitverbreitete Ämterkauf, die Simonie, wird angeprangert. Erfolgreich ist die Kirchenreform allerdings weniger auf moralischem als auf rechtlichem Gebiet. Denn ihr anderes großes Ziel ist, der Kirche Unabhängigkeit von den weltlichen Gewalten zu verschaffen.

GLOSSAR

Mit Papst Gregor VII. besteigt 1073 ein Exponent der Kirchenreform den Papstthron. Unter dem Motto »Freiheit der Kirche« baut er die Kurie zu einem zentralen Herrschaftsapparat aus und setzt das Investiturverbot gegen die Könige durch. Doch trotz aller kirchenrechtlichen Fortschritte verstummt der Ruf nach Reformen auch in den folgenden Jahrhunderten nicht. Im Gegenteil: Das Exil der Päpste in Avignon und das anschließende Große Abendländische Schisma beschädigen den moralischen Ruf der Kirche so sehr, dass die Forderung nach einer »reformatio« der Kirche an Haupt und Gliedern zur Reformation führt, die die geistige Vorherrschaft der katholischen Kirche im Abendland bricht.

Kirchenstaat

Der Kirchenstaat entsteht im 8. Jahrhundert, als die Päpste ein Bündnis mit den Franken schließen. Dieses sichert ihnen in bestimmten Territorien Italiens, dem »Patrimonium Petri«, das durch Schenkungen in den Besitz der Päpste gelangt ist, Schutz vor ihren Feinden. Im Gegenzug bestätigen die Päpste die Wahl der fränkischen Könige und verschaffen ihnen dadurch Autorität.

Der Kirchenstaat ist ein Verbund von Kirchenprovinzen, die ausgehend von Rom weite Gebiete Mittelitaliens umfassen. Sein Bestand ist zu keiner Zeit gesichert. Das Mittelalter ist gekennzeichnet von wechselnden Bündnissen und ständigen militärischen Auseinandersetzungen zwischen Päpsten, römischen Adelsfamilien, deutschen Herrschern und Normannen um die Gebiete des Kirchenstaates. Am Ende des 14. Jahrhunderts steht der Kirchenstaat kurz vor dem Zusammenbruch. Das Exil der Päpste in Avignon und das darauf folgende Große Abendländische Schisma (1378–1417) haben zum völligen Verlust der päpstlichen Autorität im Kirchenstaat geführt. Erst im 15. und 16. Jahrhundert gelingt es, die Territorien des Kirchenstaates wieder für die Kirche zurückzugewinnen.

Auch in der Neuzeit wird der Kirchenstaat wiederholt angegriffen und aufgelöst. Napoleon Bonaparte erobert ihn gleich zweimal. Während der 1848er Revolution geht der Kirchenstaat kurzfristig an die römische Republik verloren. Kaum wiederhergestellt, wird er 1870 von der neu gegründeten italienischen Republik beseitigt. Erst die Lateranverträge des Vatikans mit Mussolini 1929 verschaffen ihm erneut eine »feste« territoriale Grundlage. Sein Territorium beschränkt sich seitdem auf die Vatikanstadt, die kaum einen halben Quadratkilometer groß ist. Als Stadtstaat genießt der »Stato della Città del Vaticano« jedoch den internationalen Status einer souveränen Nation.

GLOSSAR

Konklave

Das Konklave bezeichnet einen von der Außenwelt abgeschlossenen Versammlungsraum – lateinisch »cum clave«, mit dem Schlüssel –, in dem die Kardinäle die Papstwahl vollziehen. Zugleich versteht man unter Konklave die Wahlversammlung selbst. Das erste bekannte Konklave findet im Jahr 1241 statt, als ein römischer Senator die Kardinäle gewaltsam in einem heruntergekommenen Palast festsetzt, sie foltern lässt und mit dem Tode bedroht, wenn sie sich nicht schnell auf einen neuen Papst einigen. Ebenfalls bedenklich verläuft ein weiteres Konklave in Viterbo, das 1268 beginnt und erst drei Jahre später beendet wird. Die zerstrittenen Kardinäle können sich nicht auf einen neuen Papst einigen. Als diese Situation untragbar wird, schließen die Bürger von Viterbo die Kardinäle ein, vermauern die Türen, decken das Dach ab und geben ihnen nur noch Wasser und Brot.

Nach dieser Erfahrung erlässt Papst Gregor X. 1274 eine strenge Konklaveordnung. Danach sind alle Kardinäle gezwungen, so lange im geschlossenen Konklaveraum zu wohnen, bis sie einen Papst gewählt haben. Bis heute dürfen die Kardinäle während des Konklaves keinerlei Kontakt mit der Außenwelt aufnehmen. 1996 bestimmt Johannes Paul II., dass die Wahl des Papstes nur noch in der Sixtinischen Kapelle stattfinden dürfe. Damit setzt er die bisherige Regelung, dass die Papstwahl am Sterbeort des letzten Papstes erfolgen müsse, außer Kraft. Als »reisender Papst« fürchtet er, in einem Land zu sterben, in dem ein freies und unbehindertes Konklave möglicherweise nicht stattfinden kann.

Konstantinische Schenkung

Sie ist die wohl berühmteste Fälschung des Mittelalters: eine Urkunde, die der römische Kaiser Konstantin im Jahr 330 verfasst haben soll, als er seine Residenz von Rom nach Byzanz verlegt. Darin vermacht er Papst Silvester I. den Lateranpalast, Rom, Italien und die westlichen Provinzen seines Herrschaftsbereichs. Zudem überlässt Konstantin dem Papst die Insignien seiner weltlichen Macht, die kaiserlichen Herrschaftszeichen, von der Herrschermütze bis zum Purpurmantel. Der Papst – so legt es die Schenkungsurkunde nahe – darf sich als neuer Kaiser fühlen, denn Konstantin hat ihm ja die Herrschaft über das christliche Abendland überlassen. Mit dieser Urkunde haben die Päpste während des gesamten Mittelalters bis in die Neuzeit hinein immer wieder ihre weltlichen Herrschaftsansprüche legitimiert.

Erst 1440 entlarvt der Humanist Lorenzo Valla durch historische und linguistische Argumente das Dokument als Fälschung. Vor ihm hat bereits Nikolaus von Kues die formale Unechtheit der Urkunde nachgewiesen. Zunächst ist Valla durch seine Entdeckung

GLOSSAR

in Ungnade bei Papst Eugen IV. gefallen und muss sich den Fragen der Inquisition stellen. Doch schon 1448 holt ihn der neue Papst Nikolaus V., ein Freund der Humanisten, an seinen Hof, wo Valla als Professor für Rhetorik und Kuriensekretär Karriere macht. Im Mittelalter ist die formale Echtheit eines Dokuments ohne Bedeutung. Wichtig ist der Inhalt. Offiziell erkennt die katholische Kirche erst im frühen 17. Jahrhundert an, dass die Urkunde gefälscht ist. Doch sie hält die Fälschung bis ins 19. Jahrhundert hinein für ein Werk der Griechen, das erst nachträglich ins Lateinische übersetzt wird und also nicht im Auftrag der Päpste zustande gekommen sein kann.

Vermutlich ist es Papst Paul I., der im 8. Jahrhundert die vermeintliche Urkunde Konstantins bei einer Fälscherwerkstatt in Auftrag gibt, als er sich von den Langobarden bedroht fühlt und ein Dokument vorweisen will, das seine weltlichen Herrschaftsansprüche absichert.

Konzil

Auf Konzilien kommen kirchliche Würdenträger, vor allem Bischöfe, zusammen, um theologische und organisatorische Fragen der Kirche zu klären. Man unterscheidet Partikularkonzilien, das sind Provinzial- und Nationalsynoden, und Ökumenische oder Allgemeine Konzilien, auf denen sich die Repräsentanten der gesamten Kirche versammeln. Die katholische Kirche zählt bis heute 21 Ökumenische Konzile. Das letzte Konzil, das Vaticanum II, findet 1962–1965 statt. Ihm gehen das Konzil von Trient 1545–1563 und das Vaticanum I 1869–1870 voran.

Im 1. Jahrtausend nach Christus finden alle Konzilien auf oströmischem Boden statt, dem Gebiet der heutigen Türkei. Sie werden vom Kaiser des Oströmischen Reiches einberufen. Die Konzilsbeschlüsse werden vom Kaiser bestätigt und als Reichserlasse verbreitet. Erst nachdem sich das westliche Kaiserreich im 10. Jahrhundert gefestigt hat, gelingt es den Päpsten, Kontrolle über die Konzilien zu gewinnen und eigene Konzilien abzuhalten. Während der Krise des Papsttums im Hochmittelalter sehen viele im Konzil eine grundsätzliche Alternative zum zentralistischen Papsttum. Der Staatstheoretiker Marsilius von Padua erklärt 1324 in seinem Werk *Defensor Pacis*, dass nur ein Konzil von Klerikern und Laien die höchsten Entscheidungen zum Wohle der Gesamtkirche treffen könne. In diesem Geist beendet das Konzil von Konstanz (1414–1418) das Große Abendländische Schisma und wählt Martin V. zum neuen Papst. In der Folgezeit kann sich der Gedanke des Konziliarismus, der die Autorität der Kirchenversammlung über die des Papstes stellt, jedoch nicht durchsetzen. Nach katholischem Kirchenrecht ist der Papst auch heute noch Herr des Konzils. Nur er kann ein Konzil einberufen, seine Beschlüsse bestätigen und ihnen Gesetzeskraft geben.

GLOSSAR

LATERAN

Kaiser Nero hat den Palast von der römischen Adelsfamilie, den »Plautii Laterani«, beschlagnahmt. Die Ehefrau Kaiser Konstantins schenkt ihn im Jahr 312 den Bischöfen von Rom als Residenz. Die zum Palast gehörende Basilika San Giovanni in Laterano wird zur römischen Bischofskirche. Sie ist auch heute noch die Bischofskirche des amtierenden Papstes.

Bis zum 15. Jahrhundert ist der Lateranpalast Hauptresidenz der Päpste, die dort fünf Ökumenische Konzilien, die sogenannten Laterankonzilien, abhalten.

Dann ziehen die Päpste in den Palastkomplex auf dem Vatikan, mit dessen Bau im 13. Jahrhundert begonnen wird. Heute gehören der Lateranpalast und die Basilika exterritorial zur Vatikanstadt.

NEPOTISMUS

Das Wort leitet sich vom lateinischen »nepos« her, dem »Enkel«, »Urenkel«, »Neffen« oder »Nachkommen«, und bezeichnet das Verhalten, den eigenen Verwandten und anderen Günstlingen Vorteile zu verschaffen. Die Päpste des Mittelalters und der frühen Neuzeit verhelfen in großem Stil ihren Verwandten zu Gütern und hohen Ämtern. Berühmt wird der Nepotismus von Papst Bonifaz VIII., den Dante im 19. Höllengesang seiner *Göttlichen Komödie* verewigt. Bonifaz versorgt seine Verwandten so reichlich mit Grundbesitz und Ämtern, dass seine Zeitgenossen fürchten, seine Familie, die Caetani, würden bald die gesamte Kirche beherrschen. Bis heute besitzt die Familie Caetani Ländereien und Burgen südlich von Rom aus dem Grundbesitz dieses Papstes.

PÄPSTLICHE INSIGNIEN

Insignien, lateinisch »Auszeichnungen«, sind äußere Zeichen wie Kleidung oder Schmuck, die der Inhaber eines geistlichen oder weltlichen Amtes bei sich trägt. Als Teil eines Zeremoniells symbolisieren sie nicht nur die Würde des Amtsträgers, sondern auch die Autorität der dahinterstehenden Institution und sind insofern Herrschaftszeichen. Die katholische Kirche benutzt sehr viele Insignien, an denen sich die Rangstufen und Aufgaben innerhalb der Kirchenhierarchie ablesen lassen. Päpstliche Insignien im engeren Sinne sind der Hirtenstab, der Fischerring, das Pallium und die Tiara.

Der Hirtenstab des Papstes, auch »ferula« genannt, unterscheidet sich vom gewöhnlichen Krummstab des Bischofs, der seit dem 7. Jahrhundert bekannt ist. Er ist gerade und geht am oberen Ende in ein Kreuz über. Überreicht wird er dem römischen Bischof als Zeichen der päpstlichen Gewalt, wenn dieser den Lateran in Besitz nimmt.

Zwar wird auch den Bischöfen bei ihrer Investitur ein Ring zusammen mit einem Stab überreicht. Doch der Papst trägt einen besonderen Ring, den Fischerring. Seit Mitte des 15. Jahrhunderts ist er im Gebrauch. In ihn ist der jeweilige Papstname graviert und das Bild des Apostels Petrus, der ein mit Fischen gefülltes Netz ins Schiff zieht. Der Papst erhält den Ring unmittelbar nach seiner Wahl im Konklave. Stirbt er, wird dieser Ring zerbrochen.

Das Pallium ist ein um Hals und Schulter gelegtes, etwa vier bis sechs Zentimeter breites, weißes liturgisches Ehrenband, das mit sechs schwarzen, vormals roten Seidenkreuzen verziert ist. Die Wolle muss von zwei weißen Lämmern stammen, die am 21. Januar, dem Namenstag der Märtyrerin Agnes, in der nach ihr benannten Kirche geweiht worden sind. Das Pallium ist das Symbol für das Hirtenamt. Es soll an den guten Hirten Jesus erinnern, der ein Schaf auf seinen Schultern trägt. Ursprünglich nur dem Papst vorbehalten, wurde es später auch den Erzbischöfen zuerkannt. Diese müssen innerhalb von drei Monaten nach ihrer Weihe den Papst um das Pallium bitten.

Nicht mehr im Gebrauch ist die Tiara, eine konische weiße, helmartige Kegelmütze, die seit dem 7. Jahrhundert bekannt ist. Sie geht vermutlich auf das Camelaucum zurück, eine Zipfelhaube, die bereits von alttestamentarischen Priestern, Königen und Kriegern getragen wird. Zwischen dem 9. und 11. Jahrhundert ist die Tiara mit einem Kronreifen gesäumt. Bonifaz VIII. fügt ihr einen zweiten Reifen hinzu. Später kommt noch ein dritter Ring hinzu. Mit ihren drei Kronreifen wird die Tiara zum Symbol der weltlichen Macht der Päpste. Aus diesem Grund legt Paul VI. 1964 die Tiara ab. Er will den geistlichen Charakter seines Amtes betonen und lässt die »Krone der Päpste« zugunsten der Armen der Welt versteigern.

Päpstlicher Segen

Erstmals erteilt Papst Bonifaz VIII. anlässlich des ersten Jubeljahres 1300 den päpstlichen Segen und gewährt damit allen, die ihn erhalten, einen vollkommenen Ablass. Noch heute verbindet sich der päpstliche oder apostolische Segen mit dem Ablass. Päpste erteilen ihn an Festen wie Ostern oder Weihnachten »urbi et orbi«, der Stadt Rom und dem Erdkreis. Dreimal im Jahr dürfen auch Diözesanbischöfe den apostolischen Segen spenden. Sogar von einfachen Priestern kann der päpstliche Segen erteilt werden, jedoch nur Sterbenden oder am Tag ihrer Priesterweihe.

Seit 1939 erlaubt der Heilige Stuhl, den päpstlichen Segen über das Radio zu empfangen. Seit 1985 wird auch das Fernsehen als legitime Übertragungsform dieses Segens anerkannt.

GLOSSAR

Papsttitel

Seit Mitte des 5. Jahrhunderts ist »Papst« der gebräuchliche Ehrentitel für den Bischof von Rom als Oberhaupt der katholischen Kirche. Papst heißt so viel wie Vater und war auch der Titel anderer christlicher Patriarchen aus Byzanz oder Alexandrien. Erst unter Gregor VII. wurde der Titel für das Oberhaupt der lateinischen Kirche reserviert.

Gewöhnlich wird der Papst mit »Papa«, »Eure Heiligkeit« oder »Heiliger Vater« angeredet, wobei sich die Heiligkeit auf das Amt, nicht auf die Person bezieht. Sein offizieller Titel ist jedoch weitaus länger. »Bischof von Rom, Statthalter Jesu Christi, Nachfolger des Apostelfürsten, Summus Pontifex der gesamten Kirche, Patriarch des Abendlandes, Primas von Italien, Erzbischof und Metropolit der römischen Kirchenprovinz, Souverän des Staates der Vatikanstadt«. In dem Titel dokumentiert sich sowohl die göttliche Stiftung des Papsttums als »Statthalter Christi« als auch der weltliche Machtanspruch der Päpste. Letzterer kommt in dem Titel »Pontifex maximus« zum Ausdruck, womit die Kontinuität zur römischen Weltherrschaft hergestellt wird. »Pontifex maximus« nannten sich nämlich die römischen Kaiser.

Der Titel »Souverän des Staates der Vatikanstadt« tritt erst 1929 nach Abschluss der Lateranverträge mit dem italienischen Staat hinzu. Im Jahr 2006 legt Papst Benedikt XVI. den Titel »Patriarch des Abendlandes« als unzeitgemäß ab.

Peterskirche

Im Jahr 320 lässt Konstantin der Große die Basilika Sankt Peter über dem Grab des Apostels Petrus errichten. Zuvor hat er mit archäologischer Gründlichkeit die genaue Lage des Grabes ermitteln lassen, denn das Grab des Märtyrers soll im Zentrum seiner Kirche liegen. Die Grabeskirche Petri, eine fünfschiffige Basilika, wird im Mittelalter das zentrale Heiligtum der katholischen Kirche in Rom. Sie entwickelt sich zur wichtigsten Pilgerstätte des Abendlandes. 1506 gibt Papst Julius II. dem römischen Architekten Bramante den Auftrag, eine neue Kirche über dem Grab des Apostels zu bauen. Die baufällige konstantinische Basilika wird abgerissen. Die Pläne des Baumeisters sind so gewaltig, dass sich die Päpste entschließen, die Kosten durch intensiven Verkauf von Ablass zu decken. Das theologisch kaum zu rechtfertigende Treiben der päpstlichen Ablasshändler wird zu einem der Anlässe für die Reformation. 1546 beauftragt Paul III. Michelangelo Buonarroti, die Kuppel über dem Grab Petri zu bauen. 17 Jahre lang arbeitet dieser an der Vollendung der Kuppel, die mit 42 Metern Durchmesser bislang ungekannte Ausmaße hat. Im Jahr 1624 konstruiert Gian Lorenzo Bernini einen Bronzebaldachin auf vier 29 Meter hohen Säulen, der im Innenraum des Doms direkt über dem Grab Petri aufgestellt wird. Im Zentrum des

GLOSSAR

Petersdoms, der Kuppel über dem Grab Petri, findet sich das zentrale biblische Zitat, auf das die Päpste bis heute ihre Herrschaft gründen. In 1,40 Meter großen Buchstaben laufen sie um das Innere der Kuppel herum: »Tu es Petrus et super hanc Petram aedificabo Ecclesiam meam et tibi dabo claves regni caelorum.« – Du bist Petrus (griechisch: der Fels), und auf diesen Felsen werde ich meine Kirche bauen, und dir gebe ich die Schlüssel zum Himmelreich.

1626 wird die neue Peterskirche eingeweiht. Sie beherbergt viele kostbare Reliquien wie die Cathedra Petri oder das Schweißtuch der Veronika. Zugleich ist sie die Grabstätte zahlreicher Päpste bis hin zu Johannes Paul II.

Peterspfennig

Aus Verehrung für den heiligen Petrus erheben angelsächsische Könige schon im 8. Jahrhundert Steuern, die sie an den Heiligen Stuhl nach Rom weiterleiten. Im 11. Jahrhundert wird diese Abgabe zur regulären Steuer. Dem schließen sich einige skandinavische Länder sowie Polen und Ungarn an. Seit dem 13. Jahrhundert erheben die Päpste »offiziellen« Anspruch auf den Peterspfennig. In der Reformationszeit wird der Peterspfennig abgeschafft, weil er als Zeichen weltlicher Orientierung des Papstes angesehen wird. Als freiwillige Abgabe hat ihn der Heilige Stuhl 1860 wieder eingeführt. Die weltweite Kollekte am 29. Juni, dem Fest des heiligen Petrus, kommt dem Vatikan bis heute unter der Bezeichnung »Peterspfennig« zugute.

Petrusgrab

Seit dem 4. Jahrhundert werden die Gräber der Apostel von den Christen als wichtige Reliquien verehrt. Der Besitz des Petrusgrabes sichert der Peterskirche und der Stadt Rom während des gesamten Mittelalters Weltgeltung. Das Petrusgrab ist nach dem Grab Christi in Jerusalem die bedeutendste Verehrungsstätte der Christen und begehrtes Ziel unzähliger Wallfahrer. Mit der Zeit vergisst man aber, was genau sich eigentlich unter dem Altar des Petersdoms befindet. Deshalb veranlasst Papst Pius XII. 1940 archäologische Grabungen. Zehn Jahre später lässt er verkünden, dass das Grab des Apostelfürsten gefunden sei. Unmittelbar unter der Krypta des Petersdoms findet man ein kleines Denkmal aus dem 2. Jahrhundert. Es ist nachträglich über ein Armengrab aus der Zeit des Petrus gesetzt worden. Neben dem Grab, Teil einer unterirdischen Gräberstadt, finden sich griechische Eingravierungen, die mit »Petrus ist hier« übersetzt werden können. Auch liegt das Grab neben dem Zirkusgelände von Kaiser Nero, wo Christen bei »Zirkusspielen« hingerichtet werden. Und 18 Jahre später behauptet der Heilige Stuhl, gestützt auf die Forschungen der Epigraphieprofessorin Margherita Guarducci, dass auch die Knochen des Petrus gefunden worden seien. Die Untersuchungsergebnisse sind allerdings von vielen Experten angezweifelt worden.

Es ist nach wie vor offen, ob das, was seit dem 4. Jahrhundert geglaubt wird, stimmt: dass an diesem Ort und nirgendwo anders der Apostel Petrus begraben ist.

Reliquien

In Reliquien werden die körperlichen Überreste von Heiligen, wie Knochen, Haare und Nägel und alles, was mit dem Heiligen in Berührung kam oder was auf ihrem Grab lag, verehrt. Der Reliquienkult wurzelt in vorchristlichen Traditionen, dem Glauben an die magische Wirksamkeit von Leichenteilen. Im Christentum nimmt der Reliquienkult mit der Verehrung der Gräber von Märtyrern im 2. Jahrhundert seinen Anfang.

Die Reliquien der Heiligen sind so etwas wie eine reale Verbindung zum Jenseits. Über sie lässt sich ein Kontakt zum Heiligen herstellen. Man glaubt, dass in den Reliquien die den Heiligen verliehene Gotteskraft weiter ruht. Aus diesem Grund pilgert man zu den Heiligengräbern und trägt Amulette von Gegenständen, die mit den Reliquien in Verbindung gestanden haben. Die heilende Kraft von Krankheitspatronen beispielsweise kann sich – so glaubt man – am besten in der Nähe ihrer Reliquie entfalten.

Bis heute ist es Vorschrift in der römisch-katholischen Kirche, dass kein Altar ohne eine Reliquie geweiht werden darf. In jedem Altar findet sich ein »Sepulchrum«, eine Vertiefung, in die die Reliquie eingelassen ist. Schon im 4. Jahrhundert setzt ein schwunghafter Handel mit Reliquien ein. Einen ersten Höhepunkt erreicht er nach der Eroberung Jerusalems 1099, als massenweise Reliquien nach Europa gelangen.

Schlüsselgewalt

In der katholischen Kirche ist die »potestas clavis«, die Schlüsselgewalt, ein anderer Ausdruck für Kirchengewalt, die vom Papst, seinen Bischöfen und deren Delegierten ausgeübt wird. Sie leitet sich aus der Übertragung der »Binde- und Lösegewalt« durch Jesus auf den Apostel Petrus ab: »Ich will dir die Schlüssel des Himmelreichs geben: alles, was du auf Erden binden wirst, soll auch im Himmel gebunden sein, und alles, was du auf Erden lösen wirst, soll auch im Himmel gelöst sein.« So heißt es im Evangelium nach Matthäus. Unter diese Vollmacht fallen das Lehramt der Kirche, das heißt die Vollmacht, dogmatische Lehrentscheidungen zu treffen, das Heiligungsamt oder die Weihegewalt, durch die Päpste zum Beispiel Bischöfe ernennen können, und die Kirchenregierung, mit der die kirchliche Gesetzgebung, Verwaltung und Gerichtsbarkeit verbunden sind. Nach protestantischem Glaubensverständnis liegt die Schlüsselgewalt hingegen nicht mehr allein in den Händen der Geistlichkeit, sondern der gesamten Kirche.

Schweizergarde

Schon Karl VIII. von Frankreich stellt Schweizer als Leib- und Palastwache ein, denn sie gelten als tüchtige Söldner. Papst Julius II. tut es ihm nach, als er ein Kontingent dieser geschätzten Krieger für seine Leibwache bemüht. 1506 zieht eine Truppe eidgenössischer Söldner unter der Führung eines Luzerner Hauptmanns in Rom ein, um dort ihren Gardedienst anzutreten.

Zu der ausschließlich aus katholischen Schweizern bestehenden päpstlichen Leib-, Palast- und Ehrengarde gehören heute etwa 100 Gardisten. Ihre Uniform in Rot-Gelb-Blau spiegelt die Farben der Medici-Päpste. Wer sich für mindestens zwei Dienstjahre verpflichten will, darf nicht kleiner als 1,76 Meter sein und muss über einen hervorragenden Leumund verfügen. Zudem muss er ledig sein, eine militärische Grundausbildung in der Schweiz absolviert haben und eine abgeschlossene Berufsausbildung vorweisen. Das Training der Gardisten ist durchaus mit dem von militärischen Spezialeinheiten vergleichbar. Das feierliche Gelöbnis der neuen Rekruten findet am 6. Mai, dem Jahrestag des »Sacco di Roma« statt, an dem 147 von 180 Gardisten im Kampf gegen 20 000 Landsknechte Karls V. ihr Leben für den Papst ließen.

Simonie

Der Name stammt von dem Magier Simon aus Samaria, von dem das Neue Testament in der Apostelgeschichte erzählt. Simon bietet dem Apostel Petrus Geld, damit er von diesem die Macht bekomme, den Heiligen Geist über die Menschen zu bringen. Darauf antwortet Petrus: »Dass du verdammt werdest mitsamt deinem Geld, weil du meinst, Gottes Gabe werde durch Geld erlangt.« Auf dieser Grundlage verurteilen Päpste und Konzilien schon im 4. und 5. Jahrhundert die Simonie. Ohne Erfolg: Der Handel mit Pfründen und kirchlichen Stellen, an dem auch die Päpste selbst beteiligt sind, durchzieht das gesamte christliche Mittelalter. Es ist ein Hauptanliegen der im 10. Jahrhundert aufkommenden kirchlichen Reformbewegung, den Ämterkauf zu beseitigen. Während der gesamten Zeit des Mittelalters ist »Simonist« ein beliebtes Schimpfwort, mit dem politische Gegner herabgesetzt werden.

GLOSSAR

Sixtinische Kapelle

Papst Sixtus IV. beauftragt 1475 den Florentiner Baccio Pontelli mit der Planung einer Palastkapelle. Die Kapelle umschließt einen Innenraum mit einem einzigen Schiff von 40 mal 13 Metern und soll an den Tempel Salomons in Jerusalem erinnern. Von außen gleicht die Kapelle eher einer Verteidigungsanlage, da sie als Teil der Befestigung des Vatikans geplant ist. Bei ihrer Einweihung 1484 haben Künstler wie Botticelli, Perugino und Rosselli die Wände bereits mit Szenen aus dem Alten und Neuen Testament ausgemalt. Erst 1508 beauftragt Papst Julius II. den Bildhauer Michelangelo Buonarroti mit dem Deckenfresko. Michelangelo braucht vier Jahre für seine berühmte Darstellung der Schöpfungsgeschichte. 20 Jahre später erhält er den Auftrag, auch die Altarwand neu zu gestalten. Papst Clemens VII. gibt das Thema vor: »Das Jüngste Gericht«. Michelangelo braucht sechs Jahre für die Fläche von 180 Quadratmetern. Als das *Jüngste Gericht* 1541 enthüllt wird, löst es einen Skandal aus. Man verdächtigt den Künstler der Häresie. Die Nacktheit seiner Figuren verträgt sich nicht mit der »Heiligkeit« des Ortes. 1564, nach dem Konzil von Trient, wird der Maler Daniele da Volterra beauftragt, nachträglich die als anstößig empfundenen Darstellungen zu übermalen. Seit 1996 ist die Sixtinische Kapelle vom Papst festgelegter Ort für das Konklave.

Unfehlbarkeit

Im Jahr 1870, als der Kirchenstaat restlos an die italienische Republik verloren gegangen ist, beschließt das Erste Vatikanische Konzil die Unfehlbarkeit päpstlicher Lehrentscheidungen. In der *Constitutio Pastor aeternus* heißt es: »Der römische Papst, wenn er ex cathedra spricht, das heißt, wenn er in Ausübung seines Amtes als Hirte und Lehrer aller obersten Autorität eine Lehre, den Glauben oder die Sitten betreffend, als von der gesamten Kirche festzuhalten definiert, besitzt durch den göttlichen Beistand, der ihm im heiligen Petrus verheißen ist, die Unfehlbarkeit, mit der der göttliche Erlöser seine Kirche bei Definierung einer Lehre in Sachen des Glaubens und der Sitten ausgestattet haben wollte: Und deshalb sind solche Definitionen des römischen Papstes unabänderlich aus sich selbst, und nicht aus der Zustimmung der Kirche.« Ebenfalls unfehlbar sind die Lehrentscheidungen des Bischofskollegiums, das sich zu einem Konzil versammelt hat, jedoch müssen diese Entscheidungen gemeinsam und in Übereinstimmung mit dem Papst zustande gekommen sein. Möglicherweise soll so der Autoritätsverlust des Papsttums wenigstens auf dem Gebiet der Theologie und der Kirchendisziplin ausgeglichen werden. 1964 wird die Unfehlbarkeit durch das Zweite Vatikanische Konzil bestätigt. Sie ist bis heute Bestandteil des geltenden Kirchenrechts.

GLOSSAR

Vatikan

Vatikan bezeichnet den Palast neben der Peterskirche. Seinen Namen hat er vom »ager Vaticanus«, einem Feld, das sich über das rechte Tiberufer erstreckte. Seit dem 2. Jahrhundert werden der heutige Vatikanische Hügel und das sich anschließende Gelände Vatikan genannt. Hier vor den Toren der Stadt Rom liegen die kaiserlichen Gärten und der Zirkus des Nero, in dem die frühen Christen als Märtyrer starben. Sie wurden in den benachbarten ausgedehnten Gräberfeldern beerdigt.

Über dem Grab des Apostels und Märtyrers Petrus lässt Konstantin der Große 319–322 die erste Basilika Sankt Peter bauen. Den Päpsten wird der Lateranpalast geschenkt. Im 8. Jahrhundert baut Leo III. Sankt Peter zur Nebenresidenz aus. Bis ins 12. Jahrhundert besitzt sie aber nur wenig Bedeutung. Doch vor dem Hintergrund von Bürgerkriegen wird der gut befestigte Vatikan dem Lateranpalast vorgezogen. 1278 entsteht neben der Peterskirche eine neue zweistöckige Papstresidenz. Erst Mitte des 15. Jahrhunderts, nach Beendigung des Großen Abendländischen Schismas, setzt Nikolaus V. den Bau des Papstpalastes fort. Die Päpste verlegen ihre Residenz auf den Vatikan. In den folgenden Jahrhunderten entsteht hier die größte Palastanlage der Welt.

Vatikanische Bibliothek

Bereits im 6. Jahrhundert beginnen Päpste, Schriftensammlungen anzulegen. Doch gehen diese Sammlungen in der ersten Hälfte des 13. Jahrhunderts verloren. Einen neuen Anfang macht Papst Bonifaz VIII. Aber seine Bibliothek wird in den politischen Wirren nach seinem Tod 1303 zerstreut. In Avignon, wo die Päpste über 70 Jahre ein sicheres Domizil finden, legt Johannes XXII. den Grundstein für eine neue päpstliche Bibliothek. Hier gelingt es den Päpsten, über 2000 Handschriften in ihren Besitz zu bringen. Die größte Bibliothek des 14. Jahrhunderts.

Der Grundstock für die heutige Sammlung geht auf das Pontifikat des humanistischen Papstes Nikolaus V. zurück, der Mitte des 15. Jahrhunderts eine Sammlung von 350 Werken inventarisieren lässt. Zahlreiche Gelehrte kopieren in seinem Auftrag Bücher aus anderen Sammlungen. Am Ende seines Pontifikats zählt die Vatikanische Bibliothek 1500 Werke und ist wieder zur größten Bibliothek Europas geworden. Im 17. Jahrhundert beginnt der Vatikan, komplette Bibliotheken zu erwerben. Hinzu kommt, dass viele Herzöge und Könige dem Vatikan ihre Bibliothek schenken. Wie das Geheime Archiv wird auch die Bibliothek des Vatikans zur vorübergehenden Beute Napoleons. Doch sie kehrt 1815 aus Paris nach Rom zurück. Heute zählt die Bibliothek mit über 100 000 Originalen, 7000 Inkunabeln und über zwei Millionen Büchern zu den wertvollsten der Welt.

GLOSSAR

Vatikanische Museen

Vatikanische Museen ist der umgangssprachliche Begriff für die Kunstsammlungen der Päpste, die seit der zweiten Hälfte des 18. Jahrhunderts der Öffentlichkeit zugänglich gemacht werden.

Den Anfang machen Clemens XIV. und Pius VI. mit dem Museo Pio-Clementino. Kern ihrer Sammlung bilden die Skulpturen Julius' II. (1503–1513), unter denen sich so berühmte Werke wie die 1506 gefundene Laokoongruppe oder der Apoll vom Belvedere finden. 1837 kommt das Etruskische Museum hinzu, und 1839 gründet Gregor XVI. das Ägyptische Museum. Zudem verfügt der Vatikan über Kunstsammlungen aus der Zeit des frühen Christentums, des Mittelalters, der Renaissance bis hin zur Gegenwart. Um die weltberühmten Sammlungen zu betrachten, muss der Besucher einen sieben Kilometer langen Rundweg zurücklegen.

Vatikanisches Geheimarchiv

Die ständigen politischen Unruhen, die die Päpste oft zu überstürzten Umzügen zwingen, sorgen dafür, dass es kaum nennenswerte Überlieferungen über das Papsttum aus dem frühen Mittelalter gibt. Erst seit dem Ausbau des zentralen Verwaltungsapparats der Kurie im 13. Jahrhundert lässt sich von einem päpstlichen Archiv sprechen. Im 17. Jahrhundert lagert Paul V. die archivarischen Dokumente aus der Vatikanischen Bibliothek aus und schafft das Vatikanische Geheimarchiv, in dem etwa 3000 Dokumente, vor allem die sogenannten Bullenregister, lagern. Die wichtigsten Dokumente der päpstlichen Herrschaftsgeschichte befinden sich allerdings bis 1798 in der Engelsburg, wo sie vor dem Zugriff der Feinde der Päpste sicher sind.

1810 lässt Napoleon die Archive des Vatikans nach Paris bringen. Fünf Jahre später kehren sie stark dezimiert wieder nach Rom zurück. Auch die neu gegründete römische Republik bemächtigt sich der Akten des Vatikanischen Geheimarchivs, die außerhalb des Vatikans lagern, und fügt sie ihrem Staatsarchiv ein. Seit 1881 ist das Archiv für Wissenschaftler zugänglich.

Zölibat

Der Zölibat ist die bis heute im Kirchengesetz verankerte Pflicht der Kleriker, zur vollkommenen und immerwährenden geschlechtlichen Enthaltsamkeit. Er setzt voraus, dass die Ehe die unvollkommenere Lebensform gegenüber dem Zölibat darstellt.

GLOSSAR

Theologisch wurde das mit den Worten Jesu an seine Jünger begründet. »Und jeder, der um meines Namens willen Brüder oder Schwestern, Vater oder Mutter, Weib oder Kinder, Äcker oder Häuser verlassen hat, wird vielmal Wertvolleres empfangen und ewiges Leben erben«, heißt es im Matthäusevangelium. Hinzu kommen alttestamentarische Vorstellungen, die sexuelle Enthaltsamkeit vor der Begegnung mit dem Heiligen verlangen. Im 1. Jahrtausend nach Christus war die Mehrheit der Geistlichen verheiratet. Zwar gibt es seit dem 4. Jahrhundert das Verbot für höhere Geistliche, eine Ehe einzugehen, doch wird dieses nur regional umgesetzt.

Zum allgemeinen Gesetz wird der Zölibat 1139 nach dem II. Laterankonzil in der Folge der gregorianischen Kirchenreformen, die der Priesterehe den Kampf angesagt haben. Die Praxis vieler Priester weicht jedoch jahrhundertelang von der Pflicht zum Zölibat ab, führt in der Reformation zur Abwanderung vieler Geistlicher ins Lager der Protestanten und ist Streitpunkt einer Diskussion, die bis auf den heutigen Tag anhält.

Die Autoren

Jens-Peter Behrend

Geboren 1945. Studium der Geschichte, Soziologie und Theaterwissenschaft. Freier Autor und Regisseur. Im Bereich Dokudrama Regisseur, Autor und Produzent sowohl von Einzeldokumentationen wie von Sendungen für die ZDF-Reihen *Terra-X*, *Höllenfahrten*, *Quo Vadis* und *Sphinx*. Sein thematischer Schwerpunkt liegt seit einigen Jahren auf religionsgeschichtlichen Stoffen.

Michael Gregor

Geboren 1951. Studierte an der Film- und Fernsehakademie in Berlin bei Michael Ballhaus, Peter Lustig und Peter Lilienthal. 1975 folgen der erste eigene Dokumentarfilm, danach Aufträge als News-Fotograf in Beirut und Angola. Seit 1978 Regie und Kamera bei dokumentarischen Spielfilmen und Reportagen über kulturelle und politische Themen mit Schwerpunkt Lateinamerika sowie bei historischen Dokumentationen, unter anderem für die Sendereihe *Sphinx*.

Prof. Dr. Volker Reinhardt

Wissenschaftlicher Berater für dieses Buch. Geboren 1954 in Rendsburg. Studium der Geschichte und Romanistik. 1977 bis 1984 Forschungsaufenthalt in Rom. Seit 1992 Ordentlicher Professor für Allgemeine und Schweizer Geschichte der Neuzeit in Freiburg/Schweiz. Zahlreiche Publikationen zur Geschichte Italiens und des Papsttums: *Die Medici. Florenz im Zeitalter der Renaissance* (4. Auflage 2007), *Geschichte Italiens* (3. Auflage 2006), *Rom. Ein illustrierter Führer durch die Geschichte* (1999), *Die Renaissance in Italien. Geschichte und Kultur* (2. Auflage 2007), *Geschichte Italiens. Von der Spätantike bis zur Gegenwart* (2003), *Der unheimliche Papst. Alexander VI. Borgia 1431–1503* (2007).

DIE AUTOREN

Dr. Luise Wagner-Roos

Geboren 1957 in Wiesmoor. Studierte Biologie und Journalistik. Langjährige Tätigkeit als Wissenschaftsjournalistin für den »Stern« und »Focus«, bevorzugt über Themen im Grenzgebiet von Wissenschaft, Kultur und Zeitgeist. Autorin und Regisseurin von historischen TV-Dokumentationen im Auftrag des ZDF. Seit 1999 Geschäftsführerin der Produktionsfirma Digital Drama in Hamburg.

Literatur

Von Canossa nach Avignon

Klaus Bergdolt: Der Schwarze Tod. Die Große Pest und das Ende des Mittelalters. München 2000

Walter Brandmüller: Das Konzil von Konstanz 1414–1418. Band I: Bis zur Abreise Sigismunds nach Narbonne (Konziliengeschichte. Reihe A). Paderborn u. a., 2. überarbeitete und erweiterte Auflage 1999

Walter Brandmüller: Das Konzil von Konstanz 1414–1418. Band II: Bis zum Konzilsende (Konziliengeschichte. Reihe A). Paderborn u. a. 1998

Franco Cardini: An den Höfen der Päpste. Glanz und Größe der Weltmacht Vatikan. Übersetzt von Marcus Würmli. Augsburg 1996

Josef Fink: Das Petrusgrab in Rom. Innsbruck/Wien 1988

Kurt Flasch: Das philosophische Denken im Mittelalter. Von Augustin zu Machiavelli. Stuttgart 1986

Bernhard Guillemann: Les papes d'Avignon (1309–1376). Paris 1998

Johannes Haller: Das Papsttum. Idee und Wirklichkeit. In fünf Bänden. Band II: Der Aufbau. Band V: Der Einsturz. Reinbek 1965

Jörg K. Hoensch: Kaiser Sigismund. Herrscher an der Schwelle zur Neuzeit. 1368–1437. München 1996

Markus Mayr: Geld, Macht und Reliquien: Wirtschaftliche Auswirkungen des Reliquienkultes im Mittelalter. Innsbruck u. a. 2000

Richard Niedermeier: Päpste. Nürnberg 2007

Leopold von Ranke: Das Zeitalter der Kreuzzüge und das späte Mittelalter. Meersburg 1935

Barbara Tuchman: Der ferne Spiegel. Das dramatische 14. Jahrhundert. Berlin 1980

Stefan Weinfurter: Canossa. Die Entzauberung der Welt. München 2006

Albert Wucher: Die Päpste. Ihre Geschichte von den Anfängen bis zur Gegenwart. Freiburg im Breisgau 2000

LITERATUR

Die Herrschaft der Papstkönige

GEO Epoche: Die Macht der Päpste. Hamburg 2005
GEO Epoche: Die Renaissance in Italien 1300–1560. Hamburg 2003
Niccolò Machiavelli: Der Fürst. Frankfurt am Main 2001
Lauro Martines: Die Verschwörung. Aufstieg und Fall der Medici im Florenz der Renaissance. Darmstadt 2004
Ludwig Pastor: Geschichte der Päpste seit dem Ausgang des Mittelalters. Zweiter Band: Geschichte der Päpste im Zeitalter der Renaissance von der Thronbesteigung Pius' II. bis zum Tode Sixtus' IV. Freiburg im Breisgau 1925
Ludwig Pastor: Geschichte der Päpste seit dem Ausgang des Mittelalters. Dritter Band: Geschichte der Päpste im Zeitalter der Renaissance von der Wahl Innocenz' VIII. bis zum Tode Julius' II. Freiburg im Breisgau 1895
Volker Reinhardt: Der unheimliche Papst. Alexander VI. Borgia 1431–1503. München 2005
Volker Reinhardt: Die Medici. Florenz im Zeitalter der Renaissance. München 1998
Paul Strathern: The Medici. Godfathers of the Renaissance. London 2003

Das Jahrhundert der Entscheidung

Rüdiger Achenbach/Hartmut Kriege: Die Päpste und die Macht. Düsseldorf 2002
Ausstellungskatalog »Hochrenaissance im Vatikan (1503–1534) – Kunst und Kultur im Rom der Päpste I«. Bonn 1998
Dagmar Feghelm: Ich, Raffael. München 2004
GEO Epoche: Die Macht der Päpste. Hamburg 2005
Josef Imbach: Geheimnisse der kirchlichen Küchengeschichte. Düsseldorf 2002
Leben des Benvenuto Cellini, florentinischen Goldschmieds und Bildhauers, von ihm selbst geschrieben. Übersetzt und mit einem Anhange herausgegeben von Goethe. Tübingen 1803
Ludwig Pastor: Geschichte der Päpste – Von der Wahl Leos X. bis zum Tode Klemens' VII. (1513–1534). Teil I und II. Freiburg
im Breisgau 1906
Volker Reinhardt: Francesco Guicciardini – Die Entdeckung des Widerspruchs. Göttingen 2004
Barbara Tuchman: Die Torheit der Regierenden – Von Troja bis Vietnam. Frankfurt am Main 2001

Bildnachweis

Archiv für Kunst und Geschichte (akg), Berlin: S. 12, 46, 77, 99, 117, 123, 157, 179, 188, 191, 215
Bridgeman, Berlin: S. 175
Ullstein Bild, Berlin: S. 91, 111, 152, 156

Wir danken allen Rechteinhabern für die Erlaubnis zum Abdruck der Abbildungen. Trotz intensiver Bemühungen war es nicht möglich, alle Rechteinhaber zu ermitteln. Wir bitten diese, sich an den Verlag zu wenden.

Personenregister

A

Agnes, Hl. (Märtyrerin) 260
Albrecht I. (König, Heiliges Römisches Reich) 55
Albrecht II. (Markgraf u. Erzbischof, Brandenburg) 194f.
Alexander V. (Gegenpapst) 86f.
Alexander VI. (Papst, zuvor Rodrigo Borgia) 127–144, 146–150, 166f., 220f., 245
Anicetus (röm. Bischof) 31, 33
Annibale (Kardinal) 64
Aristoteles 41
Augustus (Kaiser, Römisches Reich) 248
Averroes (eigentl. Abu Walid Ibn Ruschd) 41
Avicenna (eigentl. Abu Ali al-Hussein Ibn Abdallah Ibn Sina) 41

B

Bandini, Bernardo 103, 120, 122
Barbarossa s. Cheireddin
Baronio, Cesare 244
Beaufort, Pierre Roger de s. Gregor XI.
Becchi, Gentile 122
Benedikt XI. (Papst, zuvor Niccolò Boccasini) 58f.
Benedikt XII. (Papst) 63
Benedikt XIII. (Gegenpapst) 85f., 88, 92f.
Benedikt XVI. (Papst) 229, 261
Benedikt, Hl. 227
Bernhard von Clairvaux 50
Bernini, Gian Lorenzo 261
Bertha von Turin 13
Bertrand de Got s. Clemens V.
Bibbiena s. Dovizi, Bernardo
Bismarck, Otto von 13
Boccasini, Niccolò s. Benedikt XI.
Boeyens, Adriaan Florisz s. Hadrian VI.
Bonifaz VIII. (Papst, zuvor Benedikt Caetani) 40, 43, 45, 47, 57, 58ff., 98, 243, 247, 259, 260, 266
Bonifaz IX. (Papst) 85
Borgia, Alonso de s. Calixtus III.
Borgia, Cesare 130ff., 134f., 137–147, 149f., 166f.
Borgia, Giovanni 131, 138f., 141
Borgia, Jofré 131
Borgia, Lucrezia 131ff., 135f.
Borgia, Rodrigo s. Alexander VI.
Botticelli, Sandro 107, 120f., 166, 265
Bourbon, Connétable de 208
Bramante, Donato 155, 157ff., 261
Brandmüller, Walter 95
Brigitta von Schweden 78
Buoncompagni, Ugo s. Gregor XIII.
Burckard, Johannes 135f., 139

PERSONENREGISTER

C

Caetani, Benedikt   s. Bonifaz VIII.
Cajetan   163
Calixtus II. (Papst)   27, 36, 254
Calixtus III. (Papst, zuvor Alonso de Borgia)   129
Canisius, Petrus   224, 231
Canossa (frz. Nuntius)   208
Carafa, Gian Pietro   s. Paul IV.
Cäsar, Julius   154, 159, 237, 249
Castiglione, Baldassare   190, 199
Cattanei, Vannozza de'   130f.
Cellini, Benvenuto   216f.
Chauliac, Guy de   73
Cheireddin (genannt Barbarossa)   203
Chigi, Agostino   189
Cibo, Giovanni Battista   s. Innozenz VIII.
Cicero   64, 206
Clemens III. (Gegenpapst, zuvor Wibert)   26, 97
Clemens V. (Papst, zuvor Bertrand de Got)   40, 59ff., 98f.
Clemens VI. (Papst, zuvor Pierre Roger)   62–66, 71–76, 78, 99
Clemens VII. (Gegenpapst, zuvor Robert von Genf)   57, 79f., 82f., 85, 100, 246, 249
Clemens VII. (Papst, zuvor Giulio de' Medici)   154, 173, 178, 180, 197–202, 204–208, 210–214, 216ff., 239, 265
Clemens XIV. (Papst)   225, 267
Coelestin V. (Papst, zuvor Pietro del Morrone)   39f., 47, 52, 98, 245
Colonna, Oddo   s. Martin V.
Colonna, Pompeo   207
Colonna, Sciarra   56, 58, 69
Colonna, Stefano   51
Cossa, Baldassare   s. Johannes XXIII.

D

Dante Alighieri   47, 57, 259
Dovizi, Bernardo (genannt Bibbiena)   190

E

Eckhart, Meister   69f.
Erasmus von Rotterdam   159, 203, 243
Eugen IV. (Papst)   258

F

Farnese, Alessandro   s. Paul III.
Farnese, Costanza   224
Farnese, Giulia   133, 137, 220
Farnese, Maddalena   220
Farnese, Ottavio   223
Farnese, Pier Luigi   220
Ferdinand (König, Spanien)   160
Ferdinand I. (Kaiser, Heiliges Römisches Reich)   224, 231, 235
Ferrante (König, Neapel)   122, 124
Feuchtwanger, Lion   42
Filarete (eigentl. Antonio Averlino)   30
Fink, Josef   32
Forlì, Melozzo da   112
Foscari, Marco   199
Francesca, Piero della   116
Franz I. (König, Frankreich)   200, 203f., 206, 210
Franz II. (Kaiser, Heiliges Römisches Reich)   251
Friedrich IV. (Herzog, Tirol)   92
Froissart, Jean   71
Frundsberg, Georg von   207f.
Fuhrmann, Horst   38

PERSONENREGISTER

G
Gaius (röm. Priester)   31
Ghirlandajo   107, 166
Gonzaga, Francesco   208
Grassis, Paris de   162
Gregor I. (Papst)   248
Gregor VII. (Papst, zuvor Hildebrand)   10, 13–16, 18–27, 36, 48, 97, 213, 244, 251, 253, 256, 261
Gregor IX. (Papst)   41
Gregor X. (Papst)   257
Gregor XI. (Papst, zuvor Pierre Roger de Beaufort)   67, 76, 78f., 100
Gregor XII. (Papst)   85f., 88, 92
Gregor XIII. (Papst, zuvor Ugo Buoncompagni)   236f., 240, 249, 250
Gregor XVI. (Papst)   267
Gregorovius, Ferdinand   34
Grimoard, Guillaume de   s. Urban V.
Guarducci, Margherita   32, 263
Guicciardini, Francesco   201f., 205f., 214, 218
Guiscard, Robert   26

H
Hadrian (Kaiser, Römisches Reich)   248
Hadrian VI. (Papst, zuvor Adriaan Florisz Boeyens)   197f.
Haller, Johannes   21, 51, 60
Heinrich III. (Kaiser, Heiliges Römisches Reich)   19, 22, 24
Heinrich IV. (Kaiser, Heiliges Römisches Reich)   11, 13f., 17–27, 36, 97, 213, 242, 251, 253
Heinrich V. (Kaiser, Heiliges Römisches Reich)   27, 97f., 254
Heinrich VIII. (König, England)   160, 216
Hildebrand   s. Gregor VII.
Hugo von Cluny   24
Hus, Jan   88, 95, 171

I
Innocenzo (Kardinal)   173
Innozenz III. (Papst)   242
Innozenz VI. (Papst)   76
Innozenz VIII. (Papst, zuvor Giovanni Battista Cibo)   166, 178
Innozenz XI. (Papst)   245
Institoris, Heinrich   253
Isabella (Ehefrau Karls V.)   203
Isabella I. (Königin, Kastilien)   253

J
Jeanne de France   142
Jesus Christus   19, 24, 29f., 36, 39, 42, 49, 67ff., 74, 104f., 107f., 133, 212, 219, 242, 245, 248, 249, 258, 260, 263, 268
Johanna I. (Königin, Neapel)   62, 82
Johannes (Evangelist)   180
Johannes der Täufer   250
Johannes XII. (Papst)   251
Johannes XXII. (Papst)   61, 64, 66, 68ff., 266
Johannes XXIII. (Gegenpapst, zuvor Baldassare Cossa)   87–90, 92
Johannes Paul II. (Papst)   33, 43, 257, 262
Julius II. (Papst, zuvor Giuliano della Rovere)   108, 113, 125, 127f., 149ff., 153–156, 158–165, 167f., 170, 173, 176, 195, 197, 244, 261, 264, 265, 267
Julius III. (Papst)   229, 233

K
Karl I. (der Große, König, Franken)   251
Karl I. (König, Spanien)   s. Karl V. (Kaiser, Heiliges Römisches Reich)

PERSONENREGISTER

Karl II. (der Kahle, König, Frankreich) 255
Karl IV. (König, Frankreich) 60
Karl V. (Kaiser, Heiliges Römisches Reich; zugleich Karl I. von Spanien) 170ff., 182, 197, 200–206, 210, 212ff., 216, 218, 228, 234f., 239f., 264
Karl V. (König, Frankreich) 78, 82
Karl VI. (König, Frankreich) 85
Karl VIII. (König, Frankreich) 137f., 141, 151, 166f., 264
Katharina von Aragón 216
Katharina von Siena 76, 78, 252
Kolumbus, Christoph 166
Konrad (Sohn Heinrichs IV.) 13
Konstantin (Kaiser, Römisches Reich) 10, 28, 36ff., 257, 258, 259, 261, 266
Kues, Nikolaus von (genannt Cusanus) 37f., 257

L

Lampert von Hersfeld 13
Leo I. (der Große, Papst) 244
Leo III. (Papst) 251, 266
Leo IV. (Papst) 176
Leo X. (Papst, zuvor Giovanni de' Medici) 127, 170, 173f., 176ff., 180–184, 186, 190, 194f., 197, 199, 201, 220, 226, 239
Leonardo da Vinci 120, 122, 144
Leonora (Prinzessin, Aragon) 112
Loaysa, Garcia de 201
López de Gómara, Francisco 203
Loyola, Ignatius von 222ff., 231, 233, 239
Luca, Demetrio de 108
Lucca, Tolomeo da 47
Ludwig (Pfalzgraf) 92

Ludwig II. (König, Ungarn) 204
Ludwig IV. (Kaiser, Heiliges Römisches Reich) 68ff.
Ludwig IX. (König, Frankreich) 51
Ludwig X. (König, Frankreich) 60
Ludwig XI. (König, Frankreich) 122
Ludwig XII. (König, Frankreich) 130, 142f., 160f., 167
Luna, Pedro de 80
Luther, Martin 170–173, 176f., 180f., 184f., 192f., 195f., 209ff., 231, 239f.

M

Machiavelli, Niccolò 17, 145f., 153, 160, 185, 218
Marcellus II. (Papst) 233
Margarethe von Parma 223
Maria (Königin, Ungarn) 204
Mariona, Fra 183
Marsilius von Padua 68f., 258
Martin IV. (Papst) 227
Martin V. (Papst, zuvor Oddo Colonna) 93, 95, 100, 246, 258
Martines, Lauro 105, 114, 120
Massarelli, XXX 220
Mathilde von Tuszien 13, 24
Matthäus (Evangelist) 29, 263, 268
Maximilian (Kaiser, Heiliges Römisches Reich) 160f.
Medici, Alessandro de' 216, 218
Medici, Cosimo de' 217
Medici, Giovanni de' s. Leo X.
Medici, Giuliano de' 102f., 106, 114, 166, 199, 226
Medici, Giulio de' s. Clemens VII. (Papst)
Medici, Katharina de' 218
Medici, Lorenzo de' 102–106, 109, 114f., 119–122, 124, 127, 166, 174, 178

277

PERSONENREGISTER

Medici, Maddalena de' 173, 178, 197
Melanchthon, Philipp 224
Michelangelo Buonarroti 108f., 151, 154ff., 161, 167f., 174, 184, 189, 218f., 232, 235, 237, 240, 261, 265
Michiel, Giovanni 140f.
Montefeltro, Federico de 116, 118f., 125
Montefeltro, Giovanna de 118
Montesecco, Giovan Battista 104f., 116, 119f.
Morrone, Pietro del s. Coelestin V.
Moses 107
Mussolini, Benito 256

N
Napoleon I. (Bonaparte, Kaiser, Frankreich) 251, 256, 267
Nero (Kaiser, Römisches Reich) 30f., 129, 186, 189, 259, 262, 266
Nesselrath, Arnold 210
Niedermeier, Richard 45
Niem, Dietrich von 87
Nikolaus V. (Papst) 37, 259, 266
Nogaret, Guillaume de 54–58, 60

O
Ockham, Wilhelm von 69
Odo de Châtillon s. Urban II.
Orsini, Francesco 146
Orsini, XXX 146f.
Otto I. (Kaiser, Heiliges Römisches Reich) 251

P
Pastor, Ludwig 106ff., 112, 125f., 150f., 153, 156, 160ff., 177, 197, 200, 211
Paul I. (Papst) 37, 258
Paul II. (Papst) 108
Paul III. (Papst, zuvor Alessandro Farnese) 217, 219–226, 228, 230, 232f., 239f., 261
Paul IV. (Papst, zuvor Gian Pietro Carafa) 230, 233–236, 240
Paul V. (Papst) 267
Paul VI. (Papst) 32, 260
Paulus (Apostel) 30, 247, 250
Pazzi, Francesco de' 103
Perugino 107, 265
Pescara, Marqués de 206
Petrarca, Francesco 64, 67, 71
Petrus (Apostel) 10, 21f., 27–33, 107, 157f., 184, 242, 244, 247, 250, 255, 260–266
Petrus Damiani 15
Philargi, Peter 86
Philipp II. (König, Spanien) 204, 234
Philipp IV. (der Schöne, König, Frankreich) 49f., 53ff., 57–60, 98
Philipp V. (König, Frankreich) 60
Piccolomini, Francesco Todeschini s. Pius III.
Pinturicchio 107
Pius II. (Papst) 129
Pius III. (Papst, zuvor Francesco Todeschini Piccolomini) 167
Pius IV. (Papst) 235f.
Pius V. (Papst) 236
Pius VI. (Papst) 267
Pius XII. (Papst) 31, 262
Platina, Bartolomeo 108, 110, 113
Plinius 64
Pontelli, Baccio 265
Prignano, Bartolomeo s. Urban VI.

R
Raffael 151, 153, 163, 176, 178, 186, 189f., 210

PERSONENREGISTER

Ranke, Leopold von   43, 45
Reinhardt, Volker   110, 112f., 126–129, 132, 134–137, 139ff., 143f., 146ff., 222
Riario, Girolamo   102, 106, 110, 113, 115f., 124f.
Riario, Pietro   112ff.
Riario, Raffaele Sansoni   121
Rienzo, Cola di   45
Robert von Genf   s. Clemens VII.
Roger, Pierre   s. Clemens VI.
Rosselli, Cosimo   265
Rossi, Martino de   227f.
Rovere, Francesco della   s. Sixtus IV.
Rovere, Giovanni della   113, 118
Rovere, Giuliano della   s. Julius II.
Rudolf von Schwaben (Gegenkönig, Heiliges Römisches Reich)   25f.
Ruffini, Silvia   220f.
Ruprecht (König, Heiliges Römisches Reich)   86

S

Salomon (König, Juda)   265
Salviati, Francesco   103, 115, 121
Sandizell, Wilhelm von   211
Sangallo, Antonio de   212f., 232
Savonarola, Girolamo   167, 177
Scappi, Bartolomeo   225, 228f.
Schwaiger, Georg   233
Seneca   64
Sforza, Giovanni   133, 136
Sigismund (Kaiser, Heiliges Römisches Reich)   87–90, 92–95, 100, 246
Silvester I. (Papst)   36, 257
Simon (bibl. Magier)   264
Simonetta, Marcello   113, 116, 118f.
Sinkiewicz, Henryk   30

Sixtus IV. (Papst, zuvor Francesco della Rovere)   102, 104–110, 112–116, 118–122, 124–127, 131f., 149f., 154, 166f., 174, 227, 265
Sperone   228
Sprenger, Jakob   253
Stampa, Ingrid   229
Suleiman (der Prächtige, Sultan, Osmanisches Reich)   203f., 214

T

Tebaldeschi (Kardinal)   81
Tetzel, Johann   195
Thomas von Aquin   247
Trevisan, Ludovico   227f.
Tuchman, Barbara   73, 105

U

Ulrich von Richenthal   90
Urban II. (Papst, zuvor Odo de Châtillon)   97, 247
Urban V. (Papst, zuvor Guillaume de Grimoard)   78, 99f.
Urban VI. (Papst, zuvor Bartolomeo Prignano)   80–83, 85, 100, 246, 248

V

Valdés, Alfonso de   213
Valla, Lorenzo   37f., 257f.
Vasari, Giorgio   221
Vergil   64
Veronika, Hl.   158, 262
Verschaffelt, Peter Anton von   248
Volterra, Daniele de   235, 265

W

Wibert (Erzbischof v. Ravenna) s. Clemens III.
Wyclif, John   84, 95, 247

Sachregister

A

Aachen 89
Ablass / -handel 34, 43, 47, 61, 66, 84, 119, 172, 176, 192–196, 231, 239, 246f., 248, 260, 261
Algier 203
Altes Testament 43, 58, 107, 156, 267, 274, 278
Amerika 166, 203, 222, 236
Ämterkauf s. Simonie
Amtskirche 39, 170, 172, 197f.
Anagni (»Ohrfeige von A.«) 47ff., 56, 58–62, 69, 82, 98
Anjou (Adelsgeschlecht) 137
Antichrist 48, 53f., 82, 87, 165, 192, 209
Antike 10f., 114, 128, 159, 184ff., 189f., 217, 249, 255
Antipapismus 170, 181, 183, 193
Antiquorum habet fidem 43
Apoll von Belvedere 184, 267
Apostel 10, 21, 28–31, 43, 67, 247, 250, 255, 260–264, 266
Apostolischer Stuhl s. Heiliger Stuhl
Aragon 83, 92f., 129, 202
Archivar 183
Ars nova 63
Astrologie 73, 158
Auferstehung 33
Aufklärung 76, 253
Augsburg 23, 194, 203, 234
Augustiner 195
Ausculta Fili 53

Avignon 11, 58, 60–67, 69–73, 76, 78–82, 84ff., 92, 98ff., 198, 246, 256f., 266
Azteken 203

B

Barcelona 62
Bartholomäusnacht 232, 237, 240
Basel (Konzil von) 201
Bauernkrieg 196, 207
Bayern 68, 211
Belgien 182
Benediktiner 64
Benefizien 65f., 81, 199
Bibel 84
Bildhauerei 155f.
Böhmen 88, 95
Bologna 79, 86f., 106, 155, 161, 214, 216, 239
Bolsena 220
Borgia (Adelsgeschlecht) 128–151, 154, 159f., 165, 167, 221
Bretagne 130, 142
Brügge 62
Buchdruck 193, 196
Buffoni 183
Bulle 43, 48, 50f., 53f., 75, 98, 121, 132, 134, 183, 247f., 267
Burgund 83, 251
Buße / Bußakt / Bußweinen 13, 20, 24, 75, 242, 246, 249
Byzanz 36, 257, 261

SACHREGISTER

C

Caetani (Adelsgeschlecht) 47, 259
Calvinismus 222, 234
Canossa, Gang nach 11, 13f., 17, 20, 24, 26f., 97, 213, 242, 253
Caput Mundi 108, 126, 154
Carrara 155
Cesena (»Schlächter von C.«) 79f., 82, 85, 198
Christenverfolgung 10, 31
Clementisten 83, 86
Clericis Laicos 50f.
Cluny (Kloster) 255
Codex Justitianus 35
Cognac, Liga von 200, 205f.
Colonna (Adelsgeschlecht) 39, 51f., 58f., 96, 201, 207, 229
Condottiere 104, 116, 118f., 139, 146
Constitutio Pastor aeternus 265
Corpus christi 19

D

Das Jüngste Gericht 108f., 218f., 265
Defensor Pacis 69f., 258
Dekret Frequens 95
Deutschland / Deutsches Reich 11, 13, 21f., 25, 27, 55, 68, 70, 83, 170, 176, 182, 192, 194ff., 204, 251
Dialog über Union und Reform der Kirche 87
Dictatus Papae 15f., 36
Discorsi 185
Dispens 194, 199
Disputa 210
Dominikaner 45, 69, 78, 163, 195, 252
Domus Aurea 186, 189

E

Einheit der Kirche   s. Kirchenunion
Einsiedler 39
Eisleben 240
Engelsburg 26, 80, 82, 104, 137, 147, 164, 200, 210f., 239, 248f., 267
England 11, 42, 49ff., 66, 83f., 89, 94, 163, 213, 216, 250
Erstes Vatikanisches Konzil 265
Este (Adelsgeschlecht) 125
ex cathedra   s. Kathedra
Exkommunikation 17, 20, 26, 48, 52, 55, 66, 68, 82, 84, 121f., 171, 192, 248f., 253; s. a. Kirchenbann

F

Fälschung (v. Reliquien / Urkunden) 35–38, 134, 247, 257f.
Farnese (Adelsgeschlecht) 220f.
Ferrara 125, 161
Fegefeuer 34, 193, 239, 247
Feuerprobe 36
Fischerring 259f.
Fiskalisierung (d. Kirche) 62
Flagellanten 74f.
Florentina Synodus 122
Florenz 78, 102–105, 107, 109f., 114f., 119–122, 124f., 145, 155, 166f., 174, 177, 182, 197–201, 205, 209, 212, 214, 216ff.
Flugblätter 207, 209
Folter 60, 83, 253
Fondi 82
Franken 256
Frankreich 40, 42, 48–61, 63f., 67f., 76, 78, 83, 85, 89, 98f., 122, 124, 137f., 142ff., 153ff., 159–164, 167f., 171, 182, 200f., 203ff., 218, 225, 232, 236, 264

281

SACHREGISTER

Franziskaner 39, 67, 69, 86, 105ff., 110, 112, 114, 150, 166, 252
Französische Revolution 243, 248
Fugger (Kaufmannsgeschlecht) 194, 203

G
Gegenpapst 26, 69, 82, 97, 198, 249
Gegenreformation 237, 253
Generalabsolution 72
Genua 209
Geschichte der Päpste seit dem Ausgang des Mittelalters 112
Gesellschaft Jesu (Società de Jesú) 222ff., 239; s. a. Jesuiten
Glaubenskongregation 253
Göttliche Komödie 47, 259
Grab Petri 28–32, 43, 157f., 232, 247, 261f.
Gregoriana 237
Gregorianischer Kalender 237, 240, 249f.
Großes Abendländisches Schisma s. Schisma

H
Habsburger 170, 182, 202, 214, 224, 251
Haec sancta 90
Halberstadt 194
Häresie 68, 84, 86, 88, 93ff., 230f., 253, 265; s. a. Ketzerei
Hegemonie 236
Heiden(-tum) 27, 33, 174, 184f., 202, 249
Heilige Allianz 167
Heilige Liga 138, 163
Heiligenverehrung 172, 262
Heiliger Krieg 42
Heiliger Stuhl / Apostolischer Stuhl 39, 47, 50, 79, 82, 98, 105, 108, 113, 153, 159f., 167, 177ff., 181, 185, 194, 200, 213, 221, 232f., 241, 249f., 252, 260, 262f.
Heiliges Grab (Jerusalem) 18
Heiliges Land 27, 97
Heiliges Römisches Reich 105, 138, 230, 239, 250–252
Heiligsprechung 252
Heiratspolitik 95, 133, 223
Hexenhammer 253
Hirtenstab 259
Hohenzollern 194
Hugenotten 232
Humanismus 38, 42, 64, 108, 113, 118, 165, 203, 243, 257f., 266

I
Il Libro del Cortegiano 190
Il Principe 145
Imola 113, 115, 121
Index-Kongregation 234; s. a. Zensur
Indien 236
Inquisition 37, 52, 54, 222, 224, 227, 233, 235, 237, 239, 252f., 258; s. a. Zentralinquisition
Insignien 36, 257, 259
Interdikt 55, 70
Investiturstreit 17, 20, 61f., 251, 253f., 256; s. a. Laieninvestitur
Inzest 136
Islam 42, 88
Italien 11, 16, 22, 27, 29, 36, 60, 62, 68, 71f., 76, 78f., 82f., 96, 100, 105, 110, 119, 124, 126, 128, 131f., 137, 146, 151, 153, 159f., 162, 164–168, 172f., 176, 182, 185, 200, 207–210, 220, 236, 244, 246, 248, 251, 256f., 261, 265

J

Japan 250
Jerusalem 16, 97, 237, 262f., 265
Jesuiten 223ff., 231, 233, 237, 239; s. a. Gesellschaft Jesu
Jubeljahr 43, 45, 47, 66, 76, 98, 140, 247, 260
Judenverfolgung 42, 74
Julianischer Kalender 249
Jüngstes Gericht 33, 212, 218, 235, 265
Jurifizierung (d. Kirche) 62

K

Kalenderreform s. Gregorianischer Kalender
Kanonische Regeln 82
Kardinal 14, 39f., 52, 56, 58–63, 65f., 79–83, 85f., 89, 92ff., 100, 106f., 112f., 121, 125–129, 131ff., 136–140, 146, 149f., 158, 161ff., 166, 168, 173, 178, 180, 190, 197f., 200ff., 207, 209, 211, 220f., 224, 227–230, 233, 241, 244, 246, 248, 249, 254f., 257
Kartharer 252
Kastanienball 135
Kastilien 83, 93, 202
Kathedra 255, 262, 265
Katholizismus 204, 221f., 253
Ketzerei 54f., 59f., 68ff., 84f., 95, 98, 121f., 170ff., 185, 196, 224, 230f., 233f., 236, 252f.; s. a. Häresie
Kirchenbann 24ff., 58, 69, 97f., 121f., 171, 248; s. a. Exkommunikation
Kirchenhierarchie 15, 67, 84, 90, 95, 259
Kirchenrecht 51, 249, 255, 258, 266
Kirchenreform 14, 16ff., 25, 27, 39f., 87f., 94, 154, 221f., 230, 242, 255f., 268
Kirchenspaltung 176, 195

Kirchenstaat 37f., 76, 78, 95, 105, 107, 114, 130ff., 149, 153, 161ff., 165f., 182f., 200, 244, 256, 265
Kirchensteuern 48–51, 65, 84, 262; s. a. Peterspfennig
Kirchenunion / -einheit 76, 84f., 88, 92, 115, 163
Klostergelübde 172
Kollektoren 67
Köln 69
Kolonialismus 203, 225
Konfessionelles Zeitalter 222, 234
Konklave 59ff., 80, 93, 109, 127, 149, 162, 166, 173, 198, 220f., 228f., 241, 257, 260, 265; s. a. Papstwahl
Konquistadoren 203
Konstantinische Schenkung 36ff., 257
Konstantinopel 16, 28, 88, 120, 226f.
Konstanz (Konzil von) 88ff., 92–95, 100, 201, 246, 258
Konzil 35, 52, 54f., 57, 59, 85–90, 92–95, 100, 107, 137, 161–164, 168, 201, 230ff., 237, 246, 247, 258, 265
Korruption 40
Kreuzzug 27, 35, 42, 47, 51f., 83, 88, 97, 99, 204, 247
Kriegerpapst 113, 127, 151, 153, 163, 165
Kunst 30, 63, 107ff., 114, 116, 120, 126, 154ff., 170, 176, 178, 184ff., 189f., 192, 195, 216–219, 232
Kurie 14, 31, 38f., 47, 59–66, 68f., 72, 78, 84f., 87, 209, 222, 227, 246, 250, 255f., 267

L

Laieninvestitur 17f., 27, 254; s. a. Investiturstreit
Landeskirchen 234

SACHREGISTER

Langobarden 37, 258
Laokoongruppe 167, 184, 267
Laterankonzil 35, 154, 162f., 269
Lateranpalast 36, 257, 259, 266
Lateranverträge 256, 261
Lehen / -szinsen 65
Lehenseid 27
Lepanto, Seeschlacht von 232, 236, 240
Liber notarum 135
Livorno 86
Lombardei 182, 207
Lucca 85
Luthertum 222, 231, 234, 236
Lyon 60

M

Madrid (Frieden zu M.) 200
Magdeburg 194
Mailand 78, 86, 105, 115, 122, 133, 136, 142, 144, 154, 163, 182, 200, 205f., 227
Mainz 194
Malerei 63, 107, 112, 116, 121, 155ff., 186, 211, 219, 235
Mallorca 66
Mantua 208
Märtyrer / Martyrium 30f., 40, 75, 164, 250, 252, 260f., 263, 266
Mäzenatentum 107f., 116, 151, 178
Medici (Adelsgeschlecht) 102–105, 109f., 113–116, 119–122, 124f., 127, 145, 166, 173f., 177f., 180, 182, 185f., 197–201, 212, 214, 216f., 226, 264
Medina del Campo 150
Mexiko 203
Missionierung 33
Mittelalter 11, 28, 33f., 36, 38, 43, 51, 63, 70, 73, 83, 93f., 209, 227, 233f., 246, 248–253, 255–259, 261f., 264, 267

Mohács, Schlacht von 203
München 68ff.
Mundschenk 227
Münster (Friede von) 237
Münzmeister 217
Museo Pio-Clementino 267

N

Nationalstaaten 42, 251
Navarra 83, 93, 144, 224
Neapel 82, 105, 121, 124f., 137, 144, 151, 166f., 182
Nepotismus 51, 66, 106f., 110, 112–115, 125f., 128, 132, 149f., 165, 177, 197, 220ff., 245, 259
Neues Testament 29f., 107, 178, 264f.
Neuzeit 222, 245, 253, 255–257, 259
Nicäa (Konzil von) 237
Niederlande 63, 182, 204
Normannen 26f., 256

O

Officium, Heiliges 239, 253
Ohrenbeichte 172
Oppenheim 23
Orsini (Adelsgeschlecht) 39, 52
Orvieto 200, 212ff., 239
Osmanen 10, 182, 227
Österreich 182, 251
Oströmisches Reich 250f., 258

P

Padua 106
Palazzo Vecchio 214
Palestrina 51ff.
Pallium 259f.
Pantheon 190
Papstkönig 109, 157

SACHREGISTER

Papstwahl(-recht)   14f., 36, 39, 59, 61, 80, 82, 184, 246; s. a. Konklave
Paris   54f., 62, 68f., 73, 82–85, 266f.
Parma   220
Patrimonium Petri   256
Pavia   200, 204f.
Pazzi (Adelsgeschlecht)   115f.
Peñiscola   93
Perpignan   92f.
Perugia   59, 62
Pest   71–75, 83, 99, 124, 207
Petersdom / -platz / Sankt Peter   28–31, 33, 63, 151, 154f., 157, 159, 164f., 167, 176, 192, 194f., 197, 221, 232, 237, 239–242, 252, 261f., 266
Peterspfennig   65, 262; s. a. Kirchensteuern
Pfründe   38, 61, 65f., 68, 70, 85, 94, 106, 112, 127, 129, 197, 217, 264
Philosophie   41, 64, 69, 106
Piacenza   220
Piombator   183
Pisa (Konzil von)   86–89, 100, 124, 163, 246
Plenarablass   183; s. a. Ablass
Poitiers   60
Polen   213, 262
Portugal   213, 225, 252
Prälat   66, 89, 132, 139, 155, 158, 163, 183
Priesterehe   s. Zölibat
Primat in temporalibus   244
Privilegien   81, 197, 246
Pronotar   183
Protestantismus   95, 180f., 189f., 201, 204, 207, 221, 224, 230f., 236ff., 240, 250, 264, 268

Q
Quirinal   108
Quo-Vadis-Ereignis   30

R
Reformation   70, 94, 171ff., 176, 181, 185, 192, 196, 201, 235, 237, 239, 246f., 253, 256, 261f., 268
Reformkirche   14, 246
Reichsacht   171, 173, 249
Religionsfrieden   234
Reliquien / -handel / -verehrung   31–36, 60, 252, 255, 262, 263
Renaissance   63, 96, 107, 109f., 116, 126f., 139, 151, 153, 155, 174, 177, 183–186, 190, 192, 213, 222, 227, 237, 267
Rense (Kurfürstentag v. R.)   70
Rex christianissimus   49
Rom   10, 14, 21, 25–28, 30f., 33, 36, 39, 43, 45, 47f., 51, 57ff., 61ff., 66, 69, 76, 78–82, 84–87, 95–100, 107ff., 112f., 116, 121, 124, 126f., 129, 133, 137f., 140, 143, 147f., 154f., 160–165, 168, 170, 172ff., 177, 181ff., 185f., 189, 192, 195f., 198, 200f., 207, 209, 212f., 216ff., 226, 234f., 237, 239f., 244, 246, 248, 250, 251, 253, 256, 257, 259, 260, 261, 262, 264, 265, 266, 267
Rom, Bischof von (Papst als)   10, 14f., 28ff., 181, 261
Romagna   130, 140ff., 144ff., 149, 167
Römisches Kaiserreich   10, 22, 237, 249, 251
Russland   250

S
Sacco di Roma   57, 200, 214, 244, 264
Sachsen   19f., 23, 25
Sachsenhauser Appellation   68
Sacristia nuova   174

SACHREGISTER

Sakralität 57
Sakramente 70, 72, 121
Sala Regia 232
Salier 19, 24, 97
Sankt Peter s. Petersdom
Sarazenen 26
Savona 85, 106, 150
Savoyen 83
Schaffhausen 92
Schisma (Großes Abendländisches) 76, 80, 83–86, 88, 93, 96, 100, 161, 163, 168, 198, 246, 249, 256, 258, 266
Schlüsselgewalt 263f.
Schmeer 209
Schottland 83
Schweiz 170, 176, 182
Schweizergarde 150, 160, 164, 167, 200, 210, 264
Segen, päpstlicher 260
Senigallia 146
Sepulchrum 34, 263
Sforza (Adelsgeschlecht) 105, 115, 182, 205f., 227
Signoria 103, 110
Simonie / Ämterkauf 17, 27, 47, 59, 81, 84, 88, 92, 122, 176, 194, 199, 255, 264
Sixtinische Kapelle 107ff., 121, 126, 151, 155f., 166ff., 218, 223, 235, 257, 265
Sizilien 50f., 182, 227
Società de Jesú s. Gesellschaft Jesu
Spanien 10, 42, 86, 93f., 149, 162f., 171, 182, 200, 202ff., 225, 234, 239, 250, 253
Spenditore segreto 227
Speyer 11, 98
Spirituale 67, 254
Staatsräson 57, 139, 236
Sündenablass s. Ablass
Synode 21, 26, 122

T

Templerorden 59, 98f.
Temporalien 69, 254
Territorialstaaten 234
Theokratie 42
Theologie 41, 48, 64, 69, 82, 84, 90, 106, 192–196, 247, 258, 261, 265, 268
Tiara 259f.
Toskana 226
Toulon 203
Trebur 23
Trient (Konzil von) 222, 230f., 240, 247, 258, 265
Tropaion 31f.
Türkei 203, 214, 226f., 232, 236, 240, 250, 258

U

Unam Sanctam 48, 54, 98
Unfehlbarkeit (d. Papstes) 265
Ungarn 182, 203, 262
Unstrut, Schlacht bei der 19
Urbanisten 83, 86
Urbino 116, 118f., 121, 145, 151, 177, 186, 197

V

Valentinois 143
Valois (Adelsgeschlecht) 208
Vaticanum I
  s. Erstes Vatikanisches Konzil
Vaticanum II
  s. Zweites Vatikanisches Konzil
Vatikan 29, 80, 95, 102, 107ff., 113, 116, 126, 133ff., 140f., 147, 150, 156, 158, 170f., 173f., 176, 178, 180f., 183f., 186, 189f., 192, 199–202, 207, 210, 214, 216f., 219, 221–224, 229f., 232–235, 238f., 241, 248, 250, 253, 256, 259, 261f., 265–267

SACHREGISTER

Vatikanische Bibliothek 64, 67, 108ff., 113, 166, 210, 266
Vatikanische Museen 210, 267
Vatikanisches Geheimarchiv 248, 267
Venaissin (Grafschaft) 60
Venedig 62, 105, 122, 125, 140f., 163, 182, 192, 199f., 204ff., 208f.
Venus von Milo 184
Vertreibung des Heliodor aus dem Tempel 163f.
Via cessionis 85
Villa Farnesina 189, 211
Visconti (Adelsgeschlecht) 78
Viterbo 62, 78, 213, 262
Vorkoster 227, 229
Vulgata 84

W

Waldenser 252
Wallfahrten 172
Wider das Papsttum zu Rom, vom Teufel gestiftet 209
Wien 204, 214, 224, 231
Wittenberg 170, 176, 180, 192, 238f.
Worms (Reichstag von) 20, 171ff., 177, 239
Wormser Konkordat 27, 254

Y

Yuste (Kloster) 234

Z

Zehnt 65
Zensur 235; s. a. Index-Kongregation
Zentralinquisition 222, 230; s. a. Inquisition
Zisterzienser 50
Zölibat 16, 25, 27, 112, 172, 268
Zweischwerterlehre 50
Zweites Vatikanisches Konzil (Vaticanum II) 253, 258, 265
Zypern 83

Hans-Christian Huf
Giganten
Große Wegbereiter
der Moderne

352 Seiten mit zahlreichen farbigen Abbildungen.
Gebunden mit Schutzumschlag.
ISBN 978-3-471-79544-6

**Die Vordenker des Europäischen Zeitalters
im Porträt**

Ludwig van Beethoven, Albert Einstein,
Sigmund Freud, Johann Wolfgang von Goethe,
Alexander von Humboldt und Martin Luther –
diese Größen des Geistes haben über ihre
Zeit hinaus europäisches Denken geprägt.
In der Fülle und Vielfalt der Phänomene
haben sie Gesetzmäßigkeiten gefunden,
haben Weltbilder und Bewusstseinssysteme
überwunden.
Dieses Buch erzählt nicht nur ihre Lebens-
geschichten in ganz individuellen Porträts,
sondern würdigt ihren unvergleichlichen
Beitrag zu Wissenschaft und Kultur. Sie alle
haben das Tor zu einer neuen Zeit aufgestoßen.

List